本书出版受到湖北省高等学校哲学社会科学研究重大项目"湖北省人口收缩型城市义务教育资源空间优化配置与实施路径研究"（项目编号：23ZD182）资助。

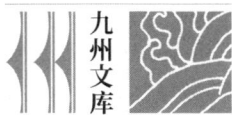

九州文库

中国城市群发展的空间模式与人口分布

——理论、经验与政策

李小帆 著

九州出版社
JIUZHOUPRESS

图书在版编目（CIP）数据

中国城市群发展的空间模式与人口分布：理论、经验与政策 / 李小帆著 . -- 北京：九州出版社，2024.9. -- ISBN 978-7-5225-3388-9

Ⅰ. F299.21；C924.2

中国国家版本馆 CIP 数据核字第 2024BB6224 号

中国城市群发展的空间模式与人口分布：理论、经验与政策

作　　者	李小帆　著
责任编辑	蒋运华
出版发行	九州出版社
地　　址	北京市西城区阜外大街甲 35 号（100037）
发行电话	（010）68992190/3/5/6
网　　址	www.jiuzhoupress.com
印　　刷	唐山才智印刷有限公司
开　　本	710 毫米×1000 毫米　16 开
印　　张	17.5
字　　数	272 千字
版　　次	2025 年 1 月第 1 版
印　　次	2025 年 1 月第 1 次印刷
书　　号	ISBN 978-7-5225-3388-9
定　　价	95.00 元

前　言

2010 年以来，我国逐渐进入了以城市群竞争为主的时期。随着我国系列城市群发展规划的出台，以城市群为单位的政策体系构架逐步形成，城市群成为区域政策实施的重要载体，城市群建设也成为提升城镇化质量、协调区域发展、配置资源要素、参与区域竞争、促进高质量发展的重要举措。"十三五"期间，我国城市群发展迅速，城市群空间格局逐步优化，中心城市的综合实力和发展能级不断提升，京津冀、长江三角洲、珠江三角洲等城市群国际竞争力显著增强，城市规模结构进一步优化，2020 年末城市数量增至 685 个。未来一段时间，城市群建设仍然是我国提升新型城镇化质量、促进区域高质量发展的重要途径。党的二十大明确提出要以城市群、都市圈为依托构建大中小城市协调发展格局，推进以县城为重要载体的城镇化建设。但在城市群建设中也存在一些问题，部分超大特大城市人口快速集聚，人口密度持续提高，相当一部分大中城市存在产业支撑不强、功能品质不高的问题，不少县城和小城镇在基础设施、公共服务等方面存在短板，人口和产业吸引力不足。整体看，我国城镇人口规模"头重脚轻"的现状比较突出，需要在进一步改善城市群发展路径、优化城市规模体系方面作出部署。

优化城市规模体系非常重要的一个方面是促进各城市的人口合理分布。人口作为经济发展的重要因素，会因各地区的自然条件和社会经济发展条件等不同而在区域间流动，形成不同的人口空间分布格局，并进一步影响区域和城市的经济发展。城市群通过扩大经济规模、细化产业分工、引领科技创新、提供公共产品等多种途径吸引人口流入，重塑人口分布格局，同时还通过城市群内部一体化发展、中心城市经济辐射和功能疏解等多种方式改变着城市群内部的人口分布格局。可见，系统全面分析城市群发展对人口分布的影响，不仅有助于清晰认知城市群发展过程中人口流动和分布的客观规律，还有助于制定相应政策引导人口合理分布，从而优化城市规模体系。

目前，已有研究在城市群的人口空间分布格局、城市群对于人口的吸引作用、城市群发展对人口要素流动的影响等方面形成一定成果，但多把城市群看作一个"黑箱"，研究城市群整体如何影响我国人口的空间分布，或有研究涉及城市群内部的人口分布格局，但又对这种格局的形成缺少系统的理论解释。如何深入城市群内部，分析其对人口分布的影响，打开城市群的"黑箱"？这是本研究试图解决的主要问题。因此，在本研究中，我们没有关注城市群作为一个整体对中国人口分布的影响——相信现有的研究成果已经很好地解决了这一问题，我们的视角聚焦城市群内部，寻求城市群发展对人口分布影响的理论解释和实证证据。

城市群多由一个或多个中心城市和周边中小城市组成，作为理性人的个体会在不同城市的产业规模、公共服务以及政府政策等相关因素的影响下选择最适合自己的城市居住。城市群发展，也是多通过改变这些激励条件而引起人口流动，并进一步形成人口分布格局的。在已有理论中，我们发现新经济地理学理论能够较好地解释这一现象，所以本研究的理论解释建立在新经济地理学模型之上。在将理论和现实结合时我们面临的一个问题是，城市群的发展是分为多种模式的，在已有研究中多描述为单中心发展模式和多中心发展模式，但我们经过整理相关政策文件后发现，在我国城市群发展中还存在着双中心的发展模式，比如京津冀城市群、成渝城市群、辽中南城市群、哈长城市群等。双中心城市群在发展特征、政策制定等方面均与单中心或多中心城市群具有较大区别，以单中心或多中心的理论恐难以解释双中心城市群发展对人口分布的影响。因此，在理论分析时我们进行了分类处理，分别建立新经济地理学模型解释了单中心、双中心和多中心城市群发展对人口分布影响的空间机理。理论分析发现，单中心城市群的发展模式同双中心确实存在差异，但双中心城市群发展同多中心城市群发展对人口分布影响的差别不大——均是中心城市间的竞合导致了人口分布的差异格局，其中还存在着影响因素方面的差别，对于多中心城市群而言，距离和空间外部性会起到更加重要的作用，以上相关内容主要在第三章中呈现。

在对不同模式下的城市群发展影响人口分布的空间机理做出解释后，我们对我国城市群发展和人口分布的现状做出分析，把我国 19 个城市群按照发展模式进行了分类，同时讨论了城市群发展同人口分布的经验关系。之后通过实证模型分别检验了单中心、双中心和多中心城市群发展对人口分布的影响。研究发现：单中心城市群的发展会通过中心城市工资水平的提升、税收规模和与之对应的公共产品数量的提升促进人口的集中分布，但是户籍歧视对工资的集聚效应具有负向的调节作用，运输成本则具有正向调节作用；双中心城市群的发展会通过中心城市的相对工资的提升、相对税收规模的扩大和相对工业品价格的降低吸引人口流入本地，同时户籍歧视对工资的人口集聚作用具有负向调节作用，知识共享对工资的集聚效应具有正向调节作用；多中心城市群的发展更多是通过中心城市的相对税收规模以及相对工业品价格集聚人口，同时户籍歧视和市场分割有负向的调节作用，市场潜力则具有正向的调节作用。在明确这些影响之后，我们又进一步建立了反事实模型模拟分析了各个城市群的发展政策对人口分布的影响，最后在此基础上提出了三种城市群发展的政策选择建议。以上内容分别在第四章、第五章、第六章和第七章中呈现。

本书的写作过程中受到了很多人的帮助，张婷、舒玲玲、李申、李雨文、龚子君在书稿写作过程中做了大量的整理、校对工作，邓宏兵教授、龚梦琪副教授和彭甲超博士对初稿提出了很好的修改意见，在此表示感谢。尽管在本研究中我们力图系统全面地解释城市群发展对人口分布的影响，但是受水平、数据和时间等多种因素限制，疏漏和不当之处在所难免。在此我们恳请读者不吝批评指正，您的批评将是我们不断前进的动力。

李小帆

2024 年 4 月

目　录
CONTENTS

第一章

绪　论

第一节　研究背景与意义

一、研究背景

党的十八大以来，城市群成为我国城镇化建设和经济空间布局的主要载体，一系列的城市群发展规划应运而生。2015 年国务院批准印发《长江中游城市群发展规划》后，《哈长城市群发展规划》《成渝城市群发展规划》《长江三角洲城市群发展规划》《京津冀协同发展规划纲要》《中原城市群发展规划》等陆续出台，我国进入了城市群竞争的时代。城市群一般由若干个特大城市和大城市聚集而成，它在地域上集中分布，联结大都市区，具有多核心、多层次的特征，是一个庞大的城市集团。发展城市群不仅可以强化中心城市的辐射带动作用，在更大范围内合理配置资源，而且还有利于城市群内各次级城市的发展进步。因此积极实施区域协调发展战略，把城市群作为重点，协调发展大城市、中小城市和小城镇，推动城市群、都市圈一体化发展体制机制创新，成为我国现阶段城镇化的主要思路和方向。《中华人民共和国国民经济和社会发展第十四个五年规划和 2035 年远景目标纲要》（以下简称《纲要》）明确提出要"发展壮大城市群和都市圈，分类引导大中小城市发展方向和建设重点，形成疏密有致、分工协作、功能完善的城镇化空间格局"。随着系列规划的出台和战略地位逐渐凸显，我国城市群发展迅速，在《纲要》中共提及 19 个城市群，并分成优化提升、发展壮大和培育发展三个大类，其中优化提升类包括京津冀、长江三角洲、珠江三角洲、成渝、长江中游共 5 个城市群，发展壮大类共包括山东半岛、粤闽浙沿海、中原、关中平原、北部湾共 5 个城市群，培育发展类包括哈长、辽中南、山西中部、黔中、滇中、呼包鄂榆、兰州—西宁、宁夏沿黄、天山北坡共 9 个城市群，初步形成了"两横三纵"的城镇化战略空间格局，可以说未来一段时间城市群依然是坚持中国特色新型城镇化道路和深入推进以人为核心的新型城镇化战略的主要方向之一。

城市群的发展是政府和市场综合作用的结果，城市群建设能够通过发挥政府在空间开发管制、基础设施支撑布局、一体化体制机制建设等方面的作用，促进人口和经济要素充分流动和高效配置，集聚创新要素，提升区域的综合竞争力。推进城市群发展也是推进人口城镇化，完善城市规模体系，促进城乡区域协调发展的重要战略手段。近年来我国城市群建设成果显著，19 个城市群集聚了全国 70% 以上的人口和 80% 以上的经济总量，已经成为参与国际竞争合作、支撑经济增长的重要平台，但也陆续出现了部分超大特大城市人口快速集聚、人口密度持续提高等人口分布问题，以及城市治理难度增大、风险隐患增多等城市发展建设问题。与此同时，还有相当一部分大中城市存在产业支撑不强、功能品质不高的问题，不少县城和小城镇在基础设施、公共服务等方面存在短板，人口和产业吸引力不足。整体看，我国城镇人口分布"头重脚轻"的现状比较突出，需要在进一步改善城市群发展路径、优化城市规模体系方面作出部署。

优化城市规模体系非常重要的一个方面是促进城市的人口合理分布。人口作为经济发展的重要因素，会因各地区的自然条件和社会经济发展条件等不同而在区域间流动，形成不同的人口空间分布格局，并进一步影响区域和城市的经济发展。根据《国家人口发展规划（2016—2030 年）》，目前我国人口分布的主要态势是以"瑷珲—腾冲线"为界，全国人口分布基本格局保持不变，但人口将持续向沿江、沿海、铁路沿线地区聚集，城市群人口集聚度加大。城市群通过扩大经济规模、细化产业分工、引领科技创新、提供公共产品等多种途径吸引人口流入，重塑人口分布格局，同时还通过城市群内部一体化发展、中心城市经济辐射和功能疏解等多种方式改变着城市群内部的人口分布格局。人口分布也是城市群协调发展的重要参考指标，在我国印发的各城市群发展规划中，均把优化人口分布作为城市群发展的战略目标，并制定了优化户籍制度、发展特色产业、强化就业创业、布局公共资源、优化基础设施建设、提高城市宜居度等多种政策路径。

"十四五"时期，提升城市群一体化发展水平，促进大中小城市和小城镇协调发展仍然是我国城镇化战略的重要举措。那么，我国的城市群人口分布现状是什么样的？城市群发展究竟会如何影响人口分布？我国实行的城市群发展政策对人口分布产生了哪些实际影响？如何系统全面把握城市群发展对人口分布影响的客观规律？现有部分文献在一些方面涉及上述问题，但要系统回答，还需进一步深入研究。本研究将在梳理城市群发展与人口分布相关研究的基础上，从理论和实证角度对城市群发展影响人口分布的效果进行研究，并给出城市群发展的政策建议。

二、研究意义

目前我国以"瑷珲—腾冲线"为界的人口分布基本格局虽然保持不变，但是人口仍持续向沿海、沿江、铁路沿线等地区移动，集聚于区域内的城市群。人口流动同时面临着户籍、财政、土地等改革不到位形成的制度性约束，人口集聚与产业集聚发展不同步、公共服务资源与常住人口配置不合理、人口城镇化进程落后于土地城镇化进程等问题仍旧突出。城市群作为我国人口流动和城镇化推进的主要载体，在推动人口与经济空间的协同发展方面具有重要的作用。因此，明确城市群发展对人口分布的影响机制，选择合适的人口调控政策，具有独到的学术价值和重要的现实意义。

本研究的理论意义在于：第一，通过构建城市群发展对人口分布影响的理论框架和分析模型，明确城市群发展对人口分布的影响路径，有助于从理论上探索城市群发展影响人口分布的客观规律，丰富我国城市群发展和人口分布的相关理论；第二，通过明确我国城市群发展现状和人口分布现状，测度城市群发展对人口分布的实际影响，有助于明确我国城市群发展对人口分布影响的实际效应，为后续研究提供数据和观点支撑；第三，通过模拟我国城市群发展对人口分布的政策实施效果，有助于丰富我国人口分布政策相关理论研究，为后续研究者提供方法参考。

本研究的现实意义在于：第一，通过测度城市群发展和人口分布的现状，明确城市群发展对人口分布的影响效果，为城市群的人口政策测评提供事实依据，为完善以城市群为主体形态的人口空间布局、促进人口分布与区域发展战略相适应、引导人口有序流动和合理分布提供政策参考；第二，通过测度城市群发展对人口分布的实际影响，有助于评估政策实施现状，为改进相关政策提供研究参考；第三，通过模拟我国城市群发展对人口分布的政策实施效果，有助于分析和预测不同城市群的发展路径，为城市群进一步发展提供政策建议。

第二节　文献综述

一、城市群发展的相关文献

城市群是指某个特定区域内的城市群体，将 1 个以上的大城市作为群体中心，再由若干的城市组成群体单元，各个城市通过便捷的交通、发达的通信技术等基础设施在空间上形成紧凑的布局，经济上形成紧密的联系，从而达到城市群体的高度同城化及一体化。这种空间组织形式的实现是城市发展到成熟阶段的重要标志。目前国内外关于城市群已有较为成熟系统的研究，我们主要围绕城市群的内涵和城市群的发展进行梳理。

（一）城市群的内涵

关于城市群的概念最早可以追溯到霍华德（1898）在《明日的田园城市》中提及的城市群体（Town Cluster），其所谓的城市群是为了解决大城市的拥堵、污染等问题而提出的一种由小城镇组成的城市组团的替代方案①。英国生态学家戈迪斯在《进化中的城市》中进一步提出组合城市的概念，用来描述城市快速发展过程中在周边形成的新型空间区域，并指出组合城市能够扩大到更大的空间范围，形成世界城市②。霍华德和戈迪斯的研究可以看作是现代意义的城市群的雏形。真正具有现代意义的城市群的概念源于戈特曼提

---

① ［英］霍华德. 明日的田园城市［M］. 金经元，译. 北京：商务印书馆，2000：35.
② ［英］格迪斯. 进化中的城市：城市规划与城市研究导论［M］. 李浩，等译. 北京：中国建筑工业出版社，2012：16—27.

出的大都市带（Megalopolis）①。戈特曼的大都市带主要指由于城市的发展而带来的多个城市逐渐连片，形成空间聚合的现象。之后，麦吉进一步提出超级城市区域（Megaurban Region）和城乡混合区（Desakota）的概念，超级城市区域由大城市、城市边缘地带、城乡混合区/半城市化地区、人口密集的农村和人口稀少的边界共 5 部分组成，其中，城乡混合区是发展中国家所特有的②。金斯伯格提出了扩展大都市区（Dispersed Metropolis）的概念，用以描述美国大都市带中不同地区人口密度高低相间的情况③，林奇④、杰美松⑤提出了分散大都市区（Dispersed Metropolis）的概念用来描述亚洲不同国家巨型城市区的发展。

此外，美国政府在 1910 年人口统计时提出大都市区（Metropolitan Districts）的概念，将之定义为人口在 10 万及 10 万以上的城市及其周围 10 英里范围内与中心城市连绵不断、人口密度达 150 人/平方英里的郊区。之后美国政府将之改进为"标准大都市区"（SMA，Standard Metropolitan Area）、"标准大都市统计区"（SMSA，Standard Metropolitan Statistical Area），在 20 世纪 80 年代改为"大都市统计区"（MSA，Metropolitan Statistical Area），20 世纪 90 年代进一步改为"大都市区"（Metropolitan Area）。英国政府提出了"标准大都市劳动市场区"（SMLA）、加拿大政府提出了"国情调查大都市区"（CMA）、澳大利亚政府提出"国情调查扩展城市区"（CEUD）。日本政府使用"大都市圈"等概念，其定义为中心城市为中央制定市或人口规模在 100 万人以上，并且邻近有 50 万人以上的城市，外围地区到中心城市的通勤率不

---

① GOTTMANN J. Megalopolis or the Urbanization of the Northeastern Seaboard［J］. Economic Geography，1957，33（3）：189—200.

② MCGEE T. The Emergence of Desakota Regions in Asia‐Expanding a Hypothesis［M］// GINSBURG N，KOPPEL B. The Extended Metropolis：Settlement Transition in Asia. Honolulu：University of Hawaii Press，1991：299—325.

③ GINSBURG N. Extended Metropolitan Regions in Asia ：A New Spatial Paradigm［M］// GINSBURG N，KOPPEL B. The Extended Metropolis：Settlement Transition in Asia. Honolulu：University of Hawaii Press，1991：27—46.

④ LYNCH K. What Makes a Good City? General Theory of Good City Form：A New Try at an Old Subject［M］. Eindhoven：Technische Hogeschool Eindhoven，1980：23.

⑤ JAMIESON N. The Dispersed Metropolis in Asia：Attitudes and Trends in Java［M］//GINS-BURG N，KOPPEL B. The Extended Metropolis：Settlement Transition in Asia. Honolulu：U-niversity of Hawaii Press，1991，https：//doi. org/10. 1515/9780824841904.

小于本身人口的 15%，大都市圈之间的物资运输量不得超过总运输量的 25%。

20 世纪 80 年代起，随着我国城市化和工业化进程的不断推进，城市群的相关现象逐渐引起中国学者的关注。在我国城镇化水平不断提升的现实下，关于城市群的研究迅速发展，城市群的概念与内涵多次更迭，陆续出现了都市区、大都市区①，都市圈②、都市连绵区③等系列概念，以及后续受到广泛认可的城市群的概念。1983 年，于洪俊和宁越敏首次引入"巨大都市带"的概念介绍了戈特曼的思想。周一星阐释了都市连绵区（Metropolitan Inter-locking Region，MIR）的概念，并提出了形成都市连绵区的五个必要条件：①具有两个以上人口超过百万的特大城市作为增长极；②有对外口岸；③增长极和对外口岸之间有便利的交通干线作为发展走廊；④交通走廊及其两侧有较多的小城镇；⑤城乡之间有紧密的经济联系④。周一星的研究从空间形态上界定了城市群的空间形态特征，为后续研究起到示范作用。

较早直接提及"城市群"一词的是宋家泰、崔功豪和张同海在《城市总体规划》一书中，他们认为城市群是在一个特定的地区内，具有同等经济实力或水平的几个非行政性的经济中心构成的城市—区域体系⑤。顾朝林认为城市群是以大城市为中心、结合其周围若干个小城市，共同形成的城市群体，是城市体系地域空间结构的类型之一⑥。姚士谋认为城市群是具有相当数量的不同等级规模的城市，依托一定的地理环境的条件，在特定的地区范围内，

① 崔功豪. 都市区规划：地域空间规划的新趋势 [J]. 国外城市规划，2001（5）：1；刘君德，马祖琦. 上海城市精神的立体解读 [J]. 上海城市管理职业技术学院学报，2003（3）：29—33；宁越敏. 国外大都市区规划体系评述 [J]. 世界地理研究，2003（1）：36—43.

② 周克瑜. "都市圈"建设模式与中国空间经济组织创新 [J]. 战略与管理，2000（2）：11—15；张京祥，邹军，吴启焰，等. 论都市圈地域空间的组织 [J]. 城市规划，2001（5）：19—23.

③ 赵永革. 论中国都市连绵区的形成、发展及意义 [J]. 地理学与国土研究，1995（1）：15—22；顾朝林，张敏. 长江三角洲城市连绵区发展战略研究 [J]. 现代城市研究，2000（1）：7—11，62；胡序威. 对城市化研究中某些城市与区域概念的探讨 [J]. 城市规划，2003（4）：28—32.

④ Zhou Y X. The Metropolitan Interlocking Region in China：A Preliminary Hypothesis [C] // GINSBERG N，KOPPEL B，MCGEE T，et al. The Extended Metropolis：Settlement Transition in Asia，1991：98—99.

⑤ 宋家泰，崔功豪，张同海. 城市总体规划 [M]. 北京：商务印书馆，1985：14.

⑥ 顾朝林. 论黄河三角洲城镇体系布局基础 [J]. 经济地理，1992（2）：82—86.

借助综合运输网的通达性以及现代化的通信设施，发生与发展着的城市个体之间的内在联系，产生群体亲和力的作用，共同构成一个相对完整的城市群体①。吴传清认为城市群是在城市化程中，在特定的地域范围内，一系列不同性质、类型和等级规模的城市基于区域经济发展和市场联系而形成的城市网络群体②。刘静玉认为城市群是在城市化过程中，在一定的地域空间上，以物质网络（由发达的交通运输、通信、电力等线路组成）和非物质网络（通过各种市场要素的流动而形成的网络组织）组成的区域网络化组织为纽带，在一个或几个核心城市的组织和协调下，由若干个不同等级规模、城市化水平较高、空间上呈密集分布的城镇通过空间相互作用而形成的，包含有成熟的城镇体系和合理的劳动地域分工体系的城镇区域系统③。郁鸿胜指出，城市群是在具有发达的交通条件的特定区域内，由一个或几个大型或特大型中心城市率领的若干个不同等级、不同规模的城市构成的城市群体④。钟海燕认为城市群是指在一定的区域范围内，以一个或几个大型或特大型中心城市为核心，包括若干不同等级和规模的城市构成的城市群体，他们依托空间经济联系组成一个相互制约、相互依存的一体化的城市化区域⑤。郭荣朝和苗长虹认为城市群是在一定规模的地域范围内，以一定数量的超大或特大城市为核心，以众多中小城镇为依托，以多个都市区为基础，城镇之间、城乡之间紧密联系而形成的具有一定城镇密度的城市功能地域⑥。倪鹏飞认为城市群是由集中在某一区域、交通通信便利、彼此经济社会联系密切而又相对独立的若干城市或城镇组成的人口与经济集聚区⑦。国家发改委在《国家发展改革委关于培育发展现代化都市圈的指导意见》（2019）中给出了都市圈的定义，认为都

① 姚士谋. 我国城市群的特征、类型与空间布局 [J]. 城市问题, 1992 (1): 10—15, 66.
② 吴传清, 李浩. 关于中国城市群发展问题的探讨 [J]. 经济前沿, 2003 (Z1): 29—31.
③ 刘静玉, 王发曾. 城市群形成发展的动力机制研究 [J]. 开发研究, 2004 (6): 66—69.
④ 郁鸿胜. 城市化发展文明教育是关键 [J]. 教育发展研究, 2005 (15): 10.
⑤ 钟海燕, 郑长德, 殷锋, 等. 新区域主义与和谐城市空间构建 [J]. 城市规划, 2006 (6): 32—35.
⑥ 郭荣朝, 苗长虹. 城市群生态空间结构研究 [J]. 经济地理, 2007 (1): 104—107, 92.
⑦ 倪鹏飞. 中国城市竞争力报告: No. 6 [M]. 北京: 社会科学文献出版社, 2008: 378—391.

市圈是城市群内部以超大特大城市或辐射带动功能强的大城市为中心、以 1 小时通勤圈为基本范围的城镇化空间形态。

总的来看，经过多年发展和讨论，学界已对城市群的概念形成了较为统一的认识，即认为城市群为在一定的经济区域内，以一个或多个大城市为核心，与其周边较小等级的城镇以交通网络、生产网络、信息网络等为联系形成的城乡一体化区域。

（二）城市群的发展

1. 城市群的发展阶段

城市群的形成并非一蹴而就，而是经过了一个演化的过程。目前国内外关于城市群发展方面已有较为成熟的研究成果。戈特曼将大都市带发展过程分为孤立中心阶段、城市间弱联系阶段、大都市带的雏形阶段和大都市带的成熟阶段四个阶段。孤立中心阶段的特征是各城市独立发展，地域空间结构松散；城市间弱联系阶段的特点是以钢铁为主的重工业发展使城市规模迅速扩大，铁路交通网络的形成加强了城市之间的联系；大都市带的雏形阶段的特征是中心城市规模进一步扩大，汽车的普及和高速公路网络使城市间的联系更加密切；大都市带的成熟阶段的特点是信息产业在社会经济中扮演重要的角色，大都市带的枢纽功能逐渐走向成熟①。弗里德曼认为受极化和分散两种效应的影响，城市群的发展可以分为四个阶段：前工业化阶段——孤立分散发展阶段、工业化初期阶段——分散的集聚阶段、工业化成熟阶段——集中的分散阶段、最后结果——集聚分散的均衡阶段②。Scott 将城市群发展分为三个阶段：（1）中心城市占主导地位的单中心阶段；（2）地区间相互竞争的多中心阶段；（3）复杂的相互依赖与竞争关系的网络化阶段③。Wallis 将城市群的发展分为单中心、多中心以及后工业化模式三个阶段：单中心阶段的居民集聚点呈同心圆状分布，交通则呈放射状；多中心阶段时经济活动集中

---

① GOTTMANN J. Megalopolis or the Urbanization of the Northeastern Seaboard [J]. Economic Geography, 1957, 33 (3)：189—200.

② FRIEDMANN J. A General Theory of Polarized Development [M]. New York：The Free Press, 1972：82—107.

③ SCOTT A. Flexible Production Systems and Regional Development：The Rise of New Industrial Space in North America and Western Europe [J]. International Journal of Urban and Regional Research, 1988, 12 (2)：71—86.

在以靠交通走廊连接起来的几个特定的中心；后工业化模式下依靠通信以及交通网络将形成经济活动更分散但也更复杂的整体①。Yeates 根据产业类型和交通情况的变化，将美国大都市地区的形成划分为重商主义、传统工业城市、大城市、郊区化成长和银河状的大城市时期五个阶段。整体看，尽管研究视角不尽相同，国外对城市群的发展阶段划分大体是一致的，即城市群的发展大致有分散阶段、中心城市为主的阶段、多中心城市发展阶段和城市群阶段②。

有关中国城市群发展阶段的研究，是随着 20 世纪 90 年代以来城市化的快速发展而不断深入的。陈皓峰和刘志红从均衡倾斜的角度将城市群分为低级均衡、差异倾斜、平衡倾斜和高级均衡四个发展阶段③。赵永革将城市群的发展概括为四个阶段，分别是多中心孤立集聚阶段、多中心郊区化扩展和乡村非农化发展阶段、多中心强联系导致都市连绵区形成阶段、都市连绵区扩展阶段④。陈立人结合戈特曼和 Scott 的空间演化角度，将我国城市群发展分为中心孤散城市阶段、城市聚集区阶段、城市密集带阶段和大都市连绵区阶段⑤。类似地，顾朝林⑥、张京祥⑦将城市群发展分为孤立城镇膨胀阶段、城市空间定向蔓生阶段、城市间向心与离心扩展阶段和城市连绵区内的复合式扩展阶段。王兴平认为城市群在发展过程中会经历七个阶段，分别是一般城市、都市区、城市密集区、城市群、大都市区、都市连绵区、都市带⑧。官卫

① WALLIS A D. Evolving Structures and Challenges of Metropolitan Regions ［J］. National Civic Review, 2010, 83（1）：40—53.

② YEATES M. The North American City ［M］. New York：Harper Collins Publishers, 1989：537—566.

③ 陈皓峰，刘志红. 区域城镇体系发展阶段及其应用初探 ［J］. 经济地理，1990（1）：66—70.

④ 赵永革. 论中国都市连绵区的形成、发展及意义 ［J］. 地理学与国土研究，1995（1）：15—22.

⑤ 陈立人，王海斌. 长江三角洲地区准都市连绵区刍议 ［J］. 城市规划汇刊，1997（3）：31—36，64—65.

⑥ 顾朝林. 新时期中国城市化与城市发展政策的思考 ［J］. 城市发展研究，1999（5）：6—13，61.

⑦ 张京祥. 城市与区域管治及其在中国的研究和应用 ［J］. 城市问题，2000（6）：40—44.

⑧ 王兴平. 都市区化：中国城市化的新阶段 ［J］. 城市规划汇刊，2002（4）：56—59，80.

华和姚士谋认为城市群的发展会经历城市区域阶段、城市群阶段、城市群组阶段、大都市带四个阶段①。基于集聚的角度，薛东前等将城市群的发展划分为集聚、集聚扩散、扩散集聚和扩散四个阶段②。朱英明③认为城市群发展有单核心城市阶段、城市组团阶段、城市组团扩展阶段和城市群形成阶段四个阶段。

综上研究可见，城市群的发展阶段具有一些共性特征：（1）城市群发展的起点是单个或者多个分散的城市，趋势是随着城市间的联系不断加强而在空间上逐渐连片，最终形成都市带或都市连绵区。（2）城市群发展的过程是中心城市不断发展壮大，中心城市与周边城市联系不断加强，最终实现城市区域一体化的过程。（3）按照中心城市与周边城市发展的空间状态可以将城市群发展划分为不同的阶段，比较有代表性的是四阶段论，即中心城市分散发展阶段、不同中心城市扩散发展组团阶段、中心城市连片即城市群形成阶段和城市群发展扩散阶段。（4）城市群发展的实质是中心城市之间经济规模不断扩大、中心城市之间经济联系不断加强在地理空间上的表现。

2. 城市群的发展模式

城市群的发展模式多指其空间结构发展模式。目前国内外关于城市群的空间发展模式又包含了地理空间视角和经济集聚视角两种视角。

地理空间视角多以城市群的空间形态描述为主。如马塔提出带型城市、Burgess 提出同心圆模式、Hoyt 提出扇形模式，Harris 和 Ullman 提出多核心模式④。20 世纪 80 年代以来，我国学者开始总结我国城市群的发展空间模式。如陆大道提出城市空间发展的点—轴模式，并进一步据此提出了我国区域开

---

① 官卫华，姚士谋. 城市群空间发展演化态势研究：以福厦城市群为例 [J]. 现代城市研究，2003（2）：82—86.
② 薛东前，孙建平. 城市群体结构及其演进 [J]. 人文地理，2003（4）：64—68.
③ 朱英明. 中国城市规模演化及其关键问题研究：基于产品质量阶梯模型的视角 [J]. 城市，2008（10）：8—12.
④ HOYT H. Development of Economic Base Concept [J]. Land Economics，1939（1）：182—187；HARRIS C，ULLMAN E. The Nature of Cities [C]. Annals of the American Academy of Political and Social Science，1945，242（Building the Future City）：7—17.

发的 T 字型空间构想①。吴启焰归纳了城市群发展中的点—环状模式和走廊—串珠状梯度模式两种模式②。年福华等从城市网络视角出发，认为城市群发展模式包括了双子座网络化模式、网络化空间结构模式、多中心网络化模式、极核网络化模式、走廊发展型城镇网络化模式等③。乔家君总结了极核式、点轴式、网络式、区域城市对称分布等几种模式④。韦亚平和赵民凝练了松散式、郊区化、极不均衡式及舒展式紧凑四种多中心网络结构⑤。顾朝林等在对长江三角洲城市群发展展望中提出，其多样化职能分工比较明显，多中心空间格局已经形成⑥。姚士谋在对我国城市群规划中总结认为城市群的空间结构无法脱离城市的空间分布格局，根据城市的分布将城市群空间结构分为集聚式城市群、带状城市群以及放射状城市群⑦。顾朝林在对我国城市群研究进展的展望中，在姚士谋的基础上增加了飞地形式和点轴填充模式⑧。何伟概括了六种空间组织结构模式，即单极中心城市带动、点—轴式空间结构带动、城乡融合区、三维城乡合作带动、田园城市带动和都市圈带动的空间组织结构模式⑨。

还有部分学者从实证归纳的角度对城市群的发展模式做出研究。如陆玉

① 陆大道. 论区域的最佳结构与最佳发展：提出"点-轴系统"和"T"型结构以来的回顾与再分析 [J]. 地理学报，2001（2）：127—135；陆大道. 我国跨世纪持续发展的若干重大问题 [J]. 中国软科学，1995（7）：38—44.
② 吴启焰. 城市密集区空间结构特征及演变机制：从城市群到大都市带 [J]. 人文地理，1999（1）：15—20.
③ 年福华，姚士谋，陈振光. 试论城市群区域内的网络化组织 [J]. 地理科学，2002（5）：568—573.
④ 乔家君，李小建. 河南省城镇密集区的空间地域结构 [J]. 地理研究，2006（2）：213—221.
⑤ 韦亚平，赵民. 都市区空间结构与绩效：多中心网络结构的解释与应用分析 [J]. 城市规划，2006（4）：9—16.
⑥ 顾朝林，张敏，张成，等. 长江三角洲城市群发展展望 [J]. 地理科学，2007（1）：1—8.
⑦ 姚士谋. 城市群发育机制及其创新系统：中国城市群第三版出版有感 [C] //中国地理学会，兰州大学，中国科学院寒区旱区环境与工程研究所，等. 中国地理学会 2006 年学术年会论文摘要集，2006：1.
⑧ 顾朝林. 城市群研究进展与展望 [J]. 地理研究，2011，30（5）：771—784.
⑨ 何伟. 城乡一体化发展视角下的区域空间结构构建：以淮安市为例 [J]. 长江流域资源与环境，2011，20（7）：825—829.

麟根据江西地区的考察发现我国城市群发展中还存在双核模式，即区域中有两个核心城市，核心城市的功能有所差异，一个为经济核心，另一个为对外枢纽核心或者说是港口城市，双城之间的区位优势和功能结构互补，形成了既兼顾城市中心性又具有港口城市边缘性的双核发展模式。具有双核模式的城市群有很多，例如我国的成渝城市群、京津冀城市群，美国的华盛顿城市群，日本的东京城市群，欧洲的莱茵河城市群等[1]。赵璟等以中国西部地区城市群作为研究对象，发现我国城市群发展模式由单中心化向多中心化转变[2]。吕韬等则在双核城市群理论的基础上，将城市群空间结构模式拓展为多类模式，认为多中心城市群是未来发展的趋势[3]。赵瑞霞等指出现阶段城市间主要存在三种协同关系，并由此形成城市群单核、双核、多核三类典型的空间结构模式[4]。黄妍妮等考察了我国十大城市群空间演变特征及其内在规律，发现东部地区城市群遵循位序—规模分布特征，中部地区城市群空间结构存在较大差异，西部城市群为单中心发展模式[5]。孙斌栋等从单中心—多中心视角研究了我国城市群空间结构演化规律及其影响因素，发现人均 GDP 水平的提高和人口规模的增加是导致城市群空间结构多中心化的主要原因[6]。

经济学视角多以"核心—外围"结构和集聚经济理论为基础，结合城市群发展实际提出。如 Fujita 和 Ogawa 认为由于产业和就业首先在不同的空间进行集聚，从而形成单中心或者多中心的城市群发展模式[7]。McDonald 认为在人口和就业集聚于中心区域的过程中，由于集聚的外部性，中心区域的周边

① 陆玉麒. 区域双核结构模式的形成机理 [J]. 地理学报，2002（1）：85—95.

② 赵璟，党兴华，王修来. 城市群空间结构的演变：来自中国西部地区的经验证据 [J]. 经济评论，2009（4）：27—34.

③ 吕韬，姚士谋，曹有挥，等. 中国城市群区域城际轨道交通布局模式 [J]. 地理科学进展，2010，29（2）：249—256.

④ 赵瑞霞，胡黎明，刘友金. 基于 Logistic 模型的城市群空间结构模式研究 [J]. 统计与决策，2011（3）：55—57.

⑤ 黄妍妮，高波，魏守华. 中国城市群空间结构分布与演变特征 [J]. 经济学家，2016（9）：50—58.

⑥ 孙斌栋，华杰媛，李琬，等. 中国城市群空间结构的演化与影响因素：基于人口分布的形态单中心—多中心视角 [J]. 地理科学进展，2017，36（10）：1294—1303.

⑦ FUJITA M，OGAWA H M. Multiple Equilibria and Structural Transition of Non-Monocentric Urban Configurations [J]. Regional Science and Urban Economics，1982，12（2）：161—196.

区域也会获得相应的好处，从而形成了核心—外围的城市群发展模式①。Friedmann 研究发现，区域空间结构随着经济发展阶段的推进发生变化，会经历低水平空间均衡—单中心增长极—高水平多中心均衡三个阶段②。Krugman 等运用经济学范式和理论模型对城市群空间结构进行研究，发现在城市群早期发展过程中，集聚产生的规模报酬递增效应占据主导，要素集中在城市群中心区域③。而随着集聚的加剧，由此产生的拥挤效应会削弱集聚的正外部性甚至产生负外部性，使城市群空间结构由单中心向多中心演变。刘传江和张亚斌等人从产业视角对新经济地理学的集聚扩散效应进行诠释，分析了城市群的空间结构中城市层级的形成过程④。

3. 不同城市群发展模式的经济效率

对于何种城市群发展模式更加有利，不少学者从经济效率的角度加以探讨。

一种观点认为单中心城市群发展模式更加有利。Cervero 以美国大都市区为研究对象，对该城市群空间结构与其劳动生产率的关系进行了研究，认为紧凑的单中心城市群空间结构更有利于生产率的提高⑤。Bailey 和 Turok 研究发现，苏格兰中部城市多中心区域的集聚效应不如单中心区域，典型区域兰斯塔德还未形成一体化经济⑥。Parr 基于理论分析，认为集聚经济的优势如共享的基础设施、知识溢出受到空间的限制，多中心空间结构分散了经济主体，降低了城市交通基础设施的运行效率，同时减少了仅由面对面交流才能产生

① MCDONALD J F, PRATHER P J. Suburban Employment Centres: The Case of Chicago [J]. Urban Studies, 1994, 31 (2): 201—218.

② FRIEDMANN J. The World City Hypothesis [J]. Development and Change, 1986 (1): 68—83.

③ KRUGMAN P. Increasing Returns and Economic Geography [J]. Journal of Political Economy, 1991, 99 (3): 483—499.

④ 刘传江，吕力. 长江三角洲地区产业结构趋同、制造业空间扩散与区域经济发展 [J]. 管理世界，2005 (4): 35—39. 张亚斌，黄吉林，曾铮. 城市群、"圈层"经济与产业结构升级：基于经济地理学理论视角的分析 [J]. 中国工业经济，2006 (12): 45—52.

⑤ CERVERO R. Efficient Urbanisation: Economic Performance and the Shape of the Metropolis [J]. Urban Studies, 2001, 38 (10): 1651—1671.

⑥ BAILEY N, TUROK I. Central Scotland as a Polycentric Urban Region: Useful Planning Concept or Chimera? [J]. Urban Studies, 2001, 38 (4): 697—715.

的思想碰撞的机会，影响了城市群经济的效率①。Hall 通过对西北欧 8 个巨型城市区域进行研究，认为其整体多中心程度仍较低，对多中心能提高效率提出怀疑②。Meijers 基于对荷兰兰斯塔斯地区的数据的实证研究，认为在多中心的空间结构的城市群，即使是被认为高效率的经济地区，其文化休闲以及体育娱乐活动明显减少，也就是说分散对这一区域带来了负面效应③。对于我国来说，藤田昌久在基于 2000 年城市规模基尼系数的研究中，对我国城市规模的特点进行了描述，认为小而均是其首要特征，城市规模不仅较小，而且较为均匀，没有特别大的城市，不利于城市群的发育④。陈良文等基于对我国城市体系的研究也证实了这一点⑤，我国城市体系呈现出扁平化的特点，随后陈良文和杨开忠又运用新经济地理学模型，对城市内部空间结构、外部规模经济效应进行了整合研究，认为城市内部通勤成本会对经济的集聚程度产生削弱作用，但是外部规模效应会对经济的集聚程度产生增强作用，只要外部规模经济效应仍占据主导，单中心城市群仍是有效率的⑥。陆铭和向宽虎对我国城市面板数据进行研究，发现集聚效应对服务业的影响比第二产业更强，基于此，大城市比小城市更有效率，而我国城市规模偏小，大城市发展受限，不利于产业的发展⑦。袁志刚和绍挺认为我国大城市发展不足，中小城市过多的城市体系对生产效率的提高是不利的，集聚不足难以发挥规模经济效应，不能形成统一完整的劳动力和产品市场，经济要素处于分散的状态，会导致

---

① PARR J. Economies of Scope and Economies of Agglomeration: The Goldstein-Gronberg Contribution Revisited [J]. The Annals of Regional Science, 2004, 38: 1—11.

② HALL C. Urban Entrepreneurship, Corporate Interests and Sports Mega-Events: the Thin Policies of Competitiveness within the Hard Outcomes of Neoliberalism [J]. The Sociological Review, 2006, 54 (2): 59—70.

③ MEIJERS E, HOEKSTRA J, AGUADO R. Strategic Planning for City Networks: The Emergence of a Basque Global City? [J]. International Planning Studies, 2008, 13 (3): 239—259.

④ FUJITA M, MORI T, HENDERSON J V, et al. Spatial Distribution of Economic Activities in Japan and China [J]. Handbook of Regional and Urban Economics, 2004, 4: 2911—2977.

⑤ 陈良文，杨开忠，吴姣. 中国城市体系演化的实证研究 [J]. 江苏社会科学，2007 (1): 81—88.

⑥ 陈良文，杨开忠. 集聚与分散：新经济地理学模型与城市内部空间结构、外部规模经济效应的整合研究 [J]. 经济学（季刊），2007, 7 (1): 54—71.

⑦ 陆铭，向宽虎. 地理与服务业：内需是否会使城市体系分散化？[J]. 经济学（季刊），2012, 11 (3): 1079—1096.

效率损失，造成经济增长方式难以转型①。从区域城市群角度来看，杨青山等对东北三大城市群空间结构与经济效率进行评价，也认为单中心是更有效率的②。

还有一种观点认为多中心城市群发展模式更加有效率。Phelps 和 Ozawa 研究发现集聚效应带来的好处可以在邻近的城市之间得到共享，与此同时，拥挤效应带来的负面效应却被限制在城市的内部③。Merjers 和 Burger 认为，较小的城市规模发展带来的资源环境压力更容易得到控制，而单中心较大规模的城市群产生的拥挤效应（交通拥堵、环境污染等）对城市群经济效率的提高会产生不利影响④，因此，藤田昌久认为多中心城市群空间结构是集聚经济的有效组织形式⑤。Johansson 和 Quigley 认为由于基础设施的完善和运输成本的降低，多中心的城市群空间结构将成为未来城市群的主导结构⑥。McMillen 和 Smith 采用美国城市群的数据对 Fujita 和 Ogawa 建立的城市模型进行检验，随着人口规模和城市交通成本的提高，城市群次中心城市的数量在不断增加，城市群逐渐由单中心向多中心转变，而多中心的空间结构也表现出了较高的劳动生产率⑦。侯韵和孙铁山基于区位基尼系数和单中心指数对我国 12 个城市群 1994—2012 年的空间结构特征和变化规律进行研究，发现城市群集聚程度与其经济发展呈"倒 U 型"关系，而较高的单中心指数不利于城

① 袁志刚，绍挺. 土地制度与中国城市结构、产业结构选择 [J]. 经济学动态，2010 (12)：28—35.

② 杨青山，张郁，李雅军. 基于 DEA 的东北地区城市群环境效率评价 [J]. 经济地理，2012，32 (9)：51—55，60.

③ PHELPS N A，OZAWA T. Contrasts in Agglomeration：Proto-Industrial，Industrial and Post-Industrial Forms Compared [J]. Progress in Human Geography，2003，27 (5)：583—604.

④ MEIJERS E J，BURGER M J. Spatial Structure and Productivity in US Metropolitan Areas [J]. Environment and Planning A，2010，42 (6)：1383—1402.

⑤ FUJITA M，MORI T. Structural Stability and Evolution of Urban Systems [J]. Regional Science and Urban Economics，1997，27 (4-5)：399—442.

⑥ JOHANSSON B，QUIGLEY J M. Agglomeration and Networks in Spatial Economies [M]. Berlin：Springer Berlin Heidelberg，2004：165—176.

⑦ MCMILLEN D P，SMITH S C. The Number of Subcenters in Large Urban Areas [J]. Journal of Urban Economics，2003，53 (3)：321—338；FUJITA M，OGAWA H. Multiple Equilibria and Structural Transition of Non-Monocentric Urban Configurations [J]. Regional Science and Urban Economics，1982，12 (2)：161—196.

市群经济增长，多中心结构对城市群的经济增长更有利①。王磊采用位序规模指数对中部6个城市群进行研究，认为人口多中心结构更利于经济增长②。王金哲和温雪认为单中心空间结构的创新提升效应仅在发展型城市群中成立，对于成熟型城市群而言，多中心化的趋势更有利于区域创新能力的提升③。

综上研究可见，对于城市群的发展模式已有比较成熟的研究成果，研究视角主要包括基于实证的和基于演绎的两种。基于实证的视角多在归纳具体的城市群发展的空间模式的基础上得出城市群发展模式的结论。由于城市群之间存在异质性，且现实中影响城市群发展模式的因素众多，因此得出的城市群的发展模式也具有多样性。基于演绎的视角则在抽象的空间中考察了城市群在经济因素作用下最终呈现的发展模式，由于剥离了现实空间的影响，因此所得出的发展模式较为统一，可以归纳为单中心发展模式、双中心发展模式和多中心发展模式等，但在应用于现实时还需考虑多种实际因素的影响。后者更加侧重于城市间的相互关系研究，且由于具有经济模型基础，因此可以用来分析城市群发展的效率问题。

二、人口分布的相关文献

人口分布是人口地理学的重要研究内容之一，主要指一定时间内人口群体在地理空间中的集散及组合情况。人口分布是重要的人口现象和社会经济现象，它受社会生产方式和经济发展水平的制约，生产力的发展往往伴随着人口地域分布的变化。许多学者对城市和人口分布之间关系进行了探索研究，相关研究可以划分为人口分布的规律与特征研究和人口分布的动力机制研究两个方面。

---

① 侯韵，孙铁山. 中国城市群空间结构的经济绩效：基于面板数据的实证分析［J］. 经济问题探索，2016（2）：80—88.

② 王磊，高倩. 长江中游城市群空间结构的经济绩效影响研究［J］. 人文地理，2018，33（6）：96—102.

③ 王金哲，温雪. 单中心还是多中心：城市群空间结构与创新能力研究［J］. 宏观经济研究，2022（9）：87—96.

（一）人口分布的规律与特征

1. 人口分布规律的研究

英国经济学家 Edwin Cannan 最早提出适度人口论，为控制城市人口、调节人口分布格局提供了一定的理论基础[1]。人口迁移理论以人口在地理空间的移动为出发点，研究人口迁移和流动规律，如 Ravenstein 提出七大迁移律[2]。进入 20 世纪后，全球工业化进程加快，城市化程度越来越高，人口分布受经济状况、社会条件和政治等因素的影响更加深远，经济学家对于人口分布的关注正逐渐加强，相关研究越来越丰富，比较有代表性的理论包括伯吉斯的入侵—演替理论[3]，霍伊特的过滤理论[4]，阿索隆的权衡取舍理论[5]，这些理论认为相似的个体或群体会做出相同的决策或选择，从而导致整体的人口空间分布变化。

二战后，学者们开始研究城市体系与人口分布之间的关系，Friedmann 提出了人口分布的"核心—边缘"概念[6]。Jefferson 提出首位城市法则，用以解释一个国家大量的人口集聚于首位城市的现象[7]，Zipf 等人提出城市的"序位—规模"法则以反映城市等级和城市人口规模之间的经验关系[8]。Clark 给出了城市人口密度空间分布衰减规律的幂指数模型[9]。Sherratt 随后研究得出

---

① CANNAN E. Elementary Political Economy [M]. London：Henry Frowde，1888：119.

② RAVENSTEIN E G . The Laws of Migration [J]. Journal of the Statistic Society，1976，151 （2）：289—291.

③ BURGESS E W. The Growth of the City：An Introduction to a Research Project [M] //MAR-ZLUFF J M，SHULENBERGER E，ENDLICHER W，et al. Urban Ecology. New York：Springer，2008：71—78.

④ HOYT H. The Structure and Growth of Residential Neighborhoods in American Cities [M]. Washington D. C. ：US Government Publishing Office，1939：53.

⑤ WILLIAM A. A Theory of the Urban Land Market [J]. Papers in Regional Science，1960，6 （1）：149—157.

⑥ FRIEDMANN J. Regional Development Policy [M]. Cambridge：MIT Press，1966：69—83.

⑦ JEFFERSON M. The law of the primate city [J]. Geographical Review，1939，29 （2）：226—232.

⑧ ZIPF G K. Human Behavior and the Principle of Least Effort：An Introduction to Human Ecology [M]. Cambridge：Addison-Wesley Press，1949：29—67.

⑨ CLARK C. Urban Population Densities [J]. Journal of the Royal Statistical Society Series A （General），1951，114 （4）：490—496.

人口密度正态分布模型①。Newling 等提出了二次指数模型②。20 世纪 60 年代，西方国家人口郊区化现象日益明显，城市人口向城市外围转移，进入人口郊区化阶段，学者们开始针对人口郊区化现象展开研究，包括人口空间分布的特征、空间选择、迁居行为、住房链等。Muth 和 Mills 对城市人口空间分布进行了探索，提出了 Mills—Muth 模型③。Newling 等人用二次曲线替代了 Clark 模型中的一次曲线，提出了人口分布的二次指数模型，并指出城市人口密度的最高值像波浪一样逐渐从城市中心向外推移，即所谓的波浪理论。1980 年，霍尔通过分析都市区内部以及都市区和非都市区之间的人口分布情况及其变化提出了城市演变理论。但是这些理论未能很好地解释人口流向城市的空间机理④。以 Krugman 为代表的新经济地理理论在此方面做出补充，以规模报酬递增和不完全竞争为基础，进一步解释了人口向城市集聚的原因⑤。Eeckhout 基于城市随机增长模式进行建模，发现对数正态模型（LN）可以较好地拟合美国城市分布的实际情况⑥。Giesen 等证实采用双重帕累托对数正态分布（DPLN）模型拟合实际城市分布比对数正态分布（LN）更好。

2. 人口分布特征的研究

人口分布受到自然条件、社会经济条件、技术和制度条件等多方面的影响。其中自然条件是影响人口分布最直接最明显的因素。我国地势阶梯式分

---

① SHERRATT G. A Model for General Urban Growth [J]. Management Sciences, 1960, 2 (2): 147—159.

② NEWLING B E. The Spatial Variation of Urban Population Densities [J]. Geographical Review, 1969, 59 (2): 242—252.

③ MUTH R. Cities and Housing: The Spatial Patterns of Urban Residential Land Use [M]. Chicago: Unversity of Chargo Press, 1969: 343—346; MILLS E S. An Aggregative Model of Resource Allocation in a Metropolitan Area [J]. The American Economics Review, 1967, 57 (2): 197—210; MILLS E S. Studies in the Structure of the Urban Economy [J]. The Economic Journal, 1973, 83 (329): 289—291.

④ NEWLING B E. The Spatial Variation of Urban Population Densities [J]. Geographical Review, 1969, 59 (2): 242—252.

⑤ KRUGMAN P. Increasing Returns and Economic Geography [J]. Journal of Political Economy, 1991, 99 (3): 483—499.

⑥ EECKHOUT J. Gibrat's Law for (all) Cities [J]. The American Economic Review, 2004, 94 (5): 1429—1451; GIESEN K, ZIMMERMANN A, SUEDEKUM J. The Size Distribution across all Cities-Double Pareto Lognormal Strikes [J]. Journal of Urban Economics, 2010, 68 (2): 129—137.

布，西北地区干旱少雨，东南地区湿润多雨，造成了人口分布东南稠密、西北稀疏的基本状态。最早对我国人口分布做出研究是胡焕庸的《中国人口之分布》，提出了中国人口以瑷珲—腾冲为界，东南密集、西北稀疏的空间格局①。胡焕庸在《句容县之人口分布》中进一步提出生产力是人口分布的重要影响因素②。满颖之和隋干城提出人口分布不仅受到历史地理、社会经济、自然条件等影响，还受到人口政策的影响③。与此同时，郑霖④、陈浩光和林道善⑤、陈汝国⑥、马清裕⑦、李明开⑧等分别对我国部分地区的人口分布情况展开了实证研究，所得出的结论整体上支持了人口分布是自然地理、社会经济、人口政策综合作用的结果的观点。吕安民等讨论了 kernel 核密度函数对估计双核心和多核心城市人口分布的适用性，发现 kernel 相比于指数型函数和 Gauss 型函数更具优势⑨。

20 世纪 80 年代以前的人口时空变化相关研究侧重分析人口数量的时间序列变化，主要采用定性描述方法和传统的数量统计、对比方法；后来逐渐引入了分形理论和 3S 等技术方法，弥补了传统人口学研究在空间分析与可视化层面的缺陷。高志强等基于 GIS 系统中国土地资源生态环境质量同人口分布的关系，发现二者呈正相关关系⑩。韩惠等基于 GIS 的人口信息系统，通过中国人口密度图，论证了我国人口分布的空间格局⑪。朱传耿等利用公安部1996 年流动人口统计数据，对中国流动人口的影响要素和空间分布进行了分

① 胡焕庸. 中国人口之分布：附统计表与密度图 [J]. 地理学报，1935，2（2）：33—74.
② 胡焕庸. 句容县之人口分布 [J]. 地理学报，1936（3）：621—627.
③ 满颖之，隋干城. 关于人口地理分布规律性的探讨 [J]. 人口研究，1983（4）：30—34.
④ 郑霖. 四川人口的地理分布 [J]. 地理研究，1983，2（4）：23—31.
⑤ 陈浩光，林道善. 广东省人口分布的分析 [J]. 中山大学学报：社会科学版，1984（1）：96—102.
⑥ 陈汝国. 新疆人口分布的变化及其发展趋势 [J]. 西北人口，1984（2）：12—17.
⑦ 马清裕. 京津唐地区人口分布浅析 [J]. 人口研究，1985（6）：31—33.
⑧ 李明开. 人口发展战略中的城乡分布问题 [J]. 江汉论坛，1987（8）：20—23.
⑨ 吕安民，李成名，林宗坚，等. 人口统计数据的空间分布化研究 [J]. 武汉大学学报（信息科学版），2002（3）：301—305.
⑩ 高志强，刘纪远，庄大方. 基于遥感和 GIS 的中国土地利用/土地覆盖的现状研究 [J]. 遥感学报，1999，3（2）：134—138.
⑪ 韩惠，刘勇，刘瑞雯. 中国人口分布的空间格局及其成因探讨 [J]. 兰州大学学报，2000（4）：16—21.

析和研究，发现中国城市流动人口主要集中在沿海地带，而且客观存在着三大城市流动人口圈①。廖顺宝等②、刘峰等③、袁长丰等④、杜国明等⑤、林琳和马飞⑥、封志明等⑦、葛美玲等⑧、苏飞和张平宇⑨、王振波等⑩、陈明星等⑪、彭秋志等⑫等利用 GIS 技术和历次人口普查数据，对我国不同时期不同地区的人口分布做出描述。

（二）人口分布的动力机制

一般认为自然地理条件、社会经济条件和人口政策是影响人口分布的三个重要因素。三者之中社会经济条件和人口政策对人口分布的影响通常受到更多的关注。20 世纪 50 年代初，西方城市陆续出现郊区化和分散化的趋势，Brian 等从人口密度、城市规模、人口密度梯度等随时间发展变化的角度比较了西方与非西方国家城市人口分布的差异，认为不同城市的经济发展水平和

---

① 朱传耿，马荣华，甄峰，等. 中国城市流动人口的空间结构 [J]. 人文地理，2002，17 (1)：65—68.

② 廖顺宝，李泽辉. 基于 GIS 的定位观测数据空间化 [J]. 地理科学进展，2003，(1)：87—93.

③ 刘峰，马金辉，宋艳华，等. 基于空间统计分析与 GIS 的人口空间分布模式研究：以甘肃省天水市为例 [J]. 地理与地理信息科学，2004，20 (6)：18—21.

④ 袁长丰，刘德钦，崔先国，等. 基于人口 GIS 的北京市人口密度空间分布分析 [J]. 测绘科学，2004，29 (4)：40—42.

⑤ 杜国明，张树文，张有全. 城市人口分布的空间自相关分析 [J]. 地理研究，2007，26 (2)：383—390.

⑥ 林琳，马飞. 广州市人口老龄化的空间分布及趋势 [J]. 地理研究，2007 (5)：1043—1054.

⑦ 封志明，唐焰，杨艳昭，等. 中国地形起伏度及其与人口分布的相关性 [J]. 地理学报，2007，62 (10)：1073—1082.

⑧ 葛美玲，封志明. 基于 GIS 的中国 2000 年人口之分布格局研究：兼与胡焕庸 1935 年之研究对比 [J]. 人口研究，2008 (1)：51—57.

⑨ 苏飞，张平宇. 辽中南城市群人口分布的时空演变特征 [J]. 地理科学进展，2010 (1)：96—102.

⑩ 王振波，徐建刚，朱传耿，等. 中国县域可达性区域划分及其与人口分布的关系 [J]. 地理学报，2010，65 (4)：416—426.

⑪ 陈明星，李扬，龚颖华，等. 胡焕庸线两侧的人口分布与城镇化格局趋势：尝试回答李克强总理之问 [J]. 地理学报，2016 (2)：179—193.

⑫ 彭秋志，马少华，邓启辉，等. 山地城市建设用地增长的坡度梯度效应：以贵阳市为例 [J]. 自然资源学报，2022，37 (7)：1865—1875.

政策体制是影响人口空间分布的重要因素①。Muth、Lee、White 等人从住宅成本和质量、类型等角度探讨了其对城市人口分布的影响②。Tuan 等人考察了生活就业环境对城市人口空间分布的影响，Castells 认为经济活动和政治体制的协同作用影响了城镇化进程中的人口分布③。Aoki 认为轨道交通是人口从中心城区向外疏散的重要影响因素④。

由于人口的再分布是人口迁移或人口流动的结果，不少学者也从人口流动的角度分析了人口分布的动力机制，其中比较有代表性的包括拉文斯坦提出的"人口迁移规律"理论、赫伯尔提出的推—拉理论、新古典经济学理论、发展经济学理论和新经济地理理论等。拉文斯坦认为人口迁移受到迁移距离、人口城乡分布、性别差异等多种因素的影响。推—拉理论认为人口迁移是由迁入地的拉力因素和迁出地的推力因素共同作用的结果。新古典经济学理论认为不同区域间的劳动力供给和需求的差异引发了人口迁移。发展经济学理论则从工业化和城市化的角度讨论了人口由农村迁移到城市的现象。除此之外，还有对人口迁移成本与迁移收益进行比较权衡的"成本—收益理论"⑤，认为人口迁移是一种人力资本投资的"人力资本理论"⑥，将人口迁移视为一个复杂的决策过程的"行为学派理论"⑦，基于微观家庭、个人角度对劳动力

---

① BERRY B J L, SIMMONS J W, TENNANT R J. Urban Population Densities：Structure and Change［J］. Geographical Review, 1963, 53（3）：389—405.

② MUTH R F. The Spatial Structure of the Housing Market［J］. Papers of the Regional Science, 1961, 7（1）：207—220；LEE E S. A Theory of Migration［J］. Demography, 1966, 3（1）：47—57；WHITE M J. American Neighborhoods and Residential Differentation［M］. New York：Russell Sage Foundation, 1987：1—24.

③ CASTELLS M. The Informational City：Information Technology, Economic Restructuring, and the Urban-Regional Process［M］. Oxford：Blackwell, 2005：193—197.

④ AOKI M, YOSHIKAWA H. Demand Saturation-Creation and Economic Growth［J］. Journal of Economic Behavior and Organization, 2002, 48（2）：127—154.

⑤ SJASTAD L A. The Costs and Returns of Human Migration［J］. Journal of Political Economy, 1962, 70（5）：80.

⑥ ［美］舒尔茨. 人力资本投资：教育和研究的作用［M］. 蒋斌, 张蘅, 译. 北京：商务印书馆, 1990：22—40.

⑦ DAVANZO J. Microeconomic Approaches to Studying Migration Decisions［M］. Santa Monica：RAND Corporation, 1957：56.

迁移的动机进行分析的"新经济迁移理论"[1] 等理论从多个视角讨论了人口迁移的动力机制。

综上研究可知，关于人口分布目前已有较为丰富的研究成果，学者们运用数学模拟、GIS、空间统计等多种方法对不同时期不同地区的人口分布现状做出描述，并归纳了人口分布的特征，总结模拟了人口分布的数学规律。对于人口分布的动力机制方面的研究，多从自然地理条件、社会经济条件和人口政策等三个维度展开，随着经济计量技术的不断完善，所研究的因素也越来越细致，但对影响的机制研究尚不多见。从人口迁移的角度研究人口分布影响的动力机制已有比较成熟且成体系的理论，但尚缺少联系人口迁移与人口分布的理论路径。

三、城市群发展对人口分布影响的相关文献

目前关于城市群发展对人口分布影响的文献主要分为两个方面，一是从城市群的视角研究人口分布的现状、特征和流动规律，二是基于城市或者城市群的视角研究城市群发展对人口分布的影响效应。

（一）城市群人口分布的现状、特征和流动规律

城市群作为城市化的重要载体，对人口分布会产生重要的影响。但关于城市群人口分布的现状、特征和流动规律方面的研究，则是近年来随着对城市群研究的兴起而兴起的。通过检索文献发现，很多学者通过采用不同的研究方法和实验数据对城市群发展影响人口分布的规律、演变特征等进行了实证研究。整体看，相关研究集中于城市群的人口分布特征以及城市群人口流动空间特征两个方面。

一是城市群的人口分布和时空演化特征分析。Rieniets 梳理了发达国家大都市区人口变动的规律，发现人口减少和城市收缩是工业化后期大城市人口分布变化的主要趋势[2]。Moreno-Monroy 等人通过对全球大都市区人口分布的测度发现，全球约 39 亿人口（占全球人口的 53%）生活在 8790 个功能型城

① STARK O, BLOOM D E. The New Economics of Labor Migration [J]. The American Economic Review, 1985, 75 (2): 173—178.

② RIENIETS T. Shrinking Cities: Causes and Effects of Urban Population Losses in the Twentieth Century [J]. Nature and Culture, 2009, 4 (3): 231—254.

市地区中，从 2000 年到 2015 年，较大的城市地区的人口增长更快，凸显出大都市人口越来越集中的一般趋势①。Qin 和 Zhang 利用 1982 年、1990 年和 2000 年中国全国人口普查的分区数据，模拟了沈阳市城市圈人口空间分布的演变模式，发现城市核心区的人口一直在大幅集中，但同时内郊人口的增加对人口分布格局的影响越来越大②。向云波和赵严借助 GIS 与空间自相关技术，研究了长江中游城市群人口与经济集聚特征，发现具有东北—西南高、东南低的空间分布特征③。王振坡等分析了京津冀城市群的人口规模分布特征，研究发现城市群整体人口较为集中，呈现一定的扩散趋势，但城市群内部各地区人口分布差异较大，极化现象严重④。刘乃全等从人口分布整体结构特征、偏移增长特征、圈层结构特征、不均衡特征四个方面进行了研究⑤。张国俊等以"十三五"提及的 19 个城市群为研究对象，采用第五、第六次全国人口普查的常住人口数据，引入重心模型、空间自相关、泰尔指数等研究方法，从城市群视角分析中国人口分布的演变特征⑥。盛广耀从等级关系和空间关联的视角分析了京津冀城市群内部各地区间人口增长差异的变化和人口变动的时空演化模式，发现城市群在人口增长的集聚与扩散过程中既有等级效应模式的特点，又存在近邻效应模式的特征，其人口变动状态是不同等级城市在不同地域空间人口集聚和扩散过程中的综合反映⑦。闫东升等运用人口密度、核密度、重心、集中指数和偏移—分享等方法，研究了 2000—2018 年长

① MORENO - MONROY A I, SCHIAVINA M, VENERI P. Metropolitan Areas in the World. Delineation and Population Trends [J]. Journal of Urban Economics, 2021, 125: 103242.

② QIN Z, ZHANG P. Simulation Analysis on Spatial Pattern of Urban Population in Shenyang City, China in Late 20th Century [J]. Chinese Geographical Science, 2011, 21 (1): 110—118.

③ 向云波，赵严. 长江中游城市群人口与经济空间分布关系研究 [J]. 云南师范大学学报（哲学社会科学版），2015, 47 (4): 88—94.

④ 王振坡，姜智越，郑丹，等. 京津冀城市群人口空间结构演变及优化路径研究 [J]. 西北人口，2016, 37 (5): 31—39.

⑤ 刘乃全，吴伟平，刘莎. 长江三角洲城市群人口空间分布的时空演变及影响因素研究 [J]. 城市观察，2017 (5): 5—18.

⑥ 张国俊，黄婉玲，周春山，等. 城市群视角下中国人口分布演变特征 [J]. 地理学报，2018, 73 (8): 1513—1525.

⑦ 盛广耀. 城市群区域人口变动的时空演化模式：来自京津冀地区的证据 [J]. 城市与环境研究，2018 (2): 33—47.

江三角洲人口时空演变规律，并采用空间计量等方法探讨人口偏移增长影响因素①。张耀军等运用全国人口普查和统计年鉴数据，采用重心分析和空间自相关分析等方法从城市群视角对2000—2015年15年间我国人口空间分布的演变过程进行研究②。肖金成和洪晗分析了2000—2018年我国15个城市群人口和城镇格局的空间变化特征和态势，并对2025—2035年的人口分布格局演进趋势进行预测，发现2000—2018年，我国15个城市群人口持续增长，但存在分布不均、集中趋势明显等问题；2025—2035年，我国人口分布结构指数将持续增长，城市群人口分布不均衡现象将加剧③。Shao和Xiong发现城市群的人口密度分布具有梯状特征，低密度人口分布在一级城市和二级城市的边缘处④。

　　二是城市群人口流动特征分析。人口分布是人口流动的结果，相比于人口分布，城市群人口流动特征能够体现城市群吸引人口集聚的动态性，因此不少文献分析了城市群人口流动或人口迁移的特征。对于处于工业化进程中的地区而言，城市群发展能够带来中心城市人口的净流入，但是对于完成工业化的地区而言，人口会出现郊区化的趋势。Malik和Dewancker通过对印度尼西亚南邦市的人口分布特征的调查发现，城市地区的人口流入最快，规模也最大⑤。Veneri通过对OECD国家2001—2011年城市人口分布的趋势研究发现，人口分布有多中心化的趋势，城市群次中心的人口增长速度在加快⑥。

①　闫东升，孙伟，王玥，等．长江三角洲人口分布演变、偏移增长及影响因素［J］．地理科学进展，2020，39（12）：2068—2082；闫东升，孙伟，孙晓露．长江三角洲人口时空格局演变及驱动因素研究［J］．地理科学，2020，40（8）：1285—1292．

②　张耀军，王小玺．城市群视角下中国人口空间分布研究［J］．人口与经济，2020（3）：1—13．

③　肖金成，洪晗．城市群人口空间分布与城镇化演变态势及发展趋势预测［J］．经济纵横，2021（1）：19—30，2．

④　SHAO D，XIONG W. Does High Spatial Density Imply High Population Density? Spatial Mechanism of Population Density Distribution Based on Population-Space Imbalance［J］. Sustainability，2022，14（10）：5776.

⑤　MALIK I B I，DEWANCKER B J. Identification of Population Growth and Distribution，Based on Urban Zone Functions［J］. Sustainability，2018，10（4）：930.

⑥　VENERI P. Urban Spatial Structure in OECD Cities：Is Urban Population Decentralising or Clustering?［J］. Papers in Regional Science，2018，97（4）：1355—1374.

Tucker 利用 1965—1975 年美国的人口普查数据发现人口分布有明显的郊区化趋势①。孙阳等对我国沿海三大城市群的人口吸纳与流动过程进行研究，发现在城市群经济聚集的核心区域，人口聚集程度稠密且人口空间结构集中化，同时城市群的发展增强了对流动人口的吸纳能力，吸纳能力的高低与城市群级别成正比例关系②。马璇和张振广对长江三角洲城市群人口流动特征展开研究，发现长江三角洲城市群对全国人口的吸引力不断增长，且人口近域流动为主的区域化特征日趋明显，并将在城市群内部形成城市圈、都市区等亚结构③。朱鹏程等也发现长江三角洲人口流动是以少数城市为核心，具有一定的层级特征，城市群之间的联系具有较为明显的地理集中性，而人口流动也呈现出较强的本土化特征④。曹广忠等分析了京津冀、长江三角洲、珠江三角洲、长江中游和成渝五大城市群人口流入的空间模式，发现尽管各城市群人口的空间分布格局保持总体稳定，但是其流入人口有向中心城市持续集中的趋势；且人口流动范围有所扩大，省内流动增速普遍高于省际，沿海城市群人口吸引范围大但也服从距离衰减规律⑤。盛亦男和杨旭宇分析了京津冀、长江三角洲、珠江三角洲城市群流动人口集聚的空间格局，发现流动人口分布的重心持续向经济发达和人口高度集聚区域移动⑥。

综上研究可见，目前关于城市群人口分布的现状、特征和流动规律的研究已较为丰富，相关研究普遍发现城市群的人口分布具有明显集聚特征，且城市群内部人口分布具有层级特征。从研究方法上看，人口密度、核密度、人口重心、集中指数、空间相关性等成为衡量人口分布特征的主要方式。但

---

① TUCKER C J. City – Suburban Population Redistribution：What Data from the 1970s Reveal [J]. Urban Affairs Quarterly, 1984, 19（4）：539—549.

② 孙阳，姚士谋，陆大道，等 . 中国城市群人口流动问题探析：以沿海三大城市群为例 [J]. 地理科学，2016，36（12）：1777—1783.

③ 马璇，张振广 . 基于人口流动的长江三角洲区域空间演化特征及态势研究 [J]. 城市规划学刊，2020（5）：47—54.

④ 朱鹏程，曹卫东，张宇，等 . 人口流动视角下长江三角洲城市空间网络测度及其腹地划分 [J]. 经济地理，2019，39（11）：41—48，133.

⑤ 曹广忠，陈思创，刘涛 . 中国五大城市群人口流入的空间模式及变动趋势 [J]. 地理学报，2021，76（6）：1334—1349.

⑥ 盛亦男，杨旭宇 . 中国三大城市群流动人口集聚的空间格局与机制 [J]. 人口与经济，2021（6）：88—107.

是相关研究较少探讨人口分布特征的形成原因和形成机制。

（二）城市群发展对人口分布影响的效应测度

城市群作为城镇化的重要载体、国家经济发展的重心和区域发展的战略支点，城市群经济的发展与产业集聚、城市群规划的颁布与实施、城市群的空间发展模式等均会对人口分布产生重要影响。相关研究主要从城市群发展与人口分布的耦合协调性、城市群发展模式对人口分布的影响、城市群规划对人口分布的影响等几个方面展开。

一是城市群发展与人口分布的耦合协调性研究。陈林心等从人口、空间、产业等角度分析了长江中下游城市群人口空间分布与产业城镇化之间的空间耦合特征[1]；游珍等构建了区域人口分布和社会经济发展协调度指标体系，衡量了京津冀、长江三角洲、珠江三角洲城市群的社会经济协调度，并对比分析这三大城市群的内部差异[2]。刘志峰等分析长江经济带人口与经济耦合的区域差异，发现城市群在长江经济带发展过程中的引领作用还需进一步加强[3]。Zhou和Yang测度了中原城市群的人口、土地和经济发展的协调性，发现三者的协调度较差，但是城市建成区面积和经济增长的协调度很好[4]。

二是城市群发展模式对于人口分布的影响。相关研究主要集中分析了城市群的单核发展模式和多核发展模式对人口分布的影响。Bertaud和Malpezzi通过对全球48个城市人口分布趋势的研究发现，收入的增加和运输成本的下降会使城市人口密度梯度分布变平缓，同时城市政策对人口密度分布有重要影响[5]。尹德挺和史毅基于城市群理论的演变过程，从空间视角出发，发现在典型的世界级城市群中，核心城区人口占比是先升后降的，而人口空间分布

① 陈林心，何宜庆，徐夕湘. 长江中游城市群人口—空间—产业城镇化的时空耦合特征分析 [J]. 统计与决策，2017（12）：129—133.

② 游珍，雷涯邻，封志明，等. 京津冀、长江三角洲、珠江三角洲人口分布的社会经济协调性及区域差异对比研究 [J]. 现代城市研究，2017（3）：78—84，89.

③ 刘志峰，王斌，马颖忆，等. 长江经济带人口与经济耦合的区域差异研究 [J]. 宏观经济管理，2018（6）：50—57.

④ ZHOU P C，YANG Y F. Spatial and Temporal Evolution and Coordination Analysis of Population，Space and Economy in Central Plain City Cluster of China [J]. Applied Ecology and Environmental Research，2019，17（5）：10685—10702.

⑤ BERTAUD A，MALPEZZI S. The Spatial Distribution of Population in 48 World Cities：Implications for Economies in Transition [M]. Madison：Center for Urban Land Economics Research，2003：5—48.

存在由单核向多极转变的趋势①。孙斌栋等以 13 个城市群为样本，使用规模—位序法则测度城市群的形态单中心—多中心程度，发现 1980 年以来大多数城市群的空间结构呈现出多中心化的特征，主要原因是人均 GDP 水平的提高和人口规模的增加。多中心城市结构模式，既是城市化发展到高级阶段的时空表现，也是大城市与地区城市联盟的基本空间组织形式规律②。刘乃全等采用 Clark 模型和 Heikkila 多中心模型对长江三角洲城市群的人口密度进行了拟合估计，发现多中心结构模式有利于长江三角洲城市群的发展，有利于提升其综合实力③。廖传清等分析得出，长江中游城市群人口分布与城镇化格局已经形成较为明显的多核心空间结构，表明人口集聚度对城镇化格局的形成有着重要影响，但区域城镇化还同时受到经济发展水平、工业化水平、基础设施等多种因素的共同影响④。就城市群的发展路径而言，刘明等认为在未来我国仍然会延续人口从欠发达地区向较为发达地区流动的局面，以现有的城市群为依托形成庞大的城市群，形成核心城市引领城市群发展、城市群带动区域协调发展的新格局，流动人口向重点城市群集聚⑤。

三是城市群发展规划对人口分布的影响。相关研究多把人口看作生产要素，从而分析城市群发展规划对要素流动或分布的影响。颜银根和文洋构建新经济地理学模型分析了城市群发展对企业数量的影响，并通过实证发现城市群的形成将有效增加地区企业数量，其中以珠江三角洲、长江三角洲以及山东半岛等城市群对产业的空间集聚影响最为显著⑥。王家庭等以京津冀、长江三角洲、珠江三角洲、成渝及长江中游城市群为样本，采用了多期双重差

① 尹德挺，史毅. 人口分布、增长极与世界级城市群孵化：基于美国东北部城市群和京津冀城市群的比较 [J]. 人口研究，2016，40（6）：87—98.
② 孙斌栋，华杰媛，李琬，等. 中国城市群空间结构的演化与影响因素：基于人口分布的形态单中心—多中心视角 [J]. 地理科学进展，2017，36（10）：1294—1303.
③ 刘乃全，邓敏. 多中心结构模式与长江三角洲城市群人口空间分布优化 [J]. 产业经济评论，2018（4）：91—103.
④ 廖传清，郑林. 长江中游城市群人口分布与城镇化格局及其演化特征 [J]. 长江流域资源与环境，2017，26（7）：963—972.
⑤ 刘明，梁中华，吴嘉璐. 我国人口迁移流动特点及未来展望 [J]. 经济研究参考，2020（14）：5—17.
⑥ 颜银根，文洋. 城市群规划能否促进地区产业发展？——基于新地理经济学的研究 [J]. 经济经纬，2017，34（2）：1—6.

分模型检验了国家级城市群规划对要素跨省流动的影响，发现国家级城市群规划会加剧人口要素的单向"虹吸"①。王垚等使用国际手机漫游数据与世界500强企业数据，以长江三角洲城市群为例，从城市网络的视角来识别城市群资本、劳动力等全球要素流动特征，发现全球要素呈现空间不均衡的特征，城市群中心城市与周边城市以垂直出行联系为主，具有中心地特征②。李洪涛和王丽丽运用双重差分模型分析城市群发展规划对区域要素流动与高效集聚的政策效应，发现城市群发展规划能够有效推动区域要素流动与高效集聚③。

综上研究可见，目前关于城市群发展对人口分布的影响研究多以实证形式测度了城市群发展对人口分布影响的大小，相关方法包括了耦合协调度模型、数值模拟、准自然实验模型、网络分析等。但是相关研究对城市群发展影响人口分布的机理尚缺少系统性分析，颜银根和文洋的研究虽然构建了新经济地理学模型分析了城市群发展对人口分布的影响机理，但是其视角主要是从企业迁移的角度展开，缺少对人口分布的直接描述。

四、文献评述

通过对已有文献的梳理发现，相关研究对城市群的发展概念和发展历程、城市群的发展阶段、发展模式和空间结构等已有系统的论述，对人口分布的地理特征与数学规律、人口分布的动力机制也有成熟的论述，但针对我国城市群发展对人口分布的影响方面的研究还有一定补充和完善的空间。

第一，现有研究对我国城市群人口的分布和流动特征有较为清晰的描述，相关研究多采用人口密度、人口重心、空间相关指数、人口集中指数等统计方法分析全国或特定城市群的人口空间分布差异性格局，从静态比较分析的视角分析城市群发展造成的人口空间分布格局的变化；也有研究从人口流动的视角分析了城市群发展对人口流动的影响，进而解释城市群发展对人口分布的影响。此类研究多侧重于城市群人口分布的空间特征描述，从理论角度

---

① 王家庭，姜铭烽 . 国家级城市群规划对要素跨省流动的影响研究［J］. 当代经济科学，2023，45（1）：119—129.

② 王垚，朱美琳，王勇，等 . 长江三角洲城市群碳中和潜力评价与实现策略研究［J］. 规划师，2022，38（3）：61—67.

③ 李洪涛，王丽丽 . 城市群发展规划对要素流动与高效集聚的影响研究［J］. 经济学家，2020（12）：52—61.

对城市群发展为何引起人口流入和人口分布的变化的研究不多见。

第二，部分研究从实证角度探讨了城市群的单中心或多中心的发展模式对人口分布的影响，但相关研究多考虑了城市群发展对人口分布的单向影响机制，事实上人口的流动也会影响城市群的空间结构和发展模式，但较少有研究关注这一方面，对城市群发展和人口空间分布的循环因果累积影响机理还缺少较为系统的论述。还有部分研究从城市规划的角度实证研究了城市群发展政策对人口空间分布的影响，但这类研究多从城市群整体视角来分析，探讨城市群对人口的吸引作用，缺少对城市群内部人口分布格局的审视。

第三，现有研究在分析城市群发展对人口空间分布的影响时，多基于单中心—多中心的分析视角，对我国双中心城市群发展模式对人口分布的影响还缺少较为系统的论述。有少部分文献把双中心城市群发展模式和多中心城市群发展模式归并在一起讨论，但现实中二者还是有所区别，现有研究对此没有进行太多深入分析。

综上，尽管现有研究分析已涉及城市群发展对人口分布的影响，但是尚缺少对影响机理的理论透视，双中心城市群发展方面也缺少足够的文献支撑。因此，未来研究可进一步分类讨论不同的城市群发展模式对人口分布影响的理论机理和实证影响，使相关分析更加贴近现实。

第三节 研究内容与结构安排

一、研究内容

（一）城市群发展对人口分布影响的理论基础

第一，梳理城市群发展的相关理论基础。明确城市群的发展内涵，从城市地理和城市规划、城市经济学两个方面梳理城市群的形成与发展理论、城市群的规模分布理论、城市群的空间结构理论和城市经济学中关于城市发展的单中心、多中心和城市体系理论。第二，梳理人口分布的相关理论基础，在明确人口分布内涵的基础上，从静态和动态两个方面梳理人口静态分布理论和推拉理论、二元经济理论以及新迁移理论等人口迁移理论。第三，梳理空间机理的理论基础。包括空间机理的内涵、空间机理的主要理论来源和空间机理的主要内容。第四，明确城市群发展对人口分布影响的空间机理。结合中国的实际情况，把二元经济理论、新经济地理理论和人口迁移理论综合起来，分析在户籍制度和劳动力市场分割约束下的城市群发展对人口分布影响的空间机理和人口分布空间格局形成的过程。围绕城市群建设和发展的不同模式，建立包含一个中心城市的单中心模型、包含两个中心城市的双中心模型和包含三个中心城市的多中心模型，阐述城市群发展对人口分布的作用力和作用机制，并进一步研究人口空间格局形成的因果循环累积机制。

（二）城市群发展与人口分布的现状

第一，分析我国城市群发展的主要模式，测度城市群的发育程度，进一步明确各城市群所处的发展阶段。在梳理我国城市群发展规划的基础上，使用城市能级模型和引力模型从不同角度分析城市群的发展模式，采用城市集群程度指标测度城市群的发育程度，并在此基础上进一步划分城市群的发展阶段。第二，测度我国主要城市群的人口分布现状，分析我国城市群发展的人口密度分布特征，进一步采用人口分布结构指数、基尼系数、人口地理集中度、人口分布偏移增长指数等分析我国人口分布的结构特征。第三，我国城市群发展与人口分布的经验关系分析。从单中心城市群、双中心城市群和多中心城市群三个类型分析，运用相关分析等统计方法，分析我国城市群发展对人口密度、人口分布结构指数等人口分布相关指标的影响。

（三）城市群发展对人口分布影响的实证检验

分单中心、双中心和多中心三种类型展开。对于单中心城市群，从工资差异、税收规模差异和运输成本三个方面梳理城市群发展对人口分布影响的理论机制，在此基础上使用面板数据回归、倾向性得分匹配、工具变量法等多种方法测度城市群发展对人口分布的影响，并使用调节效应模型分析户籍歧视和运输成本的影响机制。对于双中心和多中心城市群，从相对工资差异、相对税收差异和相对工业品价格指数三个方面分析城市群发展对人口分布影响的理论机制，在此基础上使用面板数据回归、倾向性得分匹配、工具变量法等多种方法测度城市群发展对人口分布的影响，并使用调节效应模型分析双中心城市群的户籍歧视和知识共享的影响机制，分析多中心城市群发展的户籍歧视、市场分割、知识共享和市场潜能对人口分布的影响机制。

（四）城市群发展对人口分布影响的政策模拟和建议

第一，分别梳理单中心、双中心和多中心城市群发展的主要政策，总结其政策特点和主要方向。第二，运用回归控制法（RCM）构建单中心、双中心和多中心城市群中各城市发展的反事实模型，模拟如果没有城市群影响其人口分布的变化和发展路径，并与城市人口现实变化情况进行对比分析。第三，根据不同类型城市群发展对人口分布的模拟比较结果，提出优化城市群发展的政策建议。

二、结构安排

结合研究内容，本研究共分为八章，主要结构安排如下：

第一章为绪论，包括研究背景与意义、文献综述、研究内容与结构安排说明、研究思路、方法与创新点说明等内容。

第二章为理论基础。包括三个小节：第一节为城市群发展的理论基础，在明确城市群发展内涵的基础上，主要从城市地理和城市规划、城市经济学两个方面梳理了城市群的形成与发展理论、城市群的规模分布理论、城市群的空间结构理论和城市经济学中关于城市发展的单中心、多中心和城市体系理论；第二节为人口分布的理论基础，在明确人口分布内涵的基础上，从静态和动态两个方面梳理了人口静态分布理论和推拉理论、二元经济理论以及新迁移理论等人口迁移理论；第三节为空间机理的理论基础，在明确空间机理内涵的基础上主要梳理了地理空间理论、空间生产理论和新经济地理理论。同时，我们还分析了各种理论对本研究的启示。

第三章为不同模式的城市群发展影响人口分布的空间机理研究。我们从单中心、双中心和多中心三种城市群的发展模式入手，运用新经济学地理模型的空间分析框架，从城市群发展带来的人口福利差异入手，分三节分析了三种城市群发展模式对人口分布影响的空间机理。

第四章为中国城市群发展和人口分布的现状研究。主要包括三个小节：城市群发展现状分析，主要从城市群的发展模式、发育程度和发展阶段三个方面展开；人口分布的现状分析，主要从人口密度分布特征和人口分布结构特征两个方面展开；城市群发展与人口分布的经验关系，分单中心、双中心和多中心三个角度展开。

第五章为单中心城市群发展对人口分布的影响研究。主要包括三个小节：单中心城市群发展对人口分布影响的理论机制，分析了工资差异、税收规模差异、运输成本差异三个机制；单中心城市群发展对人口分布影响的实证分析，包括研究的基本模型、实证检验结果、机制检验结果等内容；单中心城市群发展对人口分布影响的政策模拟，包括单中心城市群发展的主要政策、单中心城市群发展的政策模拟、单中心城市群发展的政策建议三个部分。

第六章为双中心城市群发展对人口分布的影响研究。主要包括三个小节：双中心城市群发展对人口分布影响的理论机制，分析了相对工资差异、相对税收规模差异、相对工业品价格指数差异三个机制；双中心城市群发展对人口分布影响的实证分析，包括研究的基本模型、实证检验结果、机制检验结果等内容；双中心城市群发展对人口分布影响的政策模拟，包括双中心城市群发展的主要政策、双中心城市群发展的政策模拟、双中心城市群发展的政策建议三个部分。

第七章为多中心城市群发展对人口分布的影响研究。主要包括三个小节：多中心城市群发展对人口分布影响的理论机制，分析了相对工资差异、税收规模差异、运输成本差异三个机制；多中心城市群发展对人口分布影响的实证分析，包括研究的基本模型、实证检验结果、机制检验结果等内容；多中心城市群发展对人口分布影响的政策模拟，包括多中心城市群发展的主要政策、多中心城市群发展的政策模拟、多中心城市群发展的政策建议三个部分。

第八章为结论、政策建议和研究展望。

第四节　研究思路、方法与创新点

一、研究思路

本书本着理论机制探讨—现状事实研究—模型实证检验—政策建议研究的思路展开，在梳理城市群发展、人口分布、空间机理相关理论的基础上，综合运用人口学、人文地理学、经济学等相关理论解释城市群发展对人口分布影响的空间机理，采取可视化表达、面板数据回归、调节效应模型、RCM反事实模拟等研究手段展开实证检验和政策模拟，最后给出对策建议。具体步骤可用简图表示如下：

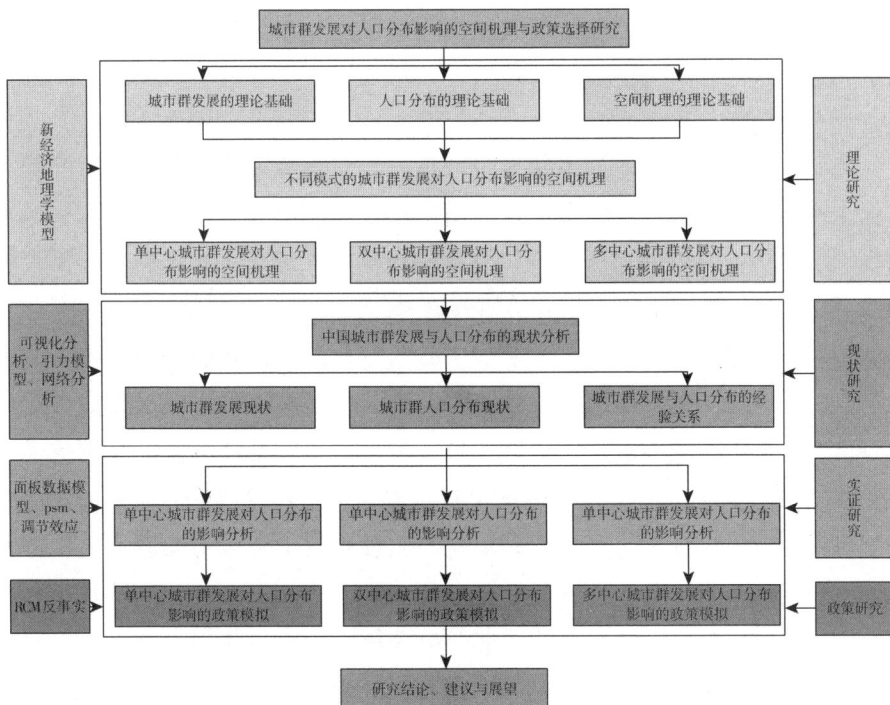

图 1-1 研究思路图

二、研究方法

第一，文献研究法。文献研究注重归纳和演绎，对国内外涉及城市群、空间经济理论、人口迁移、人口分布等题材的相关文献加以整理、归纳，分析城市群对人口分布影响的理论发展脉络，形成本研究的理论基础和支撑。

第二，理论演绎法。构建了包含户籍歧视、税收规模的新经济地理学模型理论，演绎了单中心、双中心和多中心城市群发展对人口分布的影响。

第三，统计和计量分析法。运用发育度指数、城市能级指数和引力模型等从不同角度分析城市群的发展模式；运用人口密度、人口分布结构指数、基尼系数、人口地理集中度、人口分布偏移增长指数等测度我国人口分布的结构特征；运用面板数据回归模型、调节效应模型等实证检验城市群发展对人口分布的影响及机理。

第四，政策模拟分析。利用 RCM 反事实模拟分析了城市群发展对人口分布影响的政策效果。

三、创新点

第一，不同于现有研究多将城市群作为一个整体分析，我们将研究视角定位于城市群内部的人口分布上，构建了包含户籍歧视和税收规模的新经济地理模型分析了城市群发展对人口分布的影响，并进行了实证检验，研究视角具有一定创新性，丰富了现有的研究成果。

第二，不同以往研究单中心—多中心的分析范式，我们按照"单中心—双中心—多中心"的分析范式，分三种类型分析了城市群发展对人口分布的影响机理。双中心城市群是我国城市群发展模式中的独特形态，根据本书测度，我国 19 大城市群中目前共有 8 个城市群是双中心城市群，但目前对双中心城市群影响人口分布的分析不多，我们通过对双中心城市群影响人口分布的理论和实证分析，丰富了现有文献。

第三，相比于现有研究多从实证角度分析影响路径或因果关系，我们运用 RCM 反事实模拟的手段分析了我国城市群发展对人口分布影响的政策效果，给出了每个城市发展的反事实模拟并同现实作比较，具有一定的创新性。

第二章

理论基础

本章主要从城市群发展的内涵和主要理论、人口分布的内涵和主要理论以及空间机理的内涵和主要理论三个方面梳理与本书直接有关的理论，并进一步阐述这些理论的研究启示。对于城市群的发展方面，我们分别从城市地理与城市规划理论和城市经济学理论两个视角进行梳理；对于人口分布方面，我们主要从静态的人口分布理论和动态的人口迁移理论展开；对于空间机理理论，我们则主要梳理了地理空间理论、空间生产理论和新经济地理理论三个代表性理论。

第一节　城市群发展的理论基础

一、城市群发展的内涵

按照方创琳的定义，城市群是指在特定地域范围内，以1个以上特大城市为核心，由至少3个以上大城市为构成单元，依托发达的交通通信等基础设施网络，所形成的空间组织紧凑、经济联系紧密、并最终实现高度同城化和高度一体化的城市群体①。城市群是城市发展进程中的一种高级形态，是工业化和城镇化发展到高级阶段的产物，也是都市区和都市圈发展到高级阶段的产物。城市群的出现是生产力发展、生产要素逐步优化组合的结果。从国

---

① 方创琳．中国城市群研究取得的重要进展与未来发展方向［J］．地理学报，2014，69（8）：1130—1144.

内外对城市群发展的研究来看，主要有区域空间布局、城市群中城市之间的联系以及城市群内部相互作用形成的网络等几个视角。从发展角度看，城市群实际上是城市发展到成熟阶段的高级空间组织形式①。城市群是在地域上集中分布的若干特大城市和大城市集聚而成的庞大的、多核心、多层次城市集团，是大都市区的联合体。城市群的发展一方面离不开核心城市的推动，核心城市发挥增长推动的作用，带动城市群内节点城市以及边缘地区的发展，内部的城市相辅相成，通过明确的分工，共同促进城市群的发展。另一方面，合理的产业分工和优良的信息传播网络也是城市群发展必不可少的因素，节点城市之间距离较近，生产要素得以充分有效流动，各城市之间的联系非常密切，为城市群的高效发展奠定了基础。

二、城市群发展的主要理论

城市群的出现是城市区域化的重要表现形式，它既是工业化和城镇化发展到高级阶段的产物，同时也是人类社会进步的重要标志。经济全球化大背景下，城市群已成为一个国家经济发展中最具活力和潜力的增长点，是国家参与全球竞争和承接产业转移的核心地域单元②。地理和城市规划学者最早关注城市群发展问题，并针对城市群的形成发展、等级规模、空间结构等方面展开研究。二战后，随着战后城市恢复和重建以及其他多种因素的影响，逐渐有经济学家开始关注城市问题，主要关注焦点包括城市的住房、土地、拥堵等问题，Allonso、Mills 和 Muths 提出城市经济的单中心模型（AMM 模型）后，城市经济学者们开始逐步关注城市的体系和结构问题③。我们主要从城市地理与城市规划理论以及城市经济理论两个角度对城市群发展的理论进行

---

① 杨志才，谢妞. 城市群一体化对绿色经济效率的影响 [J]. 开发研究，2022（6）：60—72.

② 方创琳. 城市群空间范围识别标准的研究进展与基本判断 [J]. 城市规划学刊，2009（4）：1—6.

③ ALONSO W. The Historic and the Structural Theories of Urban Form：Their Implications for Urban Renewal [J]. Land Economics，1964，40（2）：227—231；MILLS E S. An Aggregative Model of Resource Allocation in a Metropolitan Area [J]. The American Economic Review，1967，57（2）：197—210；MUTH J R. Cities and Housing：The Spatial Pattern of Urban Residential Land Use [M]. Chicago：University of Chicago Press，1969：343—346.

梳理。

（一）城市地理与城市规划理论

与本书研究内容相关的理论主要包括城市群的形成机制、城市群的等级规模与城市群的空间结构等内容。

1. 城市群的形成与发展理论

弗里德曼基于"经济增长引起空间演化"以及"支配空间经济的首位城市"的增长极理论①，结合罗斯托（Rostow）的发展阶段理论，建立了自己的与国家发展相联系的空间演化模型，这对城市群的形成发展有着极为重要的指导作用。弗里德曼认为区域城市群的形成和发展可以分为四个阶段：一是工业化以前的农业社会。在这一阶段，由于生产力水平低下，沿海地区虽然出现零星的聚落和小港口，但这些聚落仍然继续其自给自足的农业生活方式；内陆的居民点则处于孤立状态，很少与外地发生社会、经济联系。二是工业化的初始阶段。随着生产力的发展，空间形态发生了巨大变化，开始出现所谓点状分布的城镇。由于投资缺乏，国家只能选择少数区位优势特别的城市（具有丰富的自然资源、交通便利或人口稠密、市场规模很大等）进行开发，集聚经济的效应开始产生。三是工业化的成熟阶段。生产力和市场经济的进一步发展，使这一阶段的中心—边陲的简单结构逐渐演变成多核心结构，边陲的一些优良地区开始发展，一个区域性的大市场逐步形成，为地区城市群的形成发展提供了良好的经济基础。四是工业化后期。这个阶段中，城市之间的边缘地区发展迅速，区域性基础设施以及工业卫星城发展很快，城市之间的经济、文化科技联系较为深广，产生城市相互吸引与反馈作用。由弗里德曼的理论可以看出城市群的发展是从一个单中心到多中心的过程，多中心是城市群发展的高级阶段。

2. 城市群的规模分布理论

经典的理论主要包括了城市首位率、城市金字塔和位序—规模法则。城市首位率律由杰弗逊提出，主要指在一个国家中，首位城市的人口规模比第

① FRIEDMANN J, ALONSO W. Regional Development and Planning：A Reader［M］. Cambridge：MII Press, 1964：1—70；FRIEDMANN J, WEAVER C. Territory and Function：The Evolution of Regional Planning［M］. Oakland：University of California Press, 1979：114—140.

二位的城市要大很多，并且在国家政治、经济、社会和文化生活中占据着明显的优势①。首位城市一旦形成，就会有着强大的自我发展的动力。后续学者又在首位度的基础上提出了四城指数和十一城指数。城市金字塔理论指把一个国家或区域中的城市按照规模大小分等级，会发现城市规模越大的等级，城市的数量越少，而规模越小的等级，城市数量越多。如果用图表示的话，就是一个等级规模的金字塔型。不同规模等级城市数量之间的关系可以用每一规模等级的城市数与上一等级的城市数相除得到。城市金字塔提供了分析城市规模分布的简便方法。与城市金字塔类似，位序—规模规律是从城市的规模和城市的位序规模的关系考察城市体系的规模分布，主要代表人物包括奥尔巴克（Auerbach）、罗特卡（Lotka）、辛格（Singer）和齐普夫（Zipf）。奥尔巴克发现5个欧洲国家和美国的城市人口乘以该城市的位序后是一个常数，罗特卡结合美国1920年100个最大的城市对奥尔巴克的公式进行了修正，认为城市人口乘以该城市的位序的幂之后是一个常数，1936年辛格给出了该公式的一般对数函数的转换形式，1949年齐普夫提出齐普夫公式，即一国第R位的城市人口数应该是最大城市人口与R之商。齐普夫公式并不具备普遍意义，但被很多学者看作是一种理想状态来与现实对比分析该国的城市规模。由规模分布理论可知城市群的内部人口分布同样具有一定的结构性特征。

3. 城市群的空间结构理论

城市群空间结构是城市群发展程度、发展阶段与演化进程的空间反映。城市地理和城市规划角度主要围绕城市群的空间形态的描述展开分析，较为经典的理论包括马塔（1882）的带型城市、Burgess（1925）的同心圆模式、Hoyt（1939）的扇形模式，以及Harris和Ullman（1954）的多核心模式。带型城市指的是沿交通运输线布置的长条形城市地带，多为城市规划学者所接受，将带型城市定义为平面布局呈狭长带状发展的城市。同心圆模式认为城市的中心是商业会聚之地，随着城市的不断发展，商业中心区会向外膨胀，市民也会向外迁移。环绕商业中心的外围是早期建造的旧房子，其中一部分被零售商业所侵占，一部分为低级住宅、小型工厂、批发商业及一些货仓的

---

① JEFFERSON M. Why Geography？ The Law of the Primate City [J]. Geographical Review，1989，79（2）：226—232.

过渡地带，这一带也是新来移民居住地区。再外围的第三带，是原来较大工厂的工人住宅区。再向外第四带是较富有的中产阶级住宅区。最外围地带是富人居住区，散布着高级住宅，密度低，房舍宽敞。扇形模式主要从城市居住区的土地利用模式分析城市的空间形态，认为住宅区和高级住宅区会沿交通线延伸，由市中心沿交通线向外作扇形辐射。多中心模式主要认为大城市不是围绕单一中心发展起来的，而是围绕几个中心形成中心商业区、批发商业区和轻工业区、重工业区、住宅区和近郊区，以及相对独立的卫星城镇等各种功能中心，并由它们共同组成城市地域。形成城市多中心的因素有 4 个：（1）某些活动需要彼此接近，而产生相对依赖性。（2）某些活动互补互利，自然集聚。（3）某些活动因必须利用铁路等货运设施，且产生对其他使用有害的极大交通量，因此就排斥其他使用而自己集聚在一起。（4）高地价、高房租吸引较高级的使用，而排斥较低品质的使用。此处的城市群的概念更接近于大都市区，是中心城市不断扩张的结果。因此城市的空间结构理论同样适用于城市群。

（二）城市经济学相关理论

城市经济学对城市群空间结构最为经典的描述是单中心模型（AMM 模型）。该模型是对单中心城市的理论与模型化，其主要思想来源于杜能的农业用地理论。单中心城市指城市只有一个主要的中心，一般为中央商务区，位于城市中心，集聚着大量的人口就业。该模型通过分析人们的区位选择，即在地租和通勤成本之间权衡来决定居住区位，进而产生城市土地利用的竞租曲线，并形成了人口密度的空间分布格局。后续 Kain 在单中心模型的基础上，考虑到物品和人口的异质性，完成了多中心模型[1]。进一步的，Henderson 建立了城市体系模型来解释城市群的空间结构[2]。Henderson 认为城市群中存在两种相反的作用力，即产业在城市的地理集聚产生外部经济，同时，越大的城市存在越高通勤成本引发城市的非经济性。同时，Henderson 提出由于产业间的规模经济存在差异，而城市非经济性决定于城市规模，由此解释了存在大

---

① INGRAM G K，KAIN J F，GINN J R. The Detroit Prototype of the NBER Urban Simulation Model［M］. Cambridge：NBER Books，1972：1—8.

② HENDERSON J V. The Sizes and Types of Cities［J］. The American Economic Review，1974，64（4）：640—656.

量具有不同规模的专业化城市现象。但 Henderson 的城市体系无法处理城市空间分布及相互空间作业关系等空间问题，因此可以被视为无空间城市体系模型。后续 Krugman 、Fujita 等人将空间因素带入城市等级体系理论中，解释了形成单中心城市的空间机理。

三、对本研究的启示

通过对城市群发展的主要理论的梳理发现，已有理论对城市群发展的现状特征和形成的空间机理都做了较为系统的研究，为本书进一步分析城市群发展对人口分布的影响提供了坚实的理论基础。现有的理论对本书的主要启示有三点：

一是城市群的形成和发展是一个过程，且在不同阶段会表现出不同的城市群发展模式。在城市群发展初期会以单中心城市群发展为主，后期会逐渐发展为多中心城市群。城市群的发展同工业化和城市化进程有一定关系。

二是城市群发展的不同模式会导致不同的人口分布格局。因此研究城市群发展对人口分布的影响，有必要从单中心发展到多中心发展多种情境展开讨论。

三是城市经济学理论和新经济地理学理论为我们解释城市群发展对人口分布的影响、明确其中的空间机理提供了理论和模型框架。

第二节　人口分布的理论基础

人口分布是一种社会经济现象，它既深受自然因素的影响，又受社会经济规律支配。一个地区的人口分布同该地区的自然资源、社会经济资源的承载力不相适应，是导致人口分布发生变动的重要原因；而人口分布发生变动之后又将为生产力发展、区域结构与经济部门的组合等带来新的推动力。

一、人口分布的内涵

人们对于人口分布内涵的认识经历了一个过程，初期人口学研究者认为人口分布只包括人口在空间上的分布，其中又分为垂直分布和水平分布。随着研究的深入，学者们将时间因素进一步纳入研究，提出时间范畴中的人口分布包含静态分布和动态分布，其中研究某一时点的人口分布称为静态分布，而研究某一时间段的人口分布则是动态分布。时间和空间因素二者结合使人口分布的含义更完整，有利于我们更全面地分析某地区人口分布的时空格局，更准确地掌握该地区的人口分布演化规律。

人口分布的概念还可以从广义和狭义上界定。广义上的人口地域分布是人口过程在空间上的表现形式，涉及人口结构、人口再生产、迁移、城镇化、人种和民族分布等许多方面，而狭义的人口分布主要指是人口数量地域差异的状况①。研究人口分布问题不仅可以为区域政府制定相关政策提供科学参考，还可以引导和协调人口的再分布。

二、人口分布的主要理论

人口分布研究有静态和动态之分。静态人口分布研究主要讨论人口分布的地域差异，动态人口分布研究则主要关注各种人口现象和人口过程，如人口的数量和规模、人口的迁移和流动等的空间表现形式和地域差异②。人口的空间分布是人口迁移和流动的直接结果，因此对人口空间分布演变的相关研究，主要是对人口迁移和人口流动的研究。下面主要从人口静态分布理论和人口迁移理论两个方面做出梳理，由于我们主要关注理论层面的进展，因此此处没有关注人口分布衡量技术方法手段方面的理论。

（一）人口静态分布理论

人口静态分布的经典理论是 Clark 模型和 Newling 模型。其中 Clark 对 20多个城市的人口密度空间分布进行了研究，归纳出了负指数城市人口密度模型，称之为 Clark 模型。Clark 模型的具体表现形式为 $D(x) = D_0 e^{-\gamma x}$ ，其中，x是到城市中心区的距离，D_0 是 $x = 0$ 时，即中心城区的人口密度。Clark 模型主要具有三个特征：一是人口密度仅由到城市中心的距离决定。二是人口密度随着到城市中心的距离增加以固定比率衰减。三是城市中心为外生的、已知的一点。后来 Newling 用二次曲线替代了 Clark 的一次变量，提出了二次指数

① 叶东安. 我国人口分布的现状和特点：人口分布问题研究综述 [J]. 人口研究，1988（5）：57—59.

② 张善余. 人口地理学概论 [M]. 上海：华中师范大学出版社，2004：183—223.

模型。Newling 模型的主要形式为 $D(x) = D_0\, e^{bx+cx^2}$，主要用于描述人口郊区化过程中的人口密度分布情况，此时人口密度最高点会从城市中心往外移动。

（二）人口迁移理论

主要的理论包括推—拉理论、二元经济理论和新迁移理论。三者基于不同的理论背景对人口的迁移和流动做出分析。

1. 推—拉理论

对于人口分布领域的研究，国外学者起步较早，留下了不少的基础理论、科研学说和实证模型，都非常具有参考价值和研究意义，是后人研究人口分布问题较为完善的理论基础。

赫博尔（Herberle，1938）在《乡村城镇间移民的原因——对德国理论的评述》一文中首次提出了人口迁移"推力"和"拉力"的相关理论[1]。随着城市的不断发展，博格等人对人口迁移原因进行研究发现，由于人口迁出地和迁入地的自然环境、社会经济发展等方面的空间差异造成的推拉力会影响人口的迁移，进而提出"推—拉"理论。该理论认为，每个城市在发展过程中既存在着吸引人的因素，又包含排斥人的因素，人口迁移就是以这些因素为前提条件所形成的，当在移民迁出地的排斥人因素居于主导地位时，人口就趋于向迁入地流动。整体来看，推—拉理论认为迁移具有五个主要特征：①迁移是有选择性的，并非盲目的；②迁移的中间障碍越大，弱者被淘汰的可能性就越大，迁移的选择性也就越强；③迁移可以划分为正向迁移与负向迁移两种迁移；④迁移者既有迁出地原住人口的特征，又具有迁入地人口的特质，处于二者之间；⑤人的生命周期会影响到迁移选择的过程[2]。

推—拉理论在实际情况中认可程度高，是人口迁移理论中应用最为广泛的一套理论，对于解释人口流动的动因和特征方面具有较强的理论性，对于解释我国人口流动的成因具有重要参考价值，是人口迁移理论的核心之一。最近几年，我国城市群的发展越来越壮大，许多学者从各个方面对人口迁移的"推—拉理论"做了不同程度的发展和完善。Lee 在深入探讨和分析推—拉理论之后，发现人口迁移的影响因素主要有四种类型：迁入地因素、迁出

---

① HEBERLE R. The Causes of Rural-Urban Migration a Survey of German Theories [J]. American Journal of Sociology，1938，43（6）：932—950.

② 邬沧萍. 人口学学科体系研究 [M]. 北京：中国人民大学出版社，2006：229—244.

地因素、介于迁入地和迁出地之间的介入障碍以及迁移者的个体因素①。从这些因素影响迁移的效果来看，这四种类型的影响因素对迁移既会产生积极的推动作用，又有消极的抑制作用，还存在中性的效用。根据这些基本原理和迁入者与迁出者之间相互影响，Lee 对人口迁移的主要规律又进行进一步的补充：①迁出地与迁入地二者之间地理自然环境、经济发展状况等方面的差距大小会影响人口迁移规模的大小。两地之间这些方面的差别越大，人口迁移规模随之趋于扩大；反之人口迁移规模则趋于缩小。②性别、年龄、从事行业和个人爱好等会造成人口群体不同的结构和特征，从而影响迁移的方向。③较多人口往同一方向进行迁移会形成一种迁移率，同时这种迁移率也会形成反向迁移率。④中间的迁移障碍与迁移规模会存在一定的直接关系。⑤迁移还会受经济周期的影响，经济处于繁荣发展时，人口迁移规模往往较大；经济处于衰退萧条时，人口迁移规模往往较小。⑥随着国家经济社会发展所处阶段的不同，导致迁移规模和迁移率发生变化。

2. 二元经济理论

二元经济理论在学术界具有较高地位，是分析农村剩余劳动力的前驱理论。在发展中国家方面，主要做出了以下研究：农村劳动力是如何向非农产业部门和城镇转移的，转移是怎样发生的，还有对宏观经济产生了什么样的影响。二元经济理论从产业视角展开，研究人口流动，其中刘易斯模型、拉尼斯—费景汉模型及托达罗模型较为著名，是二元经济理论的代表。

刘易斯（Lewis）在《劳动力无限供给条件下的经济发展》一书中，初创了经典的二元经济模型，并且认为发展中国家是典型的二元经济，主要是由传统农业部门和现代工业部门两大部门构成的经济结构，而农业部门拥有大量边际生产率近乎等于零的劳动力并在此两部门之间进行转移②。换句话说，如果两个部门的工资水平和就业机会在同一水平下，而提供给现代工业部门的劳动力是无限的，那么在这种情况下，工业部门的就业机会就相对较多，两个部门间的工资差距也随着扩大，劳动力自然就会选择从传统农业部门转向工业部门。从模型的实质内容来看，如果劳动力的供给是无限的，会导致

---

① LEE E S. A Theory of Migration [J]. Demography. 1966, 3（1）: 47—57.

② LEWIS W A. Economic Development with Unlimited Supplies of Labour [J]. Manchester School. 1954, 22（2）: 139—191.

农业部门的规模缩小和现代工业部门规模的增长，二者之间的差距不断扩大，在这一过程中农业部门被挤压，经济结构逐渐由二元转变为一元，传统农业部门劳动力会持续转移直至被工业部门完全吸收的这一时点就被称为"刘易斯拐点"。通过二元经济发展模型的应用，发现城乡劳动力的迁移与现代化工业、传统农业部门二者之间的差异存在联系，有利于发展中国家研究劳动力转移的动因，对如何发展现代工业部门才能吸引农村剩余劳动力具有很大的参考价值和借鉴意义。

拉尼斯和费景汉二人完善了刘易斯的两部门模型，他们提出除非提升农业劳动生产率，否则农业部门是否存在剩余劳动力将难以保证，还认为劳动力转移主要分为三个阶段：①劳动力具有无限供给的阶段，由于供给充足，所以农业部门的部分劳动力转出对于农业生产的影响较小；②"第一转折点"阶段，这时农村劳动力边际生产率为正，固定工资率开始提高；③"第二转折点"阶段，此阶段劳动力边际生产率与工资率不相上下，农业部门与工业部门开始争夺劳动力①。

托达罗模型对于我国城镇在存在大量失业和不充分就业的情况下，仍存在大规模的乡城迁移的现象进行解释。该模型还指出：①劳动力迁移的动力主要来自在城市未来能获得的预期收入；②个体迁移决策是综合因素权衡后的结果；③当人们作出迁移决策时，会对短期、长期的预期收入和成本进行权衡和比较，如果长期预期收入能够弥补短期的迁移损失，则会作出迁移的决策，反之迁移行为不会发生；④迁移者个体特征对迁移倾向产生影响，个体特征存在不同会使得人们在同一时间同一地点选择的迁移倾向产生不同。

3. 新迁移理论

新迁移理论在对劳动力流动机制和经济效用进行分析时，会存在一定的局限性，所以许多国内学者探讨和研究劳动力的主要影响因素时，往往会选择把新迁移理论与推—拉理论或二元经济理论结合起来分析问题。将人口流动的影响机制从宏观的视角缩放到微观视角，以行为学的角度来研究人口流动这一经济现象，从而就形成了新的迁移理论。进入20世纪70年代后，大量经济学家研究分析了城市的移民结构、人口迁移的影响因素和行为动机。

---

① RANIS, G, FEI J. A Theory of Economic Development [J]. The American Economic Review, 1961, 51 (4)：533—565.

新迁移理论以迁移成本和收益为分析基础，结合迁移者个体和家庭的特征，分析其作出的迁移选择。从微观角度展开探究迁移带来的收益和成本，这种分析方法被称为行为学派的人口迁移理论。行为学派的人口迁移理论认为人口迁移和流动是个人进行决策的结果，提出个体具有较大的决策作用，还阐述如果从地方效用或者区域效用的角度分析劳动力的区域移动，会得到更好的理解。我们可以从四个不同的方面认识新迁移理论：①新迁移理论认为收入激励对于人口迁移能产生最大的影响，是其最重要的影响因素，而流动成本增多会抑制人口的迁移和流动。②个体受教育程度也是影响劳动力迁移的一个重要因素，提高个体受教育程度对劳动力迁移具有一定的正向作用。这是因为个体受教育程度越高，劳动力在迁入地找到工作的可能性越高，预期收入也就越高，未来预期收入的增长速度往往会更快。③由于新迁移理论属于微观决策机制，所以劳动者的年龄、性别、职业、婚姻状况和爱好等个人情况也会对劳动力迁移产生影响。通常来说，具有较强的专业能力或工作经验较为丰富的劳动力，在流入地找到合适工作的难度更小，他们作出迁移选择的可能性就越大。④家庭条件是影响劳动力迁移的另一个重要因素，一个家庭中如果劳动力较多，同时经济条件又"相对贫穷"，那往往就会具有较强的迁移动机。由于人口的再分布是人口迁移或人口流动的结果，不少学者也从人口流动的角度分析了人口分布的动力机制，其中比较有代表性的包括拉文斯坦提出的"人口迁移规律"理论、赫伯尔提出的推—拉理论、新古典经济学理论、发展经济学理论和新经济地理理论等。拉文斯坦认为人口迁移受到迁移距离、人口城乡分布、性别差异等多种因素的影响。推—拉理论认为人口迁移是由迁入地的拉力因素和迁出地的推力因素共同作用的结果。新古典经济学理论认为不同区域间的劳动力供给和需求的差异引发了人口迁移的发生。发展经济学则从工业化和城市化的角度讨论了人口由农村迁移到城市的现象。除此之外，还有对人口迁移成本与迁移收益进行比较权衡的"成本—收益理论"、认为人口迁移是一种人力资本投资的"人力资本理论"、将人口迁移视为一个复杂的决策过程的"行为学派理论"、基于微观家庭和个人角度对劳动力迁移的动机进行分析的"新经济迁移理论"等理论从多个视角讨论了人口迁移的动力机制。

三、对本研究的启示

通过对人口分布理论的梳理发现，现有研究已能够较好地解决城市群人口密度分布模拟以及人口在城市群中迁移的动力机制，为本研究分析城市群发展对人口分布的影响提供了理论支撑。具体而言，现有理论对本研究的启示主要包括三个方面：

第一，人口分布是人口迁移和流动的结果呈现，要分析城市群发展对人口分布的空间机理，就需要分析城市群发展如何引起人口流动和人口变化，最后均衡的时候即为城市群发展影响形成的人口分布格局。

第二，人口的流动是在不同的激励条件和影响因素下的权衡取舍行为，城市群的发展也正是通过改变这些激励条件或影响因素，如工资、福利、基础设施、通勤成本等等，进而影响人口流动和人口分布的。这些路径实际上就是城市群发展影响人口分布的理论路径。

第三，中心城市的发展伴随着城镇化和工业化的进程，因此能够吸引人口流入到城市，此时城市提供了更高的工资和更多的就业机会，但随着中心城市的不断发展和人口密度的不断提升，中心城市就业竞争加剧，会存在一定失业，此时人口不会再向中心城市流入，多中心城市群的形成在理论上是可能的。

第三节　空间机理的理论基础

一、空间机理的内涵

空间与时间相对，是一种物质客观存在的形式，任何事物都会存在于一定的空间之中。与空间直接相关的描述是位置，在经济学和地理学上常用"区位"一词来表征。由于不同事物存在于不同的空间区位中，事物之间的联系即会受到空间距离的影响。Tobler 的地理学第一定律将此表述为"任何事物都是与其他事物相关的，只不过相近的事物关联更紧密"。同时，由于距离的存在，空间的隔离使事物之间存在差异性，Goodchild 提出的地理学第二定律将此描述为空间异质性定律。可见空间不仅是事物客观存在的载体，空间位置关系还可以影响事物的发展和分布。经济学上则从运输成本这一视角建立成本——收益模型来进一步分析事物之间的经济联系和布局。

机理，顾名思义即机制原理，经济活动的机理即经济要素之间相互作用的形式、过程、作用的条件及变化，并分析要素之间相互作用的逻辑。空间机理即事物在空间上相互联系、作用的形式、过程、条件及变化，以及其中的逻辑。结合本研究的内容，城市群发展影响人口分布的空间机理，即为城市群的发展作用于人口在空间上的分布的过程、条件及其逻辑过程。由于城市群发展和人口分布均是多种因素综合作用的结果，因此在空间机理分析的过程中，还要明确城市群发展的各要素对人口空间分布的作用方式以及他们之间的相互作用的结果。

综合以上分析，本研究把城市群发展对人口影响的空间机理理解为城市群发展过程中各因素对人口在空间分布上的作用以及各种要素相互作用的总和。其主要作用就是解释城市群发展对人口空间格局形成的影响逻辑及影响机制。

二、空间机理的主要理论

通过文献和理论梳理发现，主要有三个方面的理论提及了空间机理内容，分别是地理空间理论、空间生产理论和新经济地理理论。

（一）地理空间理论

古典区位论最早提及了经济的空间分布及其机理。杜能（Thunen）首先在农场经营管理的实践基础之上讨论了农业的区位规律，并提出了以城市为中心，在经济利润的激励下，会在距离城市不同的位置上种植不同的农作物种类，从而围绕城市形成一系列"同心圆"，也被称为"杜能圈"或"杜能环"[①]。杜能可能是最早讨论城市发展对周边地区产业发展的影响、讨论了其中空间机理的经济学家之一。在杜能模型中，城市作为消费中心和需求所在地而存在，但是由于距离的存在使得在不同位置种植同一农作物的利润不同，

---

① ［德］杜能. 孤立国同农业和国民经济的关系［M］. 吴衡康，译. 北京：商务印书馆，2017：20.

农民在利润最大化动机的驱使下在距离城市不同位置选择种植不同类型的农作物。在杜能的模型中，空间机理主要表现为对围绕城市形成的农业经济布局的解释。

韦伯（Weber）以交通运输体系为基础探讨了工业区位选择机理及其影响因素。在韦伯的模型中，运费是影响工业生产区位选择的主要因素，同时劳动力费用和集聚效应会对工业区位进行修正，从而形成了不同的生产区位空间布局①。韦伯同样基于成本—收益的框架来讨论工业区位布局的空间机理的。在韦伯的模型中，空间机理主要表现为企业寻求生产成本最小化的区位的逻辑过程。价格一定的条件下，影响空间经济布局的主要为工业品的成本，在距离、原材料性质和布局的约束下，此时利润最大化为问题就演化为寻找原材料成本最小化的问题，韦伯进一步在此基础上考虑了劳动力费用和集聚效应的影响，对工业生产空间布局的机理做出了比较系统的阐述。

经济学家廖什（Josch）在其《区位经济学》中提出了市场区位论，从最大利润原则出发探讨了企业的区位选择问题。廖什的市场区位论首先假定市场不受距离、生产条件等制约，从需求曲线、需求圆锥体、成本曲线等模型中来表述市场区的影响。在此基础上，廖什进一步分析了人口、市场规模和空间竞争对于企业区位的影响，并认为企业的市场区最终会形成六边形的形状。廖什还讨论了市场区的规模对企业区位的影响，认为随着市场区规模的扩大企业会倾向于布局于固定的地点。可以发现廖什的理论中空间机理主要是产品的生产成本对企业区位的作用，以及企业之间的相互竞争以及区域的规模范围对企业区位的修正。相较于前人，廖什不仅从成本—收益的角度讨论了企业的区位选择逻辑，并且进一步讨论了企业竞争对于市场空间格局的影响。

廖什的结论与地理学家克里斯塔勒（Christaller）不谋而合。后者主要是从均质区域的假设出发，立足于城市的基本职能，讨论了城镇体系在市场最优原则、交通最优原则和行政最优原则下的空间格局和形成机理。克里斯塔勒的理论更具综合性和一般性，也是较早从城镇之间、城乡之间相互作用的

---

① ［德］韦伯. 工业区位论 [M]. 李刚剑，陈志人，张英保，译. 北京：商务印书馆，2017：45.

角度来解释"中心地"空间格局形成机理的代表性理论①。

我国经济地理学者陆大道院士在中心地理论和空间结构理论的基础上，结合我国实际提出了国土空间开发的"点—轴"理论模式。该理论从社会经济空间集聚和空间扩散两种基本现象入手，从经济客体之间的联系角度分析了集聚和扩散的成本和收益，并论述了渐进扩散导致"点—轴系统"形成的过程②。可见陆大道的理论中，空间机理主要是解释经济客体空间格局的形成机制。

另外，地理空间理论还进一步完善了描述和解析工具，如借用牛顿的万有引力模型来分析城市之间相互作用的引力模型、计算一个城市与城市体系内所有城市相互作用量的潜力模型、用于城市空间分割的 Voronoi 图、城市断裂点模型等等。

（二）空间生产理论

空间生产理论由法国马克思主义哲学家 Lefebvre 于 20 世纪 70 年代提出，并构建了解释空间生产和运作机制的"空间三元论"理论框架。所谓空间生产理论，主要是指资本、权力和阶级等政治经济要素对空间的重新塑造，从而使空间成为其介质和产物的过程。在城市规划中，主要被用来分析城市扩张的资本逻辑和政治逻辑。如 Marton 和 Wu、Liao 和 Wong 等以上海为例探讨了在全球资本化和国家政府的推动下上海新的城市空间的生产过程③，黄亚平等运用空间生产的理论框架分析了武汉城市圈的空间集群的动力机制④，荆锐等运用空间生产理论分析了上海市空间扩张的动力机制⑤。总结来看，空间生

---

① ［德］克里斯塔勒. 德国南部中心地原理［M］. 常正文，王兴中，等译. 北京：商务印书馆，2010：22—36.

② 陆大道. 关于"点-轴"空间结构系统的形成机理分析［J］. 地理科学，2002（1）：1—6

③ MARTON A M，WU W. Spaces of Globalisation：Institutional Reforms and Spatial Economic Development in the Pudong New Area，Shanghai［J］. Habitat International，2006，30（2）：213—229；LIAO B，WONG D W. Changing Urban Residential Patterns of Chinese Migrants：Shanghai，2000—2010［J］. Urban Geography，2015，36（1）：109—126.

④ 黄亚平，冯艳，张毅，等. 武汉都市发展区簇群式空间成长过程、机理及规律研究［J］. 城市规划学刊，2011（5）：1—10.

⑤ 荆锐，陈江龙，袁丰. 上海浦东新区空间生产过程与机理［J］. 中国科学院大学学报，2016，33（6）：783—791.

产理论主要包含以下三个方面的内容。

第一，空间的社会和历史建构是权力主体对空间规划、整合和改造的结果①。首先，以政府为代表的权力主体借助城市规划这一空间生产过程中的重要工具形成了空间表征的构想，使得城市实现了由"感知的空间"到"构想的空间"的转变。其次，政府通过征地、开发、建设等方式践行其空间表征构想，实现城市空间扩张。最后，制度重构为突破空间壁垒限制、创造更多的发展机遇和更大的生产空间提供支撑。

第二，新城的空间生产，其实质就是资本进入新区后增值、投资、再增值、再投资的循环发展过程。城镇化不仅通过改变商品在空间上的流动而推动资本积累，还通过不断生产出空间场所推动资本增值。主要表现在两个方面，一是空间生产改变了不同生产方式的土地上的投资密度，导致资本由农村向城市土地开发流动。二是政府通过城市基础设施建设、产业园区等基建投入，吸引资本流入，进一步强化城市在金融、土地、技术、劳动力方面的资源优势，并催生大规模居住、商业等消费空间。

第三，新城扩张是资本在空间生产和运作的结果，也是权力直接参与操纵的对象。政府利用规划战略、土地征收、制度创新等政治权力塑造空间，资本积累会不断重塑以政府为主体的构想空间。同时，政府发展经济的动机会和企业敛聚财富的动机激励相容，从而形成政企联盟，并进一步通过融资平台建设、城市投资环境改善等激励空间再生产。

空间生产理论在一定程度上解释了政府和企业的相互作用是如何促进城市扩张的。中国的城市群规划一般以政府为主导，是政府对城市群"空间表征"的主要体现。城市群空间格局的塑造则是以企业和资本为主体，通过他们在不同空间上的流动而形成的。

（三）新经济地理理论

新经济地理模型起源于新贸易模型，后者主要建立在收益递增、差异产品和不完全竞争的基础假设上，核心思想是规模收益递增会使厂商向少数地区集中生产，在更大的市场具有本地市场效应，但是从中已经可以看出新经

---

① 苗长虹，胡志强. 城市群空间性质的透视与中原城市群的构建［J］. 地理科学进展，2015，34（3）：271—279.

济地理的雏形。20 世纪 90 年代，以克鲁格曼为代表的经济学者以规模报酬递增和不完全竞争为基础，在迪克西特—斯蒂格利茨垄断竞争框架下，引入萨缪尔森的冰山交易成本，构建了新经济地理体系，强调空间区位和运输成本的影响，重视历史和偶然事件、路径依赖、累积因果效应等在经济集聚和分散中的作用。

新经济地理学的代表模型是克鲁格曼的"核心—外围"模型。该模型建立在一个两区域、两部门、两种生产要素的框架之上。回答的主要问题是：在其他条件完全相同的两个地区，报酬递增、要素流动和运输成本是怎样使工业集聚在相对发达的地区并造成区域发展差异的。新经济地理理论最终认为"核心—外围"的空间模式的形成是集聚力和分散力相互作用的结果。其中集聚力主要由本地市场效应、生活成本效应两种效应组成，分散力主要由本地竞争效应构成。可见，在新经济地理学中，空间机理主要就是指由于集聚力和分散力相互作用塑造空间格局的逻辑过程和主要作用机制。

新经济地理学的继承和发展者们进一步拓展了克鲁格曼的"核心—外围"模型，并进一步从各种角度刻画了集聚力和分散力的构成因素，将之运用到各种空间格局的解释上来。如 Duranton 进一步将集聚力划分为共享、匹配和学习三种机制①。并分别分析了每种机制下城市的空间格局及其形成逻辑。其中，共享机制主要包括对基础设施和公共服务设施的共享、对大规模市场上供应商的共享和更加细分的专业化收益的共享以及对风险的共享；匹配机制主要包括由城市集聚带来的匹配质量和匹配概率的提升，以及减少等待；学习机制主要包括知识的产生、传播和积累的机制。

新经济地理学的空间机理的解释主要集中在集聚外部性效应的刻画上，且在新经济地理学模型中，"核心—外围"的格局是一种抽象的理论格局，其空间格局并不具备某种具体的形式。

三、对本研究的启示

通过对空间机理的内涵和理论来源的梳理，可以发现所谓空间机理，实

---

① DURANTON G, PUGA D. Micro-foundations of Urban Agglomeration Economies [J]. Handbook of Regional and Urban Economics, 2004, 4 (48): 2063—2117.

质上是对空间格局形成过程的逻辑解释以及对其形成机制的分析。由此，我们可以进一步归纳空间机理的分析范式及空间机理分析的主要涵盖内容。

首先，空间机理的前提是对空间格局的客观分析和清晰描述。空间格局是空间机理的主要研究对象，空间格局的形成过程是空间机理要解释的主要现象。因此要明确空间机理，必须先明确空间格局的现状，了解空间格局是集聚的还是分散的，是单中心的还是多中心的，以更加明确空间机理的分析目标和分析方向。

其次，空间机理的内容主要包括对事物空间联系的逻辑关系的客观描述。梳理空间机理的主要理论来源可以发现，空间机理主要是对事物在空间上位置分布的状态做出理论解释。而由于事物的普遍联系性，任何事物不是孤立存在，而总是存在于一定的关系或者作用链条中。受地理学第一定律影响，距离在这些相互关系或者作用中起到空间上的重要作用，从而促进形成了各种形态的空间格局。空间机理则是这些相互作用在距离影响作用下的形态的逻辑分析。从事物的空间分布状态来说，一般应包括两种机制，即空间集聚机制和空间扩散机制。空间集聚机制主要用来理解为何事物在空间上会形成集群的状态，而空间扩散机制则是分析事物在空间上如何由一点扩散到另一点的，或者可以说在空间上一点对另一点的影响。

最后，空间机理的最终目的是预测事物空间发展趋势，并为相关政策提供科学借鉴。明确事物的空间分布逻辑，最终目的是客观判断和预测其发展趋势，并对现实状况做出评价，为其实现理论上的合理状态提供规范分析和政策建议。由此，分析城市群发展对人口分布影响的空间机理的最终目的，是在明确城市群发展对人口分布空间格局和空间状态影响的基础上，对人口分布的合理性作出判断，并为城市群下一步发展提出合理的政策建议。

第三章

不同模式的城市群发展影响人口分布的空间机理

在此主要借鉴新经济地理学的分析框架，就城市群发展对人口空间分布格局的影响做出理论解释。根据本研究对城市群发展理论的梳理，发现在城市群发展过程中有单中心模式、双中心模式、多中心模式共三种模式，显然，在"核心—外围"结构中，存在一个、两个或三个中心会产生不同形式的城市相互作用，进而对人口分布的空间格局产生不同的影响。因此，在理论分析部分，我们将分别说明每一种城市群发展模式对人口空间分布的影响。总体而言，人口空间分布格局是城市之间相互作用的结果，这种相互作用产生的原因则是城市间在基础设施建设、市场产业规模、工资水平等多个方面存在差异。按照空间生产理论，这些差异则主要是政府意志和市场下的资本动向结合的产物。为此，本章将主要说明，在作为政府意志代表的政府政策（主要考虑城市的基础设施建设和直接限制人口在区域之间自由转移的户籍政策）和资本在市场作用下如何造成区域差异，引起人口流动并最终造成不同的人口空间格局形态。在此我们运用比较静态分析的范式，主要考察在不同的状态下城市之间的差异，从而对理性人福利产生不同影响并造成人口在城市间或者区域之间的流动，人口分布则是作为人口流动达到均衡时的结果而存在的。

第一节　单中心城市群发展影响人口分布的空间机理

在此把二元经济理论与新经济地理模型结合起来说明城市群发展对人口分布的影响。首先有必要对模型的基本框架和假设做出说明。

一、单中心城市群发展对人口分布影响的模型框架

（一）单中心城市群发展模式

假设城市群为由一个中心城市和周边地区组成的"核心—外围"结构。人口可以在中心城市和周边地区之间自由流动，中心城市和周边地区之间存在公共服务竞争，人口可以跨区自由流动。但是由于不同地区以户籍制度为基础的公共服务供给存在差异，使得人口在流入到目的城市后并不能完全融合到城市中，而是作为流动人口而存在。流动人口，即在同一城市工作，但由于户籍制度限制而未享有城市实际工资水平和公共服务水平的人口。分工上，中心城市以生产工业品为主，周边地区以生产农业品为主，因此在后文中有时会简称为乡村。本书中的农业品主要代指具有均质、规模报酬递减和完全竞争市场特征的产品，工业品主要代指非均质、规模报酬递增和垄断竞争市场特征下的产品。

（二）城市群中的主体

模型中包含农民 L_A、流动人口 L_B、政府 G 和工人 L_C 四类消费者，流动人口在城市工作，但因未达到城市落户条件而不拥有城市户口，其工资低于工人工资。L_A、L_B 和 L_C 满足人口条件：$L_A + L_B + L_C = L$。农民、流动人口、工人具有相同的偏好。地方政府通过采购的方式提供公共产品，其目标是本地居民的福利最大化。流动人口主要由工人组成，可以自由流动；农民不能自由流动。

（三）户籍歧视政策

户籍歧视通过工人和流动人口的工资差距来表现。尽管近年来，随着国务院《关于进一步推进户籍制度改革的意见》、国务院办公厅《要素市场化配置综合改革试点总体方案》、国家发改委《2022 年新型城镇化和城乡融合发展重点任务》等系列文件的推出，我国大部分城市都放开了落户限制，特别是《2022 年新型城镇化和城乡融合发展重点任务》，强调"城区常住人口 300万以下城市落实全面取消落户限制政策。实行积分落户政策的城市确保社保缴纳年限和居住年限分数占主要比例"，但现实中由于不同地区公共服务内容互联互通尚未全面开展，以至于流动人口仍无法同等享受城市的诸如入学、养老、医保等方面的公共服务，造成工资水平的实际差异。还有一种户籍歧

视表现为流动人口与市民从事的行业存在一定差异，从而导致工资不同。

户籍歧视是我国的户籍制度发展历史和系列政策演化的产物，在此是严格外生的。从其产生的结果来看，从两方面对城市和在城市工作的流动人口产生影响，一是造成了城市和农民的名义工资的差异；二是各种公共服务和基础服务的差异以及隐性的补贴造成城市户籍居民和流动人口之间生活成本的差异，从而造成了他们的实际工资是不同的。可以使用一个系数 λ 来衡量城市户籍居民和流动人口工资的差异，λ 的值等于流动人口同城市户籍居民工资之比，应在 0 到 1 之间，越接近于 1，表明由于户籍制度导致的工资差异越小，户籍歧视也越弱。

（四）人口空间分布的动力因素

在地区原来人口规模既定的情况下，地区人口空间分布格局主要受到流动人口的影响。即人口流入的地区人口密度会增加，人口流出的地区人口密度会下降。根据理性人行为特征，跨区域流动主要受到中心城市较高的名义工资和较好的公共产品的吸引。但是由于户籍制度限制，流动人口并未享有同中心城市居民同等的工资水平。

（五）单中心城市群相关主体行为分析

1. 居民消费行为

假设工人、农民和流动人口具有相同的消费偏好，其效用可以表示为农业产品、工业产品和公共物品的函数形式。

$$U = \mu ln\, C_M + (I - \mu) ln\, C_A + \lambda \gamma ln\, G, \quad C_M = \left[\sum_{i=1}^{n} c_i^{(\delta+1)/\delta} \right]^{\delta/(\delta-1)}$$

$$(3-1)$$

其中 C_M 表示一组工业品组合，δ 为任意两种工业品之间的替代弹性，满足 $\delta > 1$。n 为工业品的种类，μ 表示私人消费中工业品所占的比例，C_A 表示农产品组合，假设所有农产品同质，且在同一地区售价相同为 P_A。G 表示中心城市提供的公共物品，γ 为消费者对地方公共物品的消费弹性，λ 为户籍歧视系数，当居民类型为工人时，λ 的值为 1。本书假设政府供给公共物品外生于工人消费效用函数，且不具有竞争性，但对流动人口具有部分排他性。工人面临的预算约束如下：

$$p_A C_A + P_M C_M = (1 - t) y, \quad P_M = \left[\sum_{i=1}^{n} p_i^{-(\delta-1)} \right]^{-1/(\delta-1)} \quad (3-2)$$

上式中，P_M 表示工业组合的价格指数，y 为消费者的税前收入，t 为税率，在给定预算约束的条件下最大化消费者的效用，可得工人对于工业品和农业品的需求函数：

$$C_M = \frac{\mu(1-t)y}{P_M}, \quad C_A = \frac{(1-\mu)(1-t)y}{p_A}, \quad C_i = p_i^{-\delta} P_M^{\delta-1}\mu(1-t)y \quad (3-3)$$

2. 政府采购行为

政府以采购的形式提供公共物品，其需求为由农产品和工业品复合形成，形式可以表示为两种产品的组合效用。

$$G = \frac{G_M^\mu \, G_A^{1-\mu}}{\mu^\mu(1-\mu)^{1-\mu}}, \quad G_M = \left(\sum_{i=1}^n g_i^{(\delta-1)/\delta}\right)^{\delta/(\delta-1)} \quad (3-4)$$

其中，G_A 和 G_M 分别表示地方政府对农产品和工业品的采购量，g_i 为对第 i 种工业品的采购量。地方政府的预算由税收支持，因此其预算约束如下：

$$p_A G_A + P_M G_M = T \quad (3-5)$$

T 来源于居民的税收，有：

$$T_C = tw(L_B + L_C), \quad T_A = t w_A L_A \quad (3-6)$$

政府致力于最大化提供公共产品，由此可以得到地方政策的采购需求函数：

$$G = \frac{T}{P_M^\mu P_A^{1-\mu}}, \quad G_M = \frac{\mu T}{P_M}, \quad g_i = \frac{p_i^{-\delta}}{P_M^{1-\delta}}\mu T, \quad G_A = \frac{(1-\mu)T}{P_A} \quad (3-7)$$

3. 间接福利函数

式（3-3）（3-7）代入（3-1），可得到工人的福利函数，间接效用函数为：

$$V = \mu\ln\mu + (1-\mu)\ln(1-\mu) + (1-t)\ln y + \gamma\ln T_c$$
$$- (1+\gamma)\mu\ln P_M - (1+\gamma)(1-\mu)\ln p_A \quad (3-8)$$

同理可得农民的需求函数如下：

$$C_M^* = \frac{\mu(1-t)y^*}{P_M}, \quad c_i^* = p_i^{*-\delta} P_M^{*\delta-1}\mu(1-t)y^* \quad (3-3')$$

农民的间接效用函数为

$$V^* = \mu\ln\mu + (1-\mu)\ln(1-\mu) + (1-t)\ln y^* + \gamma\ln T_A$$
$$- (1+\gamma)\mu\ln P_M^* - \lambda(1+\gamma)(1-\mu)\ln p_A^* \quad (3-8')$$

周边地区只生产农产品，城市只生产工业品，其中，周边地区和城市贸

易存在交易成本 $\tau(\tau \geqslant 1)$。则对于农产品和工业品的价格有：$p_A = \tau p_A^*$，$p_i^* = \tau p_i$，$P_M^* = \tau P_M$，假设所有工业产品同质，所以 $P_M = p_i n^{1/(1-\delta)}$。

4. 农业部门生产行为

农业部门为规模报酬不变部门，生产单位农产品需要投入 α_A 单位的农业劳动力，假定每个农民可以提供 1 单位农业劳动力，农业生产需要的农民数量为 L_A。农产品的产量可以表示为 $x_A = L_A / \alpha_A$。农产品需要运到城市去销售，在农产品市场上，农产品的售价即为农民的总收入，所以有 $p_A x_A = w_A L_A$，单位化农产品的价格，可得 $w_A = 1/\alpha_A$。

5. 工业部门生产行为

工业部门为 D-S 垄断竞争的市场结构，一种产品只由一个企业生产。企业生产单位产品需要消耗 f 单位的固定劳动投入和 θ 单位的边际劳动投入，所以单个企业的生产成本函数为：$TC = (f + \theta x_i)w$，其中 x_i 为该企业的产量，w 为支付给工人的平均工资，由非完全转移农民的工资和工人工资加权平均得到：$w = (\lambda w_C L_B + w_C L_C)/(L_B + L_C)$，$w_C$ 为城市工人的工资，相应的，w 满足 $w_A \leqslant w \leqslant w_C$。企业的利润函数为 $\pi = p x_i - (f + \theta x_i)w$，假设产品的种类足够多，则可以得到产品的最优定价为：

$$p_i = \frac{\theta w \delta}{(\delta - 1)} \qquad (3-9)$$

令 $\pi = 0$ 得到企业的均衡产量为：

$$x_i = f(\delta - 1)/\theta \qquad (3-10)$$

此时每个企业使用的劳动力数量为 $f\delta$，工业品的种类数为：$n = (L_B + L_C)/f\delta$。

二、单中心城市群发展的均衡与人口福利分析

在假定了各市场主体的效用、需求和供给行为的基础上可以进一步求得市场均衡时的条件和各主体收入水平。

（一）短期均衡条件

城乡市场出清的条件为农产品和工业品两种产品均处于均衡状态，也就是劳动者的收入等于其消费总支出。对于农产品则有：

$$(1 - \mu)w(L_B + L_C) + tw(L_B + L_C) = \mu w_A L_A + t w_A L_A \qquad (3-11)$$

从而得出市场出清时城市消费者的平均工资水平为：

$$w = \frac{\tau(\mu + t) L_A}{(1 - \mu + t)(L_B + L_C)},$$

$$w_C = \frac{\tau(\mu + t) L_A}{(1 - \mu + t)(\lambda L_B + L_C)}, \qquad (3-12)$$

$$w_B = \frac{\lambda\tau(\mu + t) L_A}{(1 - \mu + t)(\lambda L_B + L_C)}$$

式中 w_B 表示流动人口的工资，由于只存在农产品和工业品两个市场，因此农产品市场出清也意味着工业品市场出清。

（二）工人、流动人口和农民的福利分析

由公式（3-4），（3-8），（3-8′）可以进一步对代理人的福利函数进行化简，所得结果如下。

工人的福利函数为：

$$V_C = \mu ln \mu + (1 - \mu) ln(1 - \mu) + (1 - t) ln w_C + \gamma ln T_C$$
$$- (1 + \gamma)\mu ln P_M - (1 + \gamma)(1 - \mu) ln \tau \qquad (3-13)$$

流动人口的福利函数为：

$$V_B = \mu ln \mu + (1 - \mu) ln(1 - \mu) + (1 - t) ln w_B + \gamma ln T_C$$
$$- (1 + \gamma)\mu ln P_M - \lambda(1 + \gamma)(1 - \mu) ln \tau \qquad (3-13′)$$

农民的福利函数为：

$$V^* = \mu ln \mu + (1 - \mu) ln(1 - \mu) - (1 - t) ln \alpha + \gamma ln T_A$$
$$- (1 + \gamma)\mu ln \tau P_M \qquad (3-13″)$$

比较核心地区和周边地区的福利函数，可以发现其福利差距主要来源于城市工资与农村效率工资的差距，以及城乡对于工业品的消费偏向。如果城市群产业结构以农业为主，则中心城市对周边人口的吸引力会下降，如果城市群产业结构以工业为主，则中心城市对周边人口的吸引力会增加。

三、单中心城市群的人口分布格局的形成过程

（一）流动人口的规模与方向

单中心城市群的人口在中心城市和周边地区的分布主要取决于流动人口 L_B，决定 L_B 去向的主要是城市流动人口与农民的福利差异 ΔV_2。我们对此进

一步分析以刻画中心城市人口和周边城市人口的分布情况。由 ΔV_2 对 L_B 微分可得公式（3-14）。

$$\frac{d\Delta V_2}{d(L_B)} = (1-t)\frac{dln\frac{W_B}{w_A}}{dL_B} = \frac{(1-t)}{L_B}(\frac{L_B}{w_B}\frac{dw_B}{dL_B} - \frac{L_B}{w_A}\frac{dw_A}{dL_B})$$

$$= \frac{(1-t)}{L_B}(1 + \frac{\lambda}{\lambda + L_C/L_B}) \tag{3-14}$$

进一步地，由于 $\frac{L_B}{w_B}\frac{dw_B}{dL_B} = e_{w_B}$，$\frac{L_B}{w_A}\frac{dw_A}{dL_B} = e_{w_A}$，则公式（3-14）可以转化为

$$\frac{d\Delta V_2}{d(L_B)} = \frac{(1-t)}{L_B}(e_{\omega_B} - e_{\omega_A}) \tag{3-15}$$

由公式（3-15）可知，税率、流动人口数量、流动人口对城市和周边地区的工资弹性决定了流动人口向城市转移的意愿。流动人口对于中心城市的工资弹性越大，对周边地区工资的弹性越小，则其向城市转移的意愿增加越强烈；流动人口数量本身越大，则其向中心城市转移的意愿增加越迟缓；中心城市税率越高，则流动人口向中心城市转移的意愿增加越迟缓。现实中，当周边地区工资刚性较强，且工资较低的时候，比如说在农村工作每年的收入固定且有限，与此同时如果城市拥有更多的岗位和工资，则周边地区向中心城市转移的意愿比较强烈。如果流动人口的数量过于庞大，则会在城市形成激烈竞争，因此会减少流动人口由周边地区向中心城市转移的动力。当中心城市收取大量税收时，实际上减少了流动人口和农民的工资差异水平，因此周边地区向中心城市转移的意愿也会减弱。

在流动人口数量一定且中心城市和周边地区税收没有差异的条件下，则流动人口向中心城市转移的意愿强度变化主要受到他们对于中心城市和周边地区的工资弹性的影响。由公式（3-15）可以得出公式（3-16）。

$$e_{w_B} - e_{w_A} = 1 + \frac{\lambda}{\lambda + L_C/L_B} \tag{3-16}$$

可以发现，流动人口的流动的意愿强度变化是户籍歧视程度和中心城市人口与流动人口之比的函数。当中心城市人口与周边地区流动人口的数量之比一定时，流动人口向城市转移的意愿强度是户籍歧视程度的增函数，户籍歧视程度越强，中心城市和周边地区的福利差距就会越大，流动人口向城市

转移的意愿就会越强。图 3-1 展示了中心城市人口与周边地区流动人口之比分别为 0.5、1 和 2 的时候的户籍歧视程度和流动人口迁移意愿之间的关系，可以发现迁移意愿强度始终是户籍歧视程度的增函数，但是这一强度随着中心城市人口的增加而减弱。

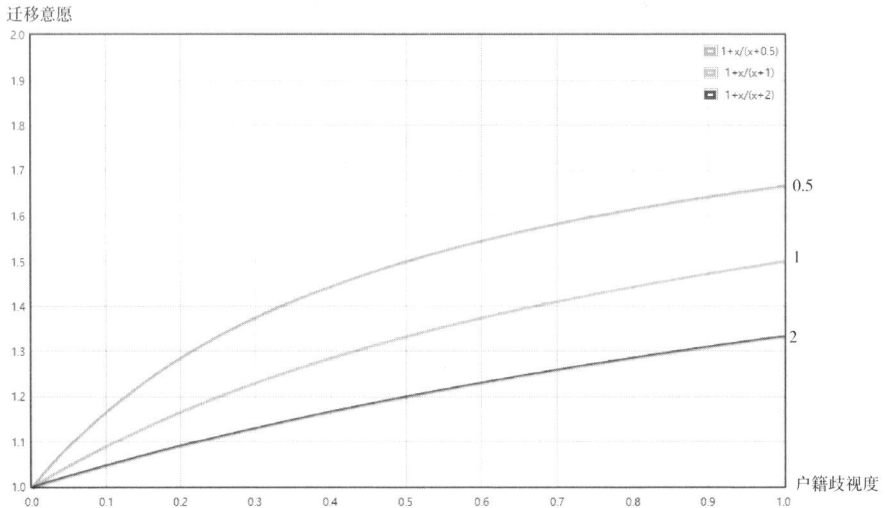

图 3-1　不同的人口分布结构下户籍歧视程度与迁移意愿强度的关系

（二）人口分布格局塑造过程中的集聚力与分散力

对于流动人口而言，其在向中心城市迁移的过程中还会存在由于拥挤、竞争以及规模经济等作用的影响，这些作用的存在会影响流动人口的选择，并会重构城市群的人口空间分布。由 V_B 对 $(L_B + L_C)$ 求微分可得式（3-17）。

$$\frac{d V_B}{d(L_B + L_C)} = (1 - t) \frac{dln\, w_B}{d(L_B + L_c)} + \gamma \frac{dln\, T_c}{d(L_B + L_C)} - \mu(1 + \gamma) \frac{dln\, p_i}{d(L_B + L_C)}$$

$$+ \frac{\mu(1 + \gamma)}{\delta - 1} \frac{dln\, n}{d(L_B + L_C)} \tag{3-17}$$

由式（3-17）可知，流动人口在由农村转移到城市的过程中会受到四种作用力的影响，分别代表了劳动力的竞争效应、税收的转移效应、价格指数效应和产品多样化效应。劳动力的竞争效应为 $(1 - t) dln\, w_B / d(L_B + L_C) < 0$，由于流动人口迁入城市而使原来在城市工作的人的工资水平降低。税收转移效应为 $\gamma dln\, T_C / d(L_B + L_C) = \gamma dln \dfrac{\tau(\mu + t) L_A}{1 - \mu + t} / d(L_B + L_C)$，税收转移效应的正

负取决于 L_A 与 $(L_B + L_C)$ 的关系，如果他们相互独立，则税收的转移效应为 0，即中心城市的税收与公共服务对流动人口的影响是中性的，这与本书的原始假设一致。但如果城市之间存在人口竞争，则税收的转移效应为负。税收的存在降低了城市居民的工资水平，因此对流动人口产生了负的吸引力。价格指数效应为 $-\mu(1 + \gamma)dln\, p_i/d(L_B + L_C) > 0$。由于工业中劳动力增加，工业规模扩大，在规模经济的作用下工业品价格指数下降，从而城市居民福利水平增加，对周边地区人口吸引力增加。产品多样化效应为 $\mu(1 + \gamma)/(\delta - 1)dln\, n/d(L_B + L_C)$。由于工业产业规模增加，工业品种类增加，从而提升了城市居民的福利水平，对周边地区的居民产生正向吸引作用。

以上几种作用力中，劳动力的竞争效应和税收的转移效应（存在人口竞争条件下）构成了人口转移的分散力，价格指数效应和产品多样化效应构成了人口向中心城市转移的集聚力。在单中心经济体中，周边城市人口向核心城市的转移由以上四种作用力的综合作用所决定。当集聚力大于分散力的时候，主要表现为人口向中心城市转移的过程；当分散力大于集聚力的时候，主要表现为人口向周边城市分散的过程。

四、单中心城市群发展对人口分布的影响机理

中心城市人口增加的主要来源是周边城市的流动人口。中心城市和周边地区的消费者福利差距是影响移民流入城市的主要因素。但是由于存在户籍歧视的问题，并非所有农民都能转化为城市人口，因此存在流动人口，造成了城市内部的实际工资差异。一般来说，中心城市的消费者福利高于周边地区，农民会不断流入中心城市，直到城乡福利差距消除。同时，户籍歧视程度会减小中心城市对周边城市的吸引力，当户籍歧视程度为 1，即在中心城市工作的移民发现由于一系列与户籍制度直接或间接有关的安排让他们即使在城市工作但实际享受的福利与农村无差异的时候，他们将留在农村。可以构建福利差异函数对以上现象进行深入分析。

$$\Delta V_2 = V_B - V^* = (1 - t)ln\frac{W_B}{W_A} + \gamma ln\frac{T_C}{T_A} - (1 + \gamma)[\mu - \lambda(1 - \mu)]ln\,\tau$$

$$(3-18)$$

式中 ΔV_2 表示流动人口同农民之间的福利差距，可以发现在税率一定、

公共偏好一定、工业结构一定、户籍歧视程度一定的情况下，影响 ΔV_2 大小的因素包括了工资差距、政府税收规模以及运输成本。城市和周边地区的税收规模差异越小、城乡工资差距越小、运输成本越大，福利差异就会越小。下面分别讨论三者对于城乡福利差异的影响。

（一）工资差异的影响机理

由公式（3-19），工资差异可以表示为流动人口同农村居民的工资之比。由公式（3-19）可知，流动人口同农村居民的工资之比同运输成本 τ 成正比，与城乡效率劳动力之比 $(\lambda L_B + L_C)/L_A$、农业劳动生产率 α_A 成反比。由于在分析农业生产时单位化了农产品的价格，因此此处运输成本实际上为工业品相对于农产品的相对运输成本，此运输成本越高，代表城市工业品运到周边价格越高，因此会使城乡工资差距增加；城乡效率劳动力之比即为通过户籍歧视折算为标准工人的城市劳动力和原有城市劳动力之和 $(\lambda L_B + L_C)$ 与农村劳动力之比，在城市的人口越多，则城市竞争越大，城市工资越接近于周边地区工资，因此城乡工资差异越小；农业劳动生产率越高，农村工资越高，城乡工资差距越小。

$$\frac{w_B}{w_A} = \frac{\alpha_A \lambda \tau (\mu + t)}{1 - \mu + t} \times \frac{L_A}{\lambda L_B + L_C} \qquad (3\text{-}19)$$

（二）税收规模差异的影响机理

由公式（3-20），在税率一定时，税收规模差异可以表示为中心城市和周边城市的区域总收入之比，当中心城市的区域总收入超过周边地区时，中心地区由于收取了更多的税收会提供更多的公共产品，对周边城市居民产生吸引力。进一步地，可以把税收规模差异简化为运输成本与农村劳动生产率的函数，运输成本越高，农村劳动生产率越低，则中心城市和周边城市税收规模差异越大，中心城市对周边地区的人口吸引力越大。其原因是较低的农业生产率会使农村工资下降，从而影响农村税收收入；较高的工业运输成本抬高了农村地区工业品的价格，使周边地区实际收入下降。

$$\frac{T_C}{T_A} = \frac{w(L_B + L_C)}{w_A L_A} = \frac{\tau (\mu + t) \alpha_A}{1 - \mu + t} \qquad (3\text{-}20)$$

（三）运输成本的影响机理

由公式（3-18），运输成本对消费者福利差距的直接影响取决于公共产品

偏好 γ 、工业品结构 μ 和户籍歧视程度 λ ，由于 γ 恒大于等于 0，运输成本对消费者福利差距的直接影响方向主要与 μ 与 $\lambda/(1+\lambda)$ 有关。当 $\mu > 1/2$ 时，运输成本对消费者福利差距的影响始终为负。当 $\mu \leq 1/2$ 时，运输成本对消费者福利差距的直接影响方向取决于 μ 与 $\lambda/(1+\lambda)$ 的大小，当 $\mu \leq \lambda/(1+\lambda)$ 时，即消费结构中工业品比重的影响小于户籍歧视的影响时，运输成本对消费者福利差距的直接影响为负；当 $\mu > \lambda \mid (1+\lambda)$ 时，运输成本对消费者福利差距的直接影响为正。

第二节　双中心城市群发展影响人口分布的空间机理

下面讨论双中心城市群发展模式对人口分布的影响。在此假设存在 H 和 F 两个地区，每个地区都由中心城市和周边城市构成。假设每个区域有资本和劳动力两种生产要素，且每个地区都有农民、工人和流动人口三种人口。区域之间可以自由贸易，农产品只能在区域内流动，且农产品的流动不存在运输成本，工业品可以在区域内和区域间流动，区域间的工业品贸易存在运输成本，设此成本为 $\tau(\tau \geq 1)$ 。工业人口可以自由地从周边地区流动到中心城市，也可以从一个地区流动到另一个地区，但是由于存在户籍歧视，从而人口在城市不能享有同城市居民相同的实际工资。此实际工资为地区间、城乡间实际福利差距的综合代表，用 $\lambda(\lambda \in [0,1])$ 表示。除此之外两个地区其他情况相同，为对称的模式。本节消费、移民、城乡人口的符号表示同上节相同，但分别在符号后加（H）或（F）以区分两个地区。由于对称性的存在，所以下面只列出 H 区域的方程，相应地就可以写出 F 区域的方程。

一、双中心城市群发展对人口分布影响的模型框架

（一）居民消费行为

假设 H 地区和 F 地区的工人、农民和流动人口具有相同的消费偏好，则 H 地区的典型消费者效用可以表示为农业产品、工业产品和公共物品的 C-D 函数形式。

$$U = \mu ln\ C_M + (1-\mu) ln\ C_A + \lambda \gamma ln\ G,$$

$$C_M = \left[\sum_{i=1}^{n} c_i(H)^{(\delta-1)/\delta} + \sum_{i=1}^{n} c_i(F)^{(\delta-1)/\delta} \right]^{\delta/(\delta-1)}$$

$$(3-21)$$

其中 C_M 表示一组工业品组合，δ 为任意两种工业品之间的替代弹性，满足 $\delta > 1$。n 为工业品的种类，μ 表示私人消费中工业品所占的比例，C_A 表示农产品组合，假设所有农产品同质，且在同一地区售价相同为 p_A。G 表示中心城市提供的公共物品，γ 为消费者对地方公共物品的消费弹性，λ 为户籍歧视系数，当居民类型为工人时，λ 的值为 1。本书假设政府供给公共物品外生于工人消费效用函数，且不具有竞争性，但对流动人口具有部分排他性。H 地区的工人面临的预算约束如下。

$$p_A C_A + P_M(H) C_M(H) = (1-t)y,$$

$$P_M = \left[\sum_{i=1}^{n} p_i(H)^{-(\delta-1)} + \sum_{i=1}^{n} (\tau p_i(F))^{-(\delta-1)} \right]^{-1/(\delta-1)} \quad (3-22)$$

上式中，P_M 表示本地工业品和进口工业品组合的价格指数，y 为消费者的税前收入，t 为税率，在给定预算约束的条件下最大化消费者的效用，可得工人对于工业品和农业品的需求函数：

$$C_M = \frac{\mu(1-t)y(H)}{P_M(H)}, \quad C_A(H) = \frac{(1-\mu)(1-t)y(H)}{p_A(H)},$$

$$c_i = \mu(1-t) p_i(H)^{-\delta} \left[P_M(H)^{\delta-1} y(H) + \varphi P_M(F)^{\delta-1} y(F) \right] \quad (3-23)$$

公式（3-23）中，φ 表示空间贴现因子，其表达式为 $\varphi = \tau^{-(\delta-1)}(0 \leq \varphi \leq 1)$，不难看出 φ 是考虑交易成本后的价格系数，为 $\tau(\tau \geq 1)$ 和工业品替代弹性的增函数。由公式（3-23），每个厂商的市场不仅有本地市场，还要出口到外地市场。

（二）政府采购行为

假设两地政府均以采购的形式提供公共物品，其需求由农产品和工业品复合形成，形式可以表示为两种产品的组合效用。H 地区政府采购的需求函数如下式所示。

$$G = \frac{G_M^{\mu} G_A^{1-\mu}}{\mu^{\mu}(1-\mu)^{1-\mu}},$$

$$G_M = \left(\sum_{i=1}^{n} g(H)_i^{(\delta-1)/\delta} + \sum_{i=1}^{n} \tau g(F)_i^{(\delta-1)/\delta} \right)^{\delta/(\delta-1)} \quad (3-24)$$

其中，G_A 和 G_M 分别表示地方政府对农产品和工业品的采购量，g_i 为对第 i

种工业品的采购量。地方政府的预算由税收支持，因此其预算约束如下。

$$p_A G_A + P_M G_M = T \tag{3-25}$$

T 来源于居民的税收，假设两地税率相同。

$$T_C = tw(L_B + L_C) \tag{3-26}$$

政府致力于最大化提供公共产品，由此可以得到地方政策的采购需求函数：

$$G = \frac{T}{P_M^\mu P_A^{1-\mu}}, \quad G_M = \frac{\mu T}{P_M}, \quad g_i = \frac{p_i^{-\delta}}{P_M^{1-\delta}} \mu T, \quad G_A = \frac{(1-\mu)T}{P_A} \tag{3-27}$$

（三）间接福利函数

式（3-23）和（3-27）代入（3-21），可得到工人的福利函数，间接效用函数为：

$$V = \mu ln\mu + (1-\mu)ln(1-\mu) + (1-t)lny(H) + \gamma ln\, T_C$$
$$- (1+\gamma)\mu ln\, P_M(H) - (1+\gamma)(1-\mu)ln\, p_A(H) \tag{3-28}$$

同理可得农民的需求函数如下：

$$C_M^*(H) = \frac{\mu(1-t)\, y^*(H)}{P_M^*(H)},$$

$$c_i^*(H) = p_i^*(H)^{-\delta} P_M^*(H)^{\delta-1} \mu(1-t)\, y^*(H) \tag{3-23'}$$

农民的间接效用函数为：

$$V^* = \mu ln\mu + (1-\mu)ln(1-\mu) + (1-t)lny(H)^* + \gamma ln\, T_C$$
$$- (1+\gamma)\mu ln\, P_M(H)^* - (1+\gamma)(1-\mu)ln\, p_A(H)^* \tag{3-28'}$$

（四）农业部门生产行为

H 区域的农业部门为规模报酬不变部门，生产单位农产品需要投入 $\alpha(H)$ 单位的农业劳动力，假定每个农民可以提供 1 单位农业劳动力，农业生产需要的农民数量为 $L_A(H)$。农产品的产量可以表示为 $x_A(H) = L_A(H)/\alpha_A(H)$。假设农民的收入为 $w_A(H)$，由于农业部门规模报酬不变，所以均衡时农产品的价格即为其边际成本或平均成本，由此可以得出 $p_A(H) = w_A(H)\alpha_A(H)$。农产品在区域内和区域间的贸易不存在运输成本，由于一价定律，两地农产品价格相等，即 $p_A(H) = p_A(F)$。进一步地，假设 H 地区和 F 地区的农业生产率相同，于是有 $w_A(H) = w_A(F)$。进一步，假设两个地区的农民数量相等，且有 $L_A(H) = L_A(F) = (1-\mu)/2$。将农民的工资和农产品的价格单位化，有

$w_A(H) = w_A(F) = p_A(H) = p_A(F) = 1$。

（五）工业部门生产行为

工业部门为 D-S 垄断竞争的市场结构，一种产品只由一个企业生产。企业生产每单位产品需要投入 $r(H)$ 的固定劳动投入和每个产品 $\theta(H)$ 单位的劳动力，假设产量为 $x_i(H)$，城市平均工资为 $w(H)$，$w(H)$ 由非完全转移农民的工资和工人工资加权平均得到 $w(H) = [\lambda\ w_B(H)\ L_B(H) + w_C(H)\ L_C(H)]/[L_B(H) + L_C(H)]$，则单个企业的成本函数如下公式所示。

$$TC(H) = w(H)r(H) + \theta(H)\ x_i(H)w(H) \tag{3-29}$$

利润函数可以表示为下式。

$$\pi(H) = p_i(H)\ x_i(H) - \theta(H)\ x_i(H)w(H) - r(H)w(H) \tag{3-30}$$

假设产品的种类足够多，则可以得到产品的最优定价为：

$$p_i = \theta(H)w(H)/(\delta - 1) \tag{3-31}$$

当 $\pi = 0$ 的时候可以得到均衡产量，为：

$$x_i(H) = r(H)(\delta - 1)/\theta(H) \tag{3-32}$$

假设所有的工业品同质，此时两地区的工资之比等于工业产品的价格比。$p_i(H)/p_i(F) = w(H)/w(F)$，每个企业对劳动的需求量为 $\delta r(H)$，当 H 地区的劳动力数量为 $L.(H)$ 时，H 地区工业品的种类数为：$n(H) = L.(H)/\delta r(H)$。假设所有工业产品同质，另外，不失一般性，假设 $L.(H) + L.(F) = \mu$。所以可得公式（3-33）。

$$P_M(H) = \{n(H)\ p_i(H)^{-(\delta-1)} + n(F)\ [\tau\ p_i(F)]^{-(\delta-1)}\}^{-1/(\delta-1)}$$

$$P_M(F) = \{n(H)\ [\tau\ p_i(H)]^{-(\delta-1)} + n(F)\ p_i(F)^{-(\delta-1)}\}^{-1/(\delta-1)} \tag{3-33}$$

二、双中心城市群发展的均衡与人口福利分析

可以先假设区域间人口不能流动，此时市场出清时两区域达到短期的均衡，而后放松假设让人口流动，观察长期人口流动方向和均衡的情况。在人口不能自由流动时，则对于某种工业品 i，其本地需求和出口需求之比应为下式。

$$\frac{c_{HH}}{c_{HF}} = \left[\frac{p(H)\tau}{p(F)}\right]^{-\delta} = \left[\frac{w(H)\tau}{w(F)}\right]^{-\delta} \tag{3-34}$$

进一步，假设 $z(H)$ 为 H 地区在本地工业产品和进口工业产品上的花费之

比，则 $z(H)$ 可以表示为公式（3-35）。

$$z(H) = \frac{n_H}{n_F} \cdot \frac{p_i(H)\tau}{p_i(F)} \cdot \frac{c_{HH}}{c_{HF}} = \left[\frac{w(H)\tau}{w(F)}\right]^{-(\delta-1)} \tag{3-35}$$

由于对称性，还可以写出 F 区域进口 H 区域产品和在本地产品上的消费之比，如公式（3-36）所示。

$$z(H) = \frac{n_H}{n_F} \cdot \frac{p_i(H)}{p_i(F)\tau} \cdot \frac{c_{FH}}{c_{FF}} = \left[\frac{w(H)}{w(F)\tau}\right]^{-(\delta-1)} \tag{3-36}$$

对于 H 区域，其城市居民的总收入（包括工人和流动人口）不仅包括本区域对工业品的总支出，还包括 F 区域在进口 H 区域工业品上的消费。具体关系可以表示为公式（3-37）。

$$w(H)L.(H) = \mu(1-t)\left[\frac{z(H)}{1+z(H)} \cdot Y(H) + \frac{z(F)}{1+z(F)} \cdot Y(F)\right]$$

$$\tag{3-37}$$

由于对称性，同时可以写出 F 区域的收入方程。

$$w(F)L.(F) = \mu(1-t)\left[\frac{1}{1+z(H)} \cdot Y(H) + \frac{1}{1+z(F)} \cdot Y(F)\right]$$

$$\tag{3-38}$$

对于 H 区域，其区域的总收入应为农业和工业收入与税收的总和。所以有（3-39）。

$$(1-t)Y(H) = \frac{1-\mu}{2} + w(H)L.(H), \quad (1-t)Y(F) = \frac{1-\mu}{2} + w(F)L.(F)$$

$$\tag{3-39}$$

由公式（3-37）（3-38）（3-39）可以得出均衡时两地的产出水平，如公式（3-40）所示。

$$Y(H) = \frac{1}{1-t}\left[1 - \frac{1 - \frac{1-\mu}{2} - \mu\frac{z(H)}{1+z(H)}}{(1-t)\left[\mu\left[\frac{z(H)}{1+z(H)} - \frac{z(F)}{1+z(F)}\right] + 1\right]}\right],$$

$$Y(H) = \frac{1 - \frac{1-\mu}{2} - \mu\frac{z(H)}{1+z(H)}}{(1-t)\left[\mu\left[\frac{z(H)}{1+z(H)} - \frac{z(F)}{1+z(F)}\right] + 1\right]} \tag{3-40}$$

根据公式（3-40）即可进一步求出短期均衡时两地区的工资水平。决定人口流动方向的主要是两地区的福利函数。由公式（3-28）可知，H 地区与 F 地区的福利差距如下式表示。

$$\Delta V = (1 - t) ln \frac{w(H)}{w(F)} + \gamma ln \frac{T_C(H)}{T_C(F)} - (1 + \gamma)\mu ln \frac{P_M(H)}{P_M(F)} \quad (3-41)$$

直接影响人口在区域间迁移的主要因素是区域间的福利差异，其最直接的表现就是两地区的工资存在差异。假设两地工资相等，两地人口规模相等，则此时人口在区域间的流动则主要受到本地市场效应和竞争效应两种效应的影响。由于本地市场效应存在，人口流入地的市场规模扩大，并使本地的工资水平上升，由于竞争效应存在，人口流出地由于人口流出而竞争激烈程度下降，人口工资水平也会上升，因此两地相对工资上升或降低取决于竞争效应和本地市场效应的相对大小。

三、双中心城市群的人口分布格局的形成过程

在模型中，农业人口不能自由流动，工业人口随着工业产业工资变化而流动，在假定产品种类足够多且同质的情况下，根据工业企业生产均衡可以得到公式（3-42）。

$$\frac{n_H}{n_F} = \frac{L.(H)}{L.(F)} \quad (3-42)$$

根据公式（3-42），两地人口之比实际上等于两地的工业规模之比。所以如果分析区域人口结构分布也就是分析区域市场规模结构分布情况。接下来将以市场规模分析为主来体现两地的人口规模分布特征。

（一）短期情况

短期内，人口暂时不会在区域间流动，由工业企业生产均衡情况可以得到本地工业的企业数量个数应为公式（3-43）所示。

$$n_H = \frac{L.(H)}{\delta r(H)}, \quad n_F = \frac{L.(F)}{\delta r(F)} \quad (3-43)$$

此时两地区的企业规模与工业品替代弹性、工业企业边际成本和固定成本有关，与交易成本无关。由于人口暂时不流动，所以两地人口结构没有发生变化。

（二）长期情况

长期看，人口更加注重实际工资情况。两地的实际工资情况如公式（3-44）所示。此时影响人口流动方向的是两地的实际工资差异。由公式（3-44）和（3-42）可以得到两地实际相对工资的表达式（3-45）。

$$\omega(H) = \frac{w(H)}{P_M(H)}, \quad \omega(F) = \frac{w(F)}{P_M(F)} \tag{3-44}$$

$$\omega = W \frac{P_M(F)}{P_M(H)} \tag{3-45}$$

公式（3-45）中，$W = \dfrac{W(H)}{W(F)}$，表示两地相对工资水平，ω 为两地实际相对工资水平。此处采取数值模拟的方法来进一步分析两地真实相对工资 W 与空间贴现因子 φ、工业品替代弹性 δ 之间的关系。表 3-1 给出的三种情景，据此三种情景我们绘制了三者之间的关系如图 3-2、图 3-3、图 3-4 所示。

表 3-1　三种情景下的各参数设置情况

参数	情境一	情境二	情境三
φ	0.7	0.5	0.3
δ	5	2	1.3

随着人口在区域间的流动会存在两种情况，其一是随着人口流动，由于本地市场效应和竞争效应的存在，人口流入地的工资水平和人口流出地的工资平均水平最终相等，此时两地实际工资水平相等，人口空间结构为对称分布的情况。第二种情况是人口集聚于某一个地区，形成了核心—边缘的空间布局情况。

情景一为高空间贴现因子、高工业品替代弹性的情形。可以发现在此种情景下，随着两个城市名义工资之比和城市规模之比的不断增加，真实相对工资增加较为迅速，此时城市规模较大、名义工资较高的城市会成为区域的核心并不断吸引另一中心城市和周边人口涌入，形成核心—边缘的城市格局。

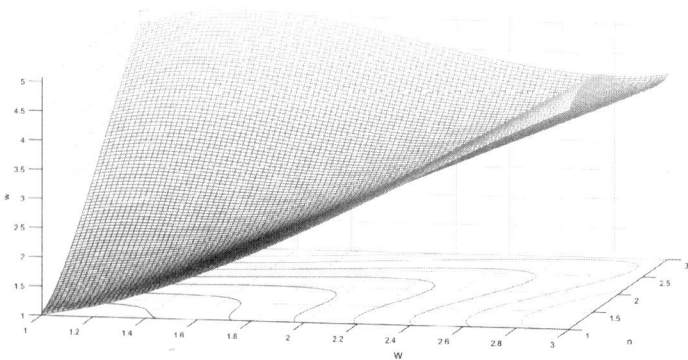

图3-2　情境一下的核心—边缘分布格局

情景二为中等空间贴现因子、中等工业品替代弹性的情形。可以发现在此种情景下，随着两个城市名义工资之比和城市规模之比的不断增加，真实相对工资增加速度较前开始减缓，此时城市规模较大、名义工资较高的城市依然会成为区域的核心，逐步吸引另一中心城市和周边人口涌入，形成核心—边缘的城市格局。

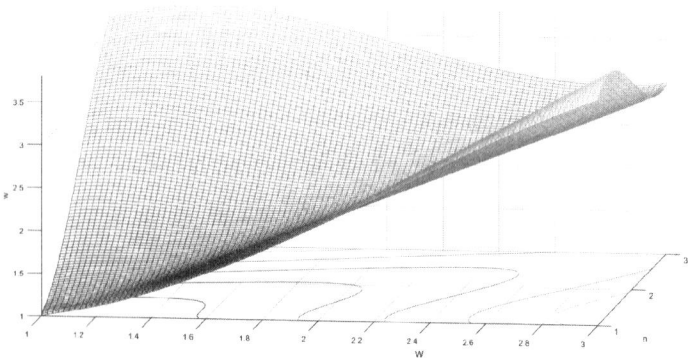

图3-3　情境二下的核心—边缘分布格局

情景三为低空间贴现因子、低工业品替代弹性的情形。可以发现在此种情景下，由于运输成本较大，且工业品替代弹性较小，随着两个城市名义工资之比和城市规模之比的不断增加，真实相对工资增加速度缓慢。当一个中心城市的规模显著增加时，其相对于另一个城市的真实工资增加十分缓慢。

此时两个区域呈对称的态势。

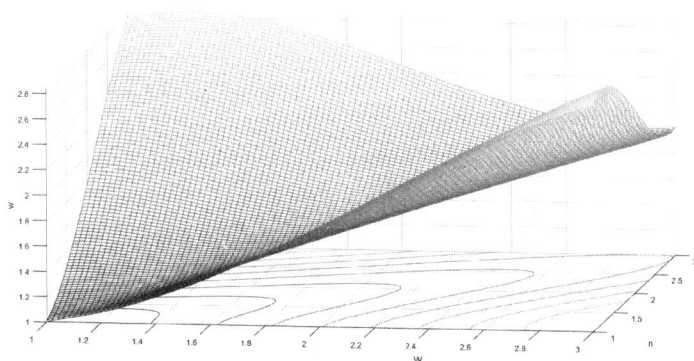

图 3-4　情境三下的对称分布格局

四、双中心城市群发展对人口分布的影响机理

从公式（3-41）中可以看出，决定人口流动方向的包含三种作用力：两地的相对工资 $\left[\dfrac{w(H)}{w(F)}\right]$，两地的相对税收 $\left[\dfrac{T_C(H)}{T_C(F)}\right]$，两地的相对价格指数 $\left[\dfrac{P_M(H)}{P_M(F)}\right]$。

（一）两地区的相对工资差异影响机理

考虑到 $w(H)$、$w(F)$ 为两地区的平均工资，所以 $\dfrac{w(H)}{w(F)}$ 可以进一步表示为公式（3-46）所示的形式。

$$\frac{w(H)}{w(F)} = \frac{\lambda(H)\,w_C(H)\,L_B(H) + w_C(H)\,L_C(H)}{\lambda(F)\,w_C(F)\,L_B(F) + w_C(F)\,L_C(F)} \times \frac{L_B(F) + L_C(F)}{L_B(H) + L_C(H)}$$

$$(3-46)$$

显然 ΔV 为 $\dfrac{w(H)}{w(F)}$ 的增函数，因此当 $w(H) > w(F)$ 时，人口将向 H 地区转移。但由于两地户籍歧视程度不同，所以人口转移结构也会有所区别。当 $\lambda(H) \geqslant \lambda(F)$，即 F 地区的户籍歧视程度大于等于 H 地区的时候，此时 F 地区的工人和流动人口都将向 H 地区转移；当 $\lambda(H) < \lambda(F)$，即 H 地区的户

籍歧视程度高于 F 地区，此时 F 地区城市人口的转移情况取决于 $\lambda(H) w_C(H)$ 与 $w_C(F)$ 的大小，如果 $\lambda(H) w_C(H) < w_C(F)$，则 F 地区的城市人口不会向 H 地区转移，如果 $\lambda(H) w_C(H) > w_C(F)$，则 F 地区的人口会向 H 地区转移。F 地区的流动人口转移情况则取决于两地由歧视程度加权后的城市工资情况。如果 $\lambda(H) w_C(H) > \lambda(F) w_C(F)$，则 F 地区的流动人口会向 H 地区转移。如果 $\lambda(H) w_C(H) < \lambda(F) w_C(F)$，则 H 地区的流动人口会向 F 地区转移。

　　进一步地，即使两地平均工资水平相同，但由于户籍歧视程度不同，也会使人口在区域之间转移。假设 F 地区采取了更加严格的户籍歧视，即 $\lambda(H) > \lambda(F)$，此时两地的城市人口不会产生迁徙，但是对于流动人口，由于在 H 地区能获得更高的相对工资，因此 H 地区的人口规模会增加，由于本地市场效应和竞争效应的存在，两地区的相对工资水平也会发生变化。假设 $\lambda(H) < \lambda(F)$，则 H 地区的流动人口会向 F 地区转移。

　　（二）地区的相对税收差异影响机理

　　由公式（3-26）（3-40）可知 $\dfrac{T_C(H)}{T_C(F)}$ 与两地的工资水平以及人口规模相关，如公式（3-47）所示。

$$\frac{T_C(H)}{T_C(F)} = \frac{w(H)}{w(F)} \times \frac{L.(H)}{L.(F)} = \frac{\lambda(H) w_C(H) L_B(H) + w_C(H) L_C(H)}{\lambda(F) w_C(F) L_B(F) + w_C(F) L_c(F)}$$

$$(3-47)$$

可以发现 $\dfrac{T_C(H)}{T_C(F)}$ 实际上等同于两地的工人总收入差异。它受到两方面因素的影响，一是两地的工资差异，其影响结果同 $\dfrac{w(H)}{w(F)}$ 相同，二是两地的总人口规模的差异，当人口由一个地区转移到另一个地区时，后者的人口规模会逐步增加，从而增加当地税收规模，由此政府会提供更好的公共服务，并进一步吸引人口流入当地。

　　（三）两地的相对工业品价格指数差异影响机理

　　由公式（3-33）可知，这里不妨假设工业企业的边际投入 $\theta(H) = \theta(F) = \dfrac{\delta - 1}{\delta}$，两地区的企业固定投入 $r(H) = r(F) = 1/\delta$，则两地的工业价格指数可

以表示成公式（3-48）。

$$P_M(H) = \left[L.(H)w(H)^{-(\delta-1)} + L.(F)(\tau w(F))^{-(\delta-1)} \right]^{-1(\delta-1)},$$

$$P_M(F) = \left[L.(H)(\tau w(H))^{-(\delta-1)} + L.(F)w(F)^{-(\delta-1)} \right]^{-1/(\delta-1)} \tag{3-48}$$

$\dfrac{P_M(H)}{P_M(F)}$ 最终可以写为两地相对工资和两地区人口结构的函数，如公式

（3-49）所示。

$$\frac{P_M(H)}{P_M(F)} = \left(\frac{l\ W^{-(\delta-1)}\ \varphi^{-1} + 1}{l\ W^{-(\delta-1)} + \varphi^{-1}} \right)^{-1/(\delta-1)} \tag{3-49}$$

公式（3-49）中，$W = \dfrac{w(H)}{w(F)}$，表示两地相对工资水平；$l = \dfrac{L.(H)}{L.(F)}$，表示

两地人口分布结构。给定空间贴现因子 $\varphi(\varphi \in [0, 1])$，工业品替代弹性

$\delta(\delta > 1)$，即可以得到两地工业品价格指数同相对工资之间和人口结构之间

的关系。不难发现，在给定空间贴现因子 φ、工业品替代弹性 δ 后，两地工

业品价格指数差异是相对工资的减函数，是人口结构的增函数。注意到间接

福利函数中，$(1 + \gamma)\mu ln \dfrac{P_M(H)}{P_M(F)}$ 项前面的符号是负号，即在静态视角中，当

一地工资水平升高时，其工业品价格指数会降低，提升消费者间接福利水平。

但是考虑到人口流动，一地工资水平升高后，吸引人口流入本地区，从而消

费需求增加，工业品价格指数会升高，最终消费者的福利水平取决于实际工

资增加的额度与消费需求增加的额度的相对大小。

第三节　多中心城市群发展影响人口分布的空间机理

假设存在 H、F 和 N 三个地区，于是就形成了多中心发展模型。多中心

发展模型的框架和基本假设同双中心发展模型基本相同，不同之处主要是运

输成本发生了变化。假设 HF、HN、FN 之间的距离分别为 β_1、β_2、β_3，则 H

和 F、H 和 N、F 和 N 之间的运输成本分别为 $\beta_1\tau$、$\beta_2\tau$、$\beta_3\tau$。

一、多中心城市群发展对人口分布影响的模型框架

（一）居民消费行为

所有的消费者具有相同的偏好，H 地区消费者效用函数可以表示为 C-D 形式：

$$U = \mu ln\, C_M + (1-\mu) ln\, C_A + \lambda \gamma ln G$$

$$C_M = \Big[\sum_{i=1}^{n} c_i(H)^{\frac{\delta-1}{\delta}} + \sum_{i=1}^{n} c_i(F)^{\frac{\delta-1}{\delta}} + \sum_{i=1}^{n} c_i(N)^{\frac{\delta-1}{\delta}} \Big]^{\frac{\delta}{\delta-1}} \quad (3-50)$$

H 区域的典型的城市消费者面临的预算约束为：

$$p_A\, C_A + P_M(H)\, C_M(H) = (1-t)y$$

$$P_M(H) = \Big\{ \sum_{i=1}^{n} p_i(H)^{-(\delta-1)} + \sum_{i=1}^{n} \big[\beta_1 \tau p_i(F) \big]^{-(\delta-1)}$$
$$+ \sum_{i=1}^{n} \big[\beta_2 \tau p_i(F) \big]^{-(\delta-1)} \Big\}^{\frac{-1}{\delta-1}} \quad (3-51)$$

可以得到消费者的需求函数为：

$$C_M(H) = \frac{\mu(1-t)y(H)}{P_M(H)}, \quad C_A(H) = \frac{(1-\mu)(1-t)y(H)}{p_A(H)},$$

$$c_i = \mu(1-t)p_i(H)^{-\delta} \big[P_M(H)^{\delta-1}y(H)$$
$$+ \beta_1^{\delta-1}\varphi\, P_M(F)^{\delta-1}y(F) + \beta_2^{\delta-1}\varphi\, P_M(N)^{\delta-1}y(N) \big] \quad (3-52)$$

（二）政府采购行为

假设三地政府均以采购的形式提供公共物品，其需求由农产品和工业品复合形成，形式可以表示为两种产品的组合效用。H 地区政府采购的需求函数如下式所示。

$$G = \frac{G_1^{\mu} G_A^{1-\mu}}{\mu^{\mu}(1-\mu)^{1-\mu}},$$

$$G_M = \Big(\sum_{i=1}^{n} (g(H)_i)^{(\delta-1)/\delta} + \sum_{i=1}^{n} (\tau g(F)_i)^{(\delta-1)/\delta}$$
$$+ \sum_{i=1}^{n} (\tau g(N)_i)^{(\delta-1)/\delta} \Big)^{\delta/(\delta-1)} \quad (3-53)$$

其中，G_A 和 G_M 分别表示地方政府对农产品和工业品的采购量，g_i 为对第 i 种工业品的采购量。地方政府的预算由税收支持，因此其预算约束如下。

$$p_A\, G_A + P_M\, G_M = T \quad (3-54)$$

T 来源于居民的税收，假设三地税率相同。

$$T_C = twL \qquad (3-55)$$

政府致力于最大化提供公共产品，由此可以得到地方政府的采购需求函数：

$$G = \frac{T}{P_M^{\mu} P_A^{1-\mu}}, \quad G_M = \frac{\mu T}{P_M}, \quad g_i = \frac{p_i^{-\delta}}{P_M^{1-\delta}} \mu T, \quad G_A = \frac{(1-\mu) T}{P_A} \qquad (3-56)$$

H 区域消费者的间接效用函数为：

$$V = \mu ln\mu + (1-\mu)ln(1-\mu) + (1-t)lny(H) + \gamma ln\, T_C$$
$$- (1+\gamma)\mu ln\, P_M(H) - (1+\gamma)(1-\mu)ln\, p_A(H) \qquad (3-57)$$

（三）农业部门生产

假设三区域农民数量相等且满足公式（3-58），三地之间和区域内部农产品交易不存在贸易成本，三地农业总收入相等。将农民的工资和农产品的价格单位化，有 $w_A(H) = w_A(F) = w_A(N) = P_A(H) = P_A(F) = P_A(N) = 1$。

$$L_A(H) = L_A(F) = L_A(N) = \frac{1-\mu}{3} \qquad (3-58)$$

（四）工业部门生产

工业部门的基本假设同上节。单个企业的成本函数如下公式所示。

$$TC = wr + \theta x_i w \qquad (3-59)$$

利润函数如下式所示。

$$\pi = p_i x_i - \theta x_i w - rw \qquad (3-60)$$

假设产品的种类足够多，则可以得到产品的最优定价为：

$$p_i = w \qquad (3-61)$$

当 $\pi = 0$ 的时候可以得到均衡产量，为：

$$x_i = r(\delta - 1)/\theta = 1 \qquad (3-62)$$

假设所有的工业品同质，此时三地的工资之比等于工业产品的价格比。$p_i(H):p_i(F):p_i(N) = w(H):w(F):w(N)$，每个企业对劳动的需求量为 $\delta r = 1$，当 H 地区的劳动力数量为 $L.(H)$ 时，H 地区工业品的种类数 $n(H) = L.(H)$。假设所有工业产品同质，另外，不失一般性，假设 $L.(H) + L.(F) + L.(N) = \mu$。所以可得公式（3-63）。

$$P_M(H) = \left\{ n(H) p_i(H)^{-(\delta-1)} + n(F) [\beta_1 \tau p_i(F)]^{-(\delta-1)} \right.$$

$$+ n(N) [\beta_2 \tau p_i(N)]^{-(\delta-1)} \}^{-1/(\delta-1)}$$

$$P_M(F) = \{ n(H) [\beta_1 \tau p_i(H)]^{-(\delta-1)} + n(F) p_i(F)^{-(\delta-1)}$$

$$+ n(N) [\beta_3 \tau p_i(N)]^{-(\delta-1)} \}^{-1/(\delta-1)}$$

$$P_M(N) = \{ n(H) [\beta_2 \tau p_i(H)]^{-(\delta-1)} + n(F) [\beta_3 \tau p_i(F)]^{-(\delta-1)}$$

$$+ n(N) p_i(N)^{-(\delta-1)} \}^{-1/(\delta-1)} \tag{3-63}$$

二、多中心城市群发展的均衡与人口福利分析

每个地区的市场供求均衡时达到市场出清的条件。在人口不能自由流动时，则对于某种工业品 i，其本地需求和出口到 F 地与 N 地的需求之比应为下式。

$$c_{HH} : c_{HF} : c_{HN} = p(H)^{-\delta} : \beta_1^{\delta-1} \varphi p(F)^{-\delta} : \beta_2^{\delta-1} \varphi p(N)^{-\delta} \tag{3-64}$$

进一步，假设 $z(HF)$ 为 H 地区在本地工业产品和从 F 进口工业产品上的花费之比，则 $z(HF)$ 可以表示为公式（3-65）。同理，H 地区在本地工业产品和从 N 进口工业产品上的花费之比 $z(HN)$ 可以表示为公式（3-66）。

$$z(HF) = \frac{n_H}{n_F} \cdot \frac{p_i(H)\tau}{p_i(F)} \cdot \frac{c_{HH}}{c_{HF}} = \frac{L(H)}{L(F)} \times \frac{[\tau w(H)]^{-(\delta-1)}}{\beta_1^{\delta-1} w(F)^{-(\delta-1)}} \tag{3-65}$$

$$z(HN) = \frac{L(H)}{L(N)} \times \frac{[\tau w(H)]^{-(\delta-1)}}{\beta_2^{\delta-1} w(N)^{-(\delta-1)}} \tag{3-66}$$

由于对称性，还可以写出 F 和 N 区域进口产品和在本地产品上的消费之比，如公式（3-67）—（3-70）所示。

$$z(FH) = \frac{L(F)}{L(H)} \times \frac{[\tau w(F)]^{-(\delta-1)}}{\beta_1^{\delta-1} w(H)^{-(\delta-1)}} \tag{3-67}$$

$$z(FN) = \frac{L(N)}{L(H)} \times \frac{[\tau w(N)]^{-(\delta-1)}}{\beta_2^{\delta-1} w(H)^{-(\delta-1)}} \tag{3-68}$$

$$z(NH) = \frac{L(N)}{L(H)} \times \frac{[\tau w(N)]^{-(\delta-1)}}{\beta_2^{\delta-1} w(H)^{-(\delta-1)}} \tag{3-69}$$

$$z(NF) = \frac{L(N)}{L(F)} \times \frac{[\tau w(N)]^{-(\delta-1)}}{\beta_3^{\delta-1} w(F)^{-(\delta-1)}} \tag{3-70}$$

对于 H 区域，其城市居民的总收入（包括工人和流动人口）不仅包括本区域对工业品的总支出，还包括 F 区域和 N 区域在进口 H 区域工业品上的消

费。具体关系可以表示为公式（3-71）。

$$w(H)L.(H) = \mu(1-t)\Big[\frac{1}{1+z(HF)+z(HN)} \cdot Y(H) + \frac{z(FH)}{1+z(FH)+z(FN)} \cdot$$
$$Y(F) + \frac{z(NH)}{1+z(NH)+z(NF)} \cdot Y(N)\Big] \tag{3-71}$$

由于对称性，同时可以写出 F 区域和 N 区域收入方程，如公式（3-72）和（3-73）所示。

$$w(F)L.(F) = \mu(1-t)\Big[\frac{z(HF)}{1+z(HF)+z(HN)} \cdot Y(H) + \frac{1}{1+z(FH)+z(FN)} \cdot$$
$$Y(F) + \frac{z(NF)}{1+z(NH)+z(NF)} \cdot Y(N)\Big] \tag{3-72}$$

$$w(N)L.(N) = \mu(1-t)\Big[\frac{z(HN)}{1+z(HF)+z(HN)} \cdot Y(H) + \frac{z(FN)}{1+z(FH)+z(FN)} \cdot$$
$$Y(F) + \frac{1}{1+z(NH)+z(NF)} \cdot Y(N)\Big] \tag{3-73}$$

对于 H、F、N 区域，其区域的总收入应为农业和工业收入与税收的总和。所以有（3-74）。

$$(1-t)Y(H) = \frac{1-\mu}{3} + w(H)L.(H), \quad (1-t)Y(F) = \frac{1-\mu}{3} + w(F)L.(F),$$
$$(1-t)Y(N) = \frac{1-\mu}{3} + w(N)L.(N) \tag{3-74}$$

综合公式（3-71）—（3-74）即可求出均衡时三个区域的经济规模，进一步就可以得到均衡时三地工资的表达式。此时三地之间两两的福利差异如下：

$$\Delta V_{HF} = (1-t)ln\frac{w(H)}{w(F)} + \gamma ln\frac{T_c(H)}{T_c(F)} - (1+\gamma)\mu ln\frac{P_M(H)}{P_M(F)} \tag{3-75}$$

$$\Delta V_{HN} = (1-t)ln\frac{w(H)}{w(N)} + \gamma ln\frac{T_c(H)}{T_c(N)} - (1+\gamma)\mu ln\frac{P_M(H)}{P_M(N)} \tag{3-76}$$

$$\Delta V_{FN} = (1-t)ln\frac{w(F)}{w(N)} + \gamma ln\frac{T_c(F)}{T_c(N)} - (1+\gamma)\mu ln\frac{P_M(F)}{P_M(N)} \tag{3-77}$$

三、多中心城市群的人口分布格局的形成过程

长期看，人口受到各地实际工资差异的影响。此时多中心模式具有多重

均衡，会存在单中心、双中心和多中心 3 种发展模式。

（一）人口向单一中心城市集聚

单中心发展模式下，假设 H 为中心城市，此时有 $max\left\{\dfrac{w(H)}{P_M(H)},\right.$

$\left.\dfrac{w(F)}{P_M(F)},\dfrac{w(N)}{P_M(N)}\right\}=\dfrac{w(H)}{P_M(H)}$，此时 H 地区的实际工资最高，F 地区和 N 地区的人口均会向 H 地区迁移，最终形成了一个中心城市和周边地区组成的核心—外围空间结构。人口的空间迁移基本特点同本章第一节类似，此处不再赘述。

（二）人口向两个中心城市集聚

双中心发展模式下，假设 H 和 F 为中心城市，此时有 $max\left\{\dfrac{w(H)}{P_M(H)},\right.$

$\left.\dfrac{w(F)}{P_M(F)},\dfrac{w(N)}{P_M(N)}\right\}=\dfrac{w(H)}{P_M(H)}=\dfrac{w(F)}{P_M(F)}$，此时 H 和 F 两地真实工资相等。N 地区的人口会向以上两地区迁移，具体而言，假设 HN、FN 两地距离相等，此时 N 地区人口会向两地区各转移一半。假设 N 距离 H 较近，距离 F 较远，则此种情况下必有 $P_M(F)$ 大于 $P_M(H)$，要想维持双中心发展模式稳定，需要有 $w(F)$ 大于 $w(H)$。即当 F 地区实际工资较高时，但如果 F 地区距离 H 和 N 地区的距离超过一定限度，此时 H 和 N 距离又在一定限度范围之内的，则也会形成稳定的双中心发展模式。

（三）人口向多个中心城市集聚

当三地实际工资相等时，会存在稳定的多中心发展模式，此时有 $\dfrac{w(H)}{P_M(H)}=$

$\dfrac{w(F)}{P_M(F)}=\dfrac{w(N)}{P_M(N)}$，三地人口比为 $L.(H):L.(F):L.(N)$。由于三地实际工资相等，在其他条件相同的情况下，人口在区域间的分布趋于均衡。

四、多中心城市群发展对人口分布的影响机理

决定人口流动方向的主要是两地区的福利函数。在此对三地间接福利两两作差可以比较得出三地间接福利的高低。人口在三个地区的流动情况取决于 ΔV_{HF}、ΔV_{HN}、ΔV_{FN} 各自大于 0 还是小于 0，根据不同的组合方式共有三种情况。由于对称性，我们只需要知道其中一种情况，便可以得到其他另外两

种情况。在此不妨假设 $\Delta V_{HF} > 0$，$\Delta V_{HN} > 0$，$\Delta V_{FN} > 0$，同时初始时三地人口规模相等。接下来我们在此基础上讨论人口的流动情况。

（一）相对工资差异的影响机理

人口规模相等时，可知 $w(H) > w(F) > w(N)$，此时 F 和 N 地区人口整体向 H 地区迁移，但迁移人口结构取决于三地户籍歧视情况。当三地户籍歧视程度相等，即 $\lambda_1 = \lambda_2 = \lambda_3$ 时，F 地区和 N 地区的工人和农民都会向 H 地区流动，在本地市场效应和竞争效应下直到三地平均工资相等为止。当 H 区域采取较为严格的户籍歧视，N 和 F 采取较松的户籍歧视时，只要 $\lambda_1 w_C(H)$ 大于 $w_C(F)$ 与 $w_C(N)$，人口还是会向 H 地区流动。当 $\lambda_1 w_C(H)$ 小于 $w_C(F)$ 与 $w_C(N)$ 时，N 和 F 的城市人口不会流入 H 地区，但是当 $\lambda_1 w_C(H)$ 大于 $\lambda_2 w_C(F)$ 与 $\lambda_3 w_C(N)$ 时，N 和 F 的流动人口会向 H 地区转移。当 $\lambda_1 w_C(H)$ 小于 $w_C(F)$ 与 $w_C(N)$ 时，如果 N 和 F 展开竞争，只要其中的一个城市的户籍歧视程度放松到高于 $\lambda_1 w_C(H)$，则另外两个地区的流动人口会向该区域流动。

$$
\begin{aligned}
w(H) : w(F) : w(N) = & \frac{\lambda_1 w_C(H) L_B(H) + w_C(H) L_C(H)}{L_B(H) + L_C(H)} : \\
& \frac{\lambda_2 w_C(F) L_B(F) + w_C(F) L_C(F)}{L_B(F) + L_C(F)} : \\
& \frac{\lambda_3 w_C(N) L_B(N) + w_C(N) L_C(N)}{L_B(N) + L_C(N)}
\end{aligned}
\tag{3-78}
$$

（二）地区的相对税收差异的影响机理

由公式（3-55）可知，三地区税收之比可表示为公式（3-79）的形式。

$$
T_C(H) : T_C(F) : T_C(N) = w(H)L.(H) : w(F)L.(F) : w(N)L.(N)
\tag{3-79}
$$

在三地人口规模相等的情况下，税收之比等同于工资之比，因此其对人口流动的影响与工资对人口流动的影响相同。当三地人口规模不等时，地区税收绝对规模越大，对人口的吸引力就越大。

（三）两地的相对工业品价格指数差异的影响机理

三地的工业价格指数可以表示成公式（3-80）所示。

$$
\begin{aligned}
P_M(H) = & \{ L.(H) w(H)^{-(\delta-1)} + L.(F) [\beta_1 \tau w(F)]^{-(\delta-1)} \\
& + L.(N) [\beta_2 \tau w(N)]^{-(\delta-1)} \}^{-1/(\delta-1)}
\end{aligned}
$$

$$P_M(F) = \{L.(H)[\beta_1\tau w(H)]^{-(\delta-1)} + L.(F)\,w(F)^{-(\delta-1)}$$
$$+ L.(N)[\beta_3\tau w(N)]^{-(\delta-1)}\}^{-1/(\delta-1)}$$

$$P_M(N) = \{L.(H)[\beta_2\tau w(H)^{-(\delta-1)} + L.(F)[\beta_3\tau w(F)]^{-(\delta-1)}$$
$$+ L.(N)\,w(N)^{-(\delta-1)}\}^{-1/(\delta-1)} \tag{3-80}$$

在此重点讨论距离对工业价格指数的影响。假设除 β_1、β_2、β_3 以外的其他情况都相同，且 $\beta_1 < \beta_2 < \beta_3$，则容易看出 $P_M(H) < P_M(F) < P_M(N)$。这其实说明了市场邻近效应，距离市场越近，则产品价格越低，实际收入会越高，对劳动力的吸引力就越大。在这种情况下，N 地区的劳动力会倾向流入 F 地区和 H 地区，以获得更高的实际工资。

第四章

中国城市群发展与人口分布的
现状分析

本章主要从城市群的发展模式、城市群的发育程度和城市群的发展阶段三个方面对我国城市群的发展现状做出梳理和描述，并利用人口密度、人口地理集中度、人口偏移增长指数等来描述我国城市群人口分布的情况，最后对城市群和人口分布之间关系的经验事实做出梳理分析。

第一节　中国城市群发展现状

一、城市群的发展模式

城市群是一个极其复杂的巨系统，城市群发展的模式涉及诸多方面[1]，纵览国内外各大城市群，本书总结了三种模式：一是仅有一个中心城市的单中心城市群发展模式，即唯一的中心城市带动城市群发展；二是包含两个中心城市的双中心城市群发展模式，即两个中心城市共同带动城市群发展；三是包含三个及三个以上中心城市的多中心城市群发展模式，即多个中心城市齐头并进带动城市群发展[2]。

单中心城市群发展模式是指在一个城市群中，有一个大型城市作为中心，其经济发展水平在城市群中处于最高水平，而其余城市与中心城市之间存在

---

①　燕中州，朱鹏，王泽敏，等. 欧洲主要城市群发展概况及经验借鉴 [J]. 天津经济，2013（12）：13—15.

②　赵瑞霞，胡黎明，刘友金. 基于 Logistic 模型的城市群空间结构模式研究 [J]. 统计与决策，2011（3）：55—57.

较大的差距。单中心模式的一个主要特点是，以一个中心城市为核心，并以其超强影响力引导同一城市群的其余中小城市发展，这些中小城市再引导若干个小城镇，使其共同发展。中心城市凭借自身各方面优良的条件，为其余城市输送各种资源，例如人力资源、技术资源、资金资源等，从而以中心城市为主体，促进城市群协调发展①。单中心模式主要有以下特点：其一，城市地区和农村地区逐渐整合集聚。随着中心城市推动周围中小城市快速发展，该城市群人民的生活水平不断提高，城市化水平不断提升，城乡一体化的格局逐渐形成。其二，中心城市范围逐步扩大。由于中心城市发展成熟度较高、综合能力突出，居绝对的主导地位②，表现出相当大的吸引力，导致很多经济、社会活动都逐渐向中心城市靠拢，城市群的中心城市内的人口集中，进一步需要更大的空间供应居民进行各种生产活动，中心城市规模相应增加。

双中心城市群发展模式是指在一个城市群中，有两个中心城市作为核心，两个中心城市凭借其自然条件、人文条件、政策条件等方面的优势，拥有城市群最为集中的要素资源，能够充分发挥自身优势条件，为其余城市创造更多机会，从而带动整个城市群发展③。双中心模式的特点是两个中心城市平衡发展、各司其职。首先，在城市群发展过程中，两个中心城市既相互依存，又相互制约，共同主导着城市群的发展，而其他中小城市则分别围绕这两个中心集聚④。在我国，成渝城市群、哈长城市群都是典型的双中心城市群。在城市群发展过程中，成都和重庆、哈尔滨和长春处于主导地位，从中心城市到其他周边中小城市，城市的发展水平逐渐呈现出由高水平到低水平的态势。双中心模式主要有以下特点：其一，两个中心城市紧密联系。无论是地理位置，还是经济发展条件，两个中心城市都表现出较强的依赖性。其二，两个中心城市始终共同起作用，二者分工明确。二者无论是在城市经济力量、地理区位、城市规模与吸引能力的强弱上，还是城市在区域中所起的作用大

---

① 陈乙文. 台州城市群发展模式初探 [D]. 杭州：浙江大学, 2012：7—11.

② 姚士谋, 土书国, 陈爽, 等. 区域发展中"城市群现象"的空间系统探索 [J]. 经济地理, 2006（5）：726—730.

③ 李哲. 基于城市群发展模式的个体城市轨道交通线网规划研究 [D]. 重庆：重庆交通大学, 2012：9—17.

④ 王伟. 中国三大城市群经济空间重心轨迹特征比较 [J]. 城市规划学刊, 2009（3）：20—28.

小，份额均相对均衡。

多中心城市群发展模式是指在一个城市群中，有三个及三个以上的中心城市作为核心，城市群内其他中小城市分别围绕几大中心城市发展，城市群内部呈现多极化的特征，每个中心城市在城市群发展中都充当了重要的角色，这些城市相互协同、均衡发展。多中心城市群呈现出形态各异的分布形状，但中心城市均处于条件优良的区域，其余中小城市分布在中心城市周围①。各中心城市之间分工明确，又彼此联系，构成一个有机的整体。珠江三角洲城市群是多中心城市群发展模式的典型代表。多中心模式主要有以下特点：其一，城市群发展呈现多元化。各中心城市规模相当，职能分工明确。其二，虽然多中心模式的中心城市较为分散，但各中心城市的生产力布局趋向区域化、合理化，各大城市之间的经济发展比较均衡②。其三，多中心城市群发展模式的道路具有不确定性。多中心模式可以使各城市之间联系更加紧密，促使城市群高速发展。在资源分布不均衡、发展政策不合理的前提下，多中心发展模式也有可能会使城市群实力分散，很容易出现各中心城市资源分配不均衡的现象，资源不能达到最佳的配置，城市群整体带动作用难以达到最优状态。

（一）我国城市群发展规划视角下的城市群发展模式

1. 我国城市群发展政策梳理

城市群建设是我国改革开放的重要成果，也是国家工业化阶段的重要表现，它与城市及区域工业化的升级，以及产业集中化的发展都有着密切的联系，城市群是现代城市不断发展和功能不断完善的大趋势，也是发达国家城市化发展的最重要经验之一。根据方创琳的观点，我国城市群的形成发育带有强烈的政府主导性，主要是国家及地方宏观调控政策和区域发展政策发挥作用的结果。在此进一步对我国城市群发展的政策进行梳理总结③。

---

① 景哲. 关中城市群发展模式研究［D］. 西安：西安理工大学，2005：57—77.

② 年福华，姚士谋，陈振光. 试论城市群区域内的网络化组织［J］. 地理科学，2002（5）：568—573.

③ 方创琳. 中国城市群形成发育的政策影响过程与实施效果评价［J］. 地理科学，2012，32（3）：257—264.

（1）概念提出阶段

2006年，"城市群"概念第一次出现在中央文件中。2007年党的十七大报告指出，以大城市为依托，形成辐射作用的大城市群，培育新的经济增长极。

（2）初步形成阶段

2012—2017年，中国城市群建设迎来了初步发展期。党的十八大报告指出，科学规划城市群发展布局，增强中小城市和小城镇产业发展、公共服务、吸纳就业、人口集聚功能。中央城镇化工作会议指出，根据资源环境承载能力构建科学合理的城镇化宏观布局，要把城市群作为主体形态，促进大中小城市和小城镇合理分工、功能互补、协同发展；并要在中西部和东北有条件的地区，逐步发展形成若干城市群。《国家新型城镇化规划（2014—2020年）》提出以人为核心的新型城镇化，有序推进农业转移人口市民化；以城市群为主体形态，推动大中小城市和小城市协调发展；以综合承载能力为支撑，提升城市可持续发展水平。中央城市会议提出，要以城市群为主体形态，科学规划城市空间布局，实现高效绿色发展。要优化提升东部城市群，在中西部地区培育发展一批城市群。"十三五"规划提出，坚持以人的城镇化为核心、以城市群为主体形态，推进城乡发展一体化，加快城市群建设发展，优化提升东部地区城市群，培育中西部地区城市群。亚太经合组织工商领导人峰会提出，大力推进京津冀协同发展、长江经济带发展，建设雄安新区、粤港澳大湾区，建设世界级城市群，打造新的经济增长极。此后一系列区域性的城市群发展规划被制定出来，具体包括《京津冀协同发展规划纲要》《成渝城市群发展规划》《长江中游城市群发展规划》等。

（3）政策完善阶段

十九大报告指出，以城市群为主体构建大中小城市和小城镇协调发展的城镇格局。国务院《关于建立更加有效的区域协调发展新机制的意见》指出，以京津冀城市群、长江三角洲城市群等城市群推动国家重大区域战略融合发展，建立以中心城市引领城市群发展、城市群带动区域发展新模式，推动区域板块之间融合互动发展。中央财经委员会第五次会议提出，当前我国区域发展形势是好的，同时经济发展的空间结构正在发生深刻变化，中心城市和城市群正在成为承载发展要素的主要空间形式。第十九届中央委员会第四次全体会议提出，提高中心城市和城市群综合承载和资源优化配置力，实行扁平化管理。《2020年新型城镇化建设和城乡融合发展重点任务》提出，增强中心城市和城市群综合承载、资源优化配置能力，加快发展重点城市群。"十四五"规划指出，以促进城市群发展为抓手，全面形成"两横三纵"城镇化战略格局。"十四五"时期，中国城市群治理应在坚持系统性、综合性的同时，注重分类施策的精准性，采取"四个专项+综合"分类的治理方式（"四个专项"分类的治理方式是指从规模等级、发展模式、空间结构、资源环境承载力四个维度，去识别城市群的差异特征，进行相应的类别划分和精细化的政策设计；"综合"分类的治理方式是对一些普适性、战略性的政策从总体上进行把握，凸显政策的顶层设计）。

2. 我国城市群发展模式的识别

随着我国城市化速度的不断加快，城市群发展成为现代城市发展的新特征。城市群的发展是建立在制度以及社会经济发展的基础上的。城市群的形成是经济发展和产业自然布局的反映，并且逐渐成为国家城市化的主体形态。在城市化初期，城市发展主要是通过中心平面化扩张进行，随着城镇水平的提升，市场需求的扩大，会在更大范围内形成一两个中心大城市，中小城市协调分布，城镇之间保留了一定的田地、空间，并且通过修建道路，使各个城市群之间有效相连。城市群出现于全球经济发展的宏观背景下，使得城市的空间形态以及城市的规模建设发生了巨大的变化。在这种情况下，城市之间的竞争不仅仅是单个城市之间的竞争，而是逐渐转化为以某个城市为核心的城市群之间的竞争。所以，城市群的规划也是区域性的战略规划，目的是提高整个城市群的竞争能力，促进区域经济建设和发展。城市群发展规划是指导城市群实现可持续发展的行动纲领①。城市群规划并非区内各城市总体规划的简单"拼盘"，而是以城市群整体的区域层面为出发点，对城市群发展的战略性部署。

城市群发展规划作为我国城市群发展的指导性和约束性文件，是国家协调区域经济发展的重要政策工具。城市群区别于其他经济区域的重要特征，即内部各城市个体之间具有密切、有机的联系，其经济联系强度是衡量城市

---

① 方创琳. 中国城市群研究取得的重要进展与未来发展方向［J］. 地理学报，2014，69（8）：1130—1144.

群发育程度的重要指标，也是内部合作程度的直观表现形式。通过对城市群发展潜力和合理性等判断，截至 2022 年，国务院先后批复了 14 个城市群的发展规划。在可查的城市群发展规划中，城市群的发展空间模式是其中的重要内容。表 4-1 总结了城市群规划或其相关规划，并列出了规划中对于城市群发展空间模式的相关描述。

表 4-1 中国 19 大城市群发展规划

文件	时间	核心	空间结构	发展模式
《长江三角洲城市群发展规划》	2016	上海	一核五圈四带	多中心
《粤港澳大湾区发展规划纲要》	2019	广州、深圳	极点带动、轴带支撑、辐射周边	双中心
《山东半岛城市群发展规划》	2021	济南、青岛	两圈四区、网络发展	双中心
《海峡西岸城市群发展规划》	2008	福州、厦门	两点一线四轴	双中心
《北部湾城市群发展规划》	2017	南宁	一湾双轴、一核两极	单中心
《京津冀协同发展规划纲要》	2015	北京、天津	一核、双城、三轴、四区、多节点	双中心
《长江中游城市群发展规划》	2015	武汉、长沙、南昌	三核三圈三带多节点	多中心
《中原城市群发展规划》	2017	郑州、洛阳	一核四轴四区	双中心
《山西中部城市群高质量发展规划》	2022	太原	一核四带多组团	单中心
《宁夏回族自治区新型城镇化"十三五"规划》	2017	银川	一主一带一副	单中心
《兰西城市群发展规划》	2018	兰州、西宁	一带双圈多节点	双中心
《滇中城市群发展规划》	2020	昆明	一主四副、通道对接、点轴联动	单中心
《关中平原城市群发展规划》	2018	西安	一圈一轴三带	单中心
《成渝城市群发展规划》	2016	成都、重庆	一轴两带、双核三区	双中心

续表

文件	时间	核心	空间结构	发展模式
《天山北坡城市群发展规划》	2018	乌鲁木齐	一带一圈、两轴四区	单中心
《呼包鄂榆城市群发展规划》	2018	呼和浩特、包头、鄂尔多斯、榆林	一轴一带多区	多中心
《黔中城市群发展规划》	2017	贵阳	一核一圈四带五心多点	单中心
《辽中南城市群发展规划》	2017	沈阳、大连	一圈一带两区	双中心
《哈长城市群发展规划》	2016	哈尔滨、长春	双核一轴两带	双中心

资料来源：作者根据相关文件整理。

从表4-1可以看出，目前我国城市群发展主要存在单中心、双中心和多中心三种不同的发展模式。如在《长江三角洲城市群发展规划》中，长江三角洲城市群的空间格局为"一核五圈四带"，即核心城市为上海市，但由于长江三角洲城市群是以上海为核心、由联系紧密的多个城市组成，上海作为龙头城市，会带动其余区域中心城市，依托交通运输网络培育形成多级多类发展轴线，最终推动南京都市圈、杭州都市圈、合肥都市圈、苏锡常都市圈、宁波都市圈的同城化发展，因此其发展模式是多中心的。在《山东半岛城市群发展规划》文件中，山东半岛城市群重点发展济南都市圈和青岛都市圈，支持济南、青岛建设国家中心城市；提升重要轴带要素集聚水平，增强网络节点支撑能力，构建"两圈四区、网络发展"总体格局。因此，山东半岛城市群的发展模式紧紧围绕"双中心"。在《黔中城市群发展规划》文件中，黔中城市群是以贵阳为核心，以新区建设、新城建设为重点，核心城市贵阳是有机分工的核心载体，因此其发展模式为单中心。

（二）基于城市群能级与引力的角度分析

尽管城市群规划对我国城市群发展空间模式做出总结，但规划往往具有超前性且在一定程度上是政府意志的体现。为更好反映我国城市群发展的现实情况，我们采用城市空间发展分析常用的工具对19个城市群发展的空间模式作出分析。在进行实证分析时，我们以《中华人民共和国国民经济和社会发展第十三个五年规划纲要》中界定的19个城市群为研究对象，确定各城市群范围。考虑到数据的可获得性，对部分县、县级市进行了剔除，以19个城市群中的 223 个城市作为研究对象。研究数据来源于《2021 年中国城市统计年鉴》、《2021 年中国城市建设统计年鉴》、全国第七次人口普查数据、各地级及以上城市政府国民经济和社会发展统计公报等，个别城市个别年份的缺失值采用插值法补齐。并且对全市和市辖区都分别进行了研究，以期二者对比能更好地反映中国城市群发展现状。我们主要采用了城市能级模型和城市引力模型对城市群的发展模式加以分析①。

城市能级是指一个城市的功能对外界的影响，具有集聚和扩散的特点，体现为城市综合实力，模型如下：

$$Z_i = \frac{Y_i}{\frac{1}{n} \sum_{i=1}^{n} Y_i} \qquad (4-1)$$

式中，Z_i 为 i 城市全市 GDP 能级和市辖区 GDP 能级；Y_i 为 i 城市全市 GDP 和市辖区 GDP；n 为研究所涵盖的对应的城市群的城市数量。

本书使用引力模型衡量 19 个城市群各城市之间的空间联系强度，包括引力强度与隶属度两方面内容。引力模型是基于区域影响力的分析，以影响力确定城市间联系的主要方向及程度。模型如下：

$$R_{ij} = \frac{\sqrt{P_i G_i} \times \sqrt{P_j G_j}}{D_{ij}^2} \qquad (4-2)$$

$$F_{ij} = R_{ij} / \sum_{j=1}^{n} R_{ij} \qquad (4-3)$$

式中，R_{ij} 为 i 城市和 j 城市之间的经济联系；P_i 和 P_j 为两城市全市或市辖区 GDP；G_i 和 G_j 为两城市全市或市辖区人口；D_{ij} 为两城市间的地理距离；F_{ij} 为 i 城市和 j 城市之间的联系隶属度。

1. 城市能级与城市群发展模式

首先，本研究基于 19 大城市群的实际情况，确定了对各个城市进行核心城市等级划分的标准，如表 4-2 所示。根据城市经济能级指数，可将城市群内城市等级划分为一级核心城市（Z>4）、二级核心城市（2<Z<4）、三级核

① 李磊，张贵祥. 京津冀城市群发展质量评价与空间分析 [J]. 地域研究与开发，2017，36（5）：39—43，56；赵正，王佳昊，冯骥. 京津冀城市群核心城市的空间联系及影响测度 [J]. 经济地理，2017，37（6）：60—66，75.

心城市（1<Z<2）三个层次。

表4-2　城市群城市能级的划分标准

核心城市等级	一级核心	二级核心	三级核心
取值范围	4<Z	2<Z<4	1<Z<2

资料来源：作者根据相关文献整理。

本研究依据式（4-1）计算得出了19个城市群223个城市的城市GDP能级，并据此判别了19个城市群的发展模式，计算结果如表4-3和图4-1所示。由图可知，各城市之间的经济能级和综合发展情况均存在较大差异。其中，19大城市群内，同一城市的全市GDP能级和市辖区GDP能级存在一定差异。"全市"为城市的全部行政区域，包括城区、辖县、辖市；"市辖区"包括所有城区，不包括辖县和辖市。因此，两个地区的政策覆盖、交通条件、产业发展等方面均有所差异，导致两者的能级指数有所差异。但不论是各城市全市GDP能级方面，还是各城市市辖区GDP能级方面，上海、北京、武汉、长沙、郑州、西安、重庆、成都的能级指数均大于4，均属于一级核心城市，其影响力高于其他城市，经济实力远远超过城市群内其他城市，综合实力处于所在城市群的最高水平。从能级指数的大小分布情况来看，19大城市群均呈现多等级核心城市的发展格局，例如，长江三角洲城市群内，上海为一级核心城市，杭州为二级核心城市。而从全市GDP能级指数来看，南京为三级核心城市，苏州为二级核心城市，从市辖区GDP能级指数来看，南京为二级核心城市，苏州为三级核心城市。从19大城市群的发展模式来看，长江三角洲城市群、海峡西岸城市群、长江中游城市群、呼包鄂榆城市群这4大城市群均为多中心城市群发展模式，并且呼包鄂榆城市群在不同范围内，GDP能级呈现分散的态势，城市群内发展水平不均衡，4个城市的能级指数较小，其城市发展水平不高。有8大城市群都为双中心城市群发展模式，核心城市之间的集聚效应明显。例如，京津冀城市群以北京、天津为"双中心"的发展模式，珠江三角洲城市群以深圳、广州为"双中心"的发展模式等。其余城市群则均为单中心城市群发展模式。

表 4-3　2020 年城市群内核心城市经济能级指数

城市群	核心城市	全市GDP 能级	城市等级	市辖区GDP 能级	城市等级	发展模式
长江三角洲城市群	上海市	4.906	一级核心	7.223	一级核心	多中心
	杭州市	2.042	二级核心	2.818	二级核心	
	南京市	1.878	三级核心	2.766	二级核心	
	苏州市	2.557	二级核心	1.765	三级核心	
珠江三角洲城市群	深圳市	2.782	二级核心	2.909	二级核心	双中心
	广州市	2.515	二级核心	2.631	二级核心	
山东半岛城市群	青岛市	2.715	二级核心	3.634	二级核心	双中心
	济南市	2.220	二级核心	3.580	二级核心	
海峡西岸城市群	厦门市	1.685	三级核心	3.406	二级核心	多中心
	福州市	2.644	二级核心	3.276	二级核心	
	泉州市	2.681	二级核心	1.283	三级核心	
北部湾城市群	南宁市	2.526	二级核心	3.233	二级核心	单中心
京津冀城市群	北京市	5.416	一级核心	7.069	一级核心	双中心
	天津市	2.113	二级核心	2.758	二级核心	
长江中游城市群	武汉市	5.154	一级核心	9.026	一级核心	多中心
	长沙市	4.008	一级核心	4.471	一级核心	
	南昌市	1.896	三级核心	2.484	二级核心	
中原城市群	郑州市	4.368	一级核心	7.360	一级核心	双中心
	洛阳市	1.866	三级核心	2.004	二级核心	
山西中部城市群	太原市	2.171	二级核心	3.489	二级核心	单中心
宁夏沿黄城市群	银川市	2.202	二级核心	2.431	二级核心	单中心
兰西城市群	兰州市	2.527	二级核心	2.779	二级核心	单中心
滇中城市群	昆明市	1.719	三级核心	2.091	二级核心	单中心
关中城市群	西安市	4.891	一级核心	7.720	一级核心	单中心
成渝城市群	重庆市	5.863	一级核心	7.259	一级核心	双中心
	成都市	4.155	一级核心	4.851	一级核心	

续表

城市群	核心城市	全市 GDP 能级	城市等级	市辖区 GDP 能级	城市等级	发展模式
天山北坡城市群	乌鲁木齐市	2.592	二级核心	2.720	二级核心	单中心
呼包鄂榆城市群	包头市	0.844	—	1.579	三级核心	多中心
	呼和浩特市	0.848	—	1.274	三级核心	
	榆林市	1.238	三级核心	0.641	—	
	鄂尔多斯市	1.070	三级核心	0.507	—	
黔中城市群	贵阳市	1.516	三级核心	2.434	二级核心	双中心
	遵义市	1.308	三级核心	0.840	—	
辽中南城市群	沈阳市	2.802	二级核心	3.292	二级核心	双中心
	大连市	2.997	二级核心	3.086	二级核心	
哈长城市群	哈尔滨市	2.533	二级核心	2.887	二级核心	双中心
	长春市	3.243	二级核心	3.969	二级核心	

资料来源：作者计算整理。

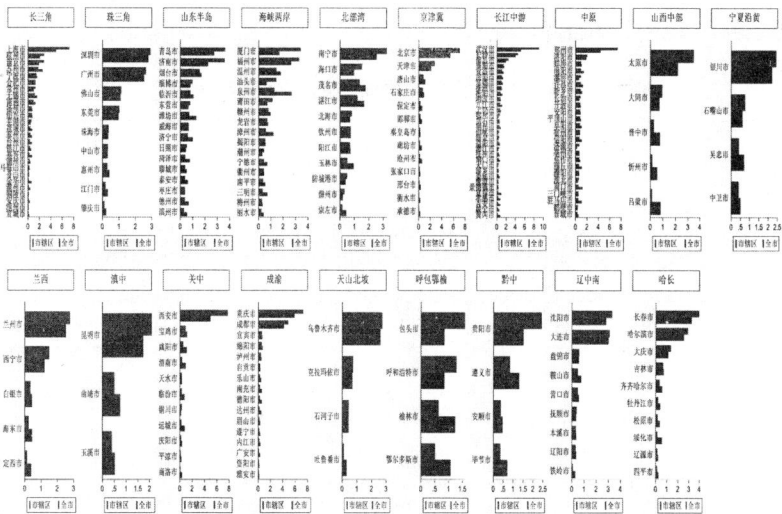

图 4-1 19 个城市群的城市能级

资料来源：作者计算整理。

2. 空间联系强度与城市群发展模式

本研究使用引力模型分析 19 个城市群各城市之间的空间联系强度，依然分别对全市和市辖区的空间联系强度进行分析研究。依据式（4-2）和式（4-3）计算得出 19 大城市群的核心城市与其余各城市之间的平均引力和平均隶属度，如表 4-4 所示。

首先，不论是在全市范围内还是市辖区范围内，19 大城市群的核心城市的引力的变化趋势与隶属度变化趋势基本一致。即从引力方面和隶属度方面衡量核心城市与其余各城市之间的联系，核心城市的城市联系强度整体类似。其次，从全市范围来看，长江三角洲城市群、珠江三角洲城市群、京津冀城市群和成渝城市群这 4 大城市群的核心城市之间的引力强度差异较大，基本相差 5 个单位，而其余城市群核心城市之间的引力强度差异不大。因此，这 4 大城市群的空间联系强度分布处于较不均衡的状态。最后，结合表 4-4，从引力值来看，核心城市极核地位突出，一级核心城市与城市群其余各城市之间的总体空间联系强度基本最大，二级核心城市次之。但也有例外，比如位于长江中游城市群的武汉和长沙，虽然都是一级核心城市，但引力值相对较小，说明其虽在长江中游城市群中占据绝对的中心地位，但与大部分城市之间的联系并不紧密，辐射作用有限。

表 4-4　19 个城市群内城市的空间联系强度

城市群	核心城市	全市		市辖区	
		平均引力	平均隶属度	平均引力	平均隶属度
长江三角洲城市群	上海市	10.824	11.786	3.924	18.965
	杭州市	4.472	6.968	1.699	10.460
	南京市	3.930	8.065	1.736	13.334
	苏州市	10.938	9.981	2.163	7.395
珠江三角洲城市群	深圳市	52.240	24.850	46.090	26.895
	广州市	40.559	23.883	32.819	24.621
山东半岛城市群	青岛市	1.776	10.463	0.458	14.795
	济南市	4.732	17.032	1.059	28.780

续表

城市群	核心城市	全市		市辖区	
		平均引力	平均隶属度	平均引力	平均隶属度
海峡西岸城市群	厦门市	4.169	10.678	0.869	19.924
	福州市	2.395	14.404	0.484	18.477
	泉州市	4.930	16.505	0.697	9.675
北部湾城市群	南宁市	0.833	21.263	0.195	28.528
京津冀城市群	北京市	10.247	29.318	3.699	44.759
	天津市	5.790	15.704	2.820	23.860
长江中游城市群	武汉市	2.0422	13.028	0.479	24.322
	长沙市	1.940	11.198	0.415	15.633
	南昌市	0.396	5.350	0.095	7.862
中原城市群	郑州市	2.784	16.950	0.403	28.265
	洛阳市	0.868	6.631	0.114	7.430
山西中部城市群	太原市	1.921	65.397	0.290	86.303
宁夏沿黄城市群	银川市	0.602	71.428	0.147	76.829
兰西城市群	兰州市	0.413	54.006	0.106	63.576
滇中城市群	昆明市	2.359	91.120	0.515	95.956
关中城市群	西安市	2.219	36.307	0.575	60.257
成渝城市群	重庆市	3.524	13.718	0.655	17.712
	成都市	9.446	24.859	2.270	34.635
天山北坡城市群	乌鲁木齐市	0.070	83.075	0.047	84.252
呼包鄂榆城市群	包头市	0.353	35.569	0.116	56.475
	呼和浩特市	0.239	20.622	0.092	33.033
	榆林市	0.491	48.661	0.056	28.007
	鄂尔多斯市	0.365	28.481	0.035	15.818
黔中城市群	贵阳市	1.304	59.310	0.234	81.305
	遵义市	0.859	29.922	0.121	23.621
辽中南城市群	沈阳市	1.213	27.266	0.568	33.845
	大连市	1.178	20.993	0.528	23.281

城市群	核心城市	全市		市辖区	
		平均引力	平均隶属度	平均引力	平均隶属度
哈长城市群	哈尔滨市	0.267	19.291	0.071	23.646
	长春市	0.500	36.589	0.124	41.784

资料来源：作者计算整理。

具体城市的空间联系程度分布如图 4-2 和图 4-3 所示。首先，从总体上看，大部分城市群的城市间联系紧密程度呈网络化趋势，一级核心城市的极化效应突出，二级核心城市和三级核心城市与其他城市间联系的紧密程度依次减弱。而少部分城市群的城市间由于缺乏引力，导致其与周边城市的引力层级关系出现断层，未能表现出引力强度的网络化。例如天山北坡城市群和宁夏沿黄城市群的城市间联系强度较弱，郑州市核心城市的辐射带动作用还有待加强，城市群的整体协作水平有待提高。其次，19 大城市群内城市间联系强度因范围的不同而呈现出不同的网络化特征。例如，山西中部城市群，在全市层面上忻州市和太原市联系强度虽然偏弱，但表现出一定的依赖性，而在市辖区层面上，太原市作为核心城市，与其余城市之间的联系强度极弱。最后，大部分城市群的城市联系强度整体较弱，表现出普遍的弱联系、个别的强联系的特点。核心城市在城市群中的核心地位突出，以核心城市为中心形成的圈层外部空间联系强度及密度明显下降，并未形成逐层递减的格局。

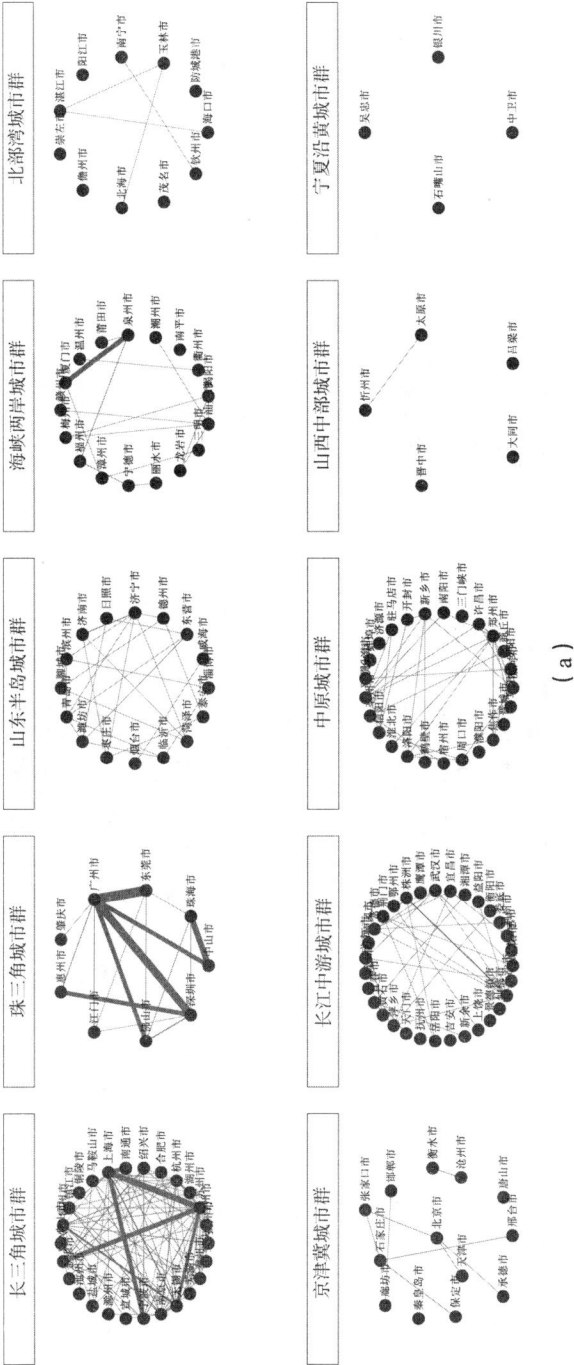

（a）

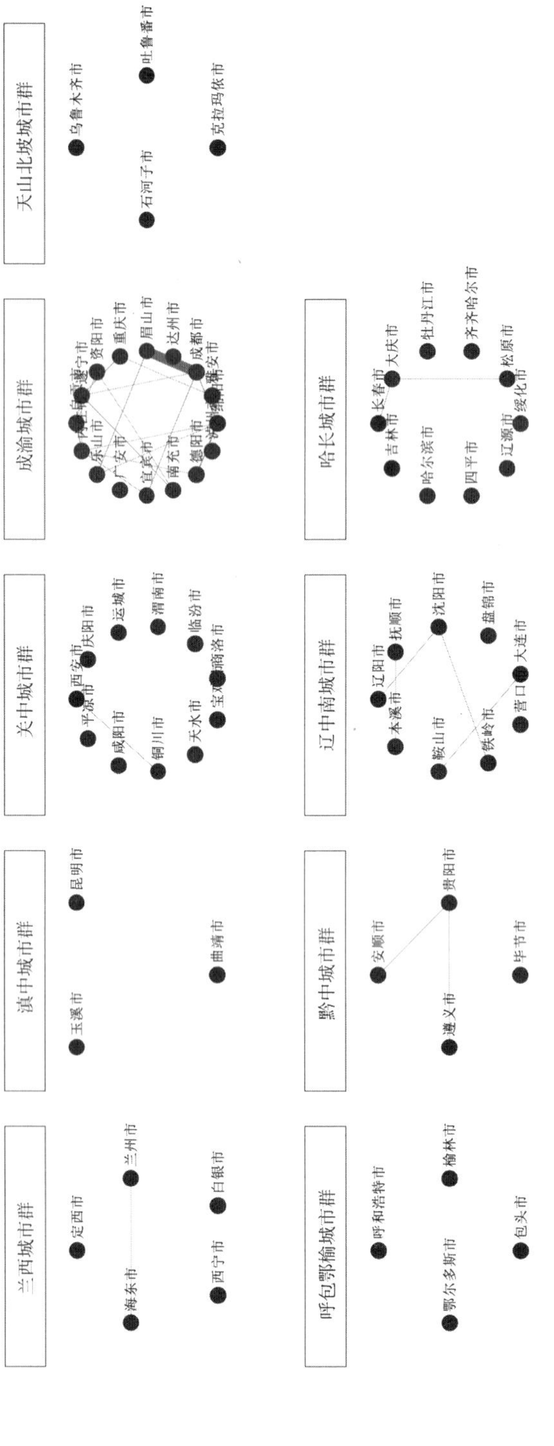

图4-2　城市群引力强度（全市数据）

（b）

资料来源：作者计算整理。

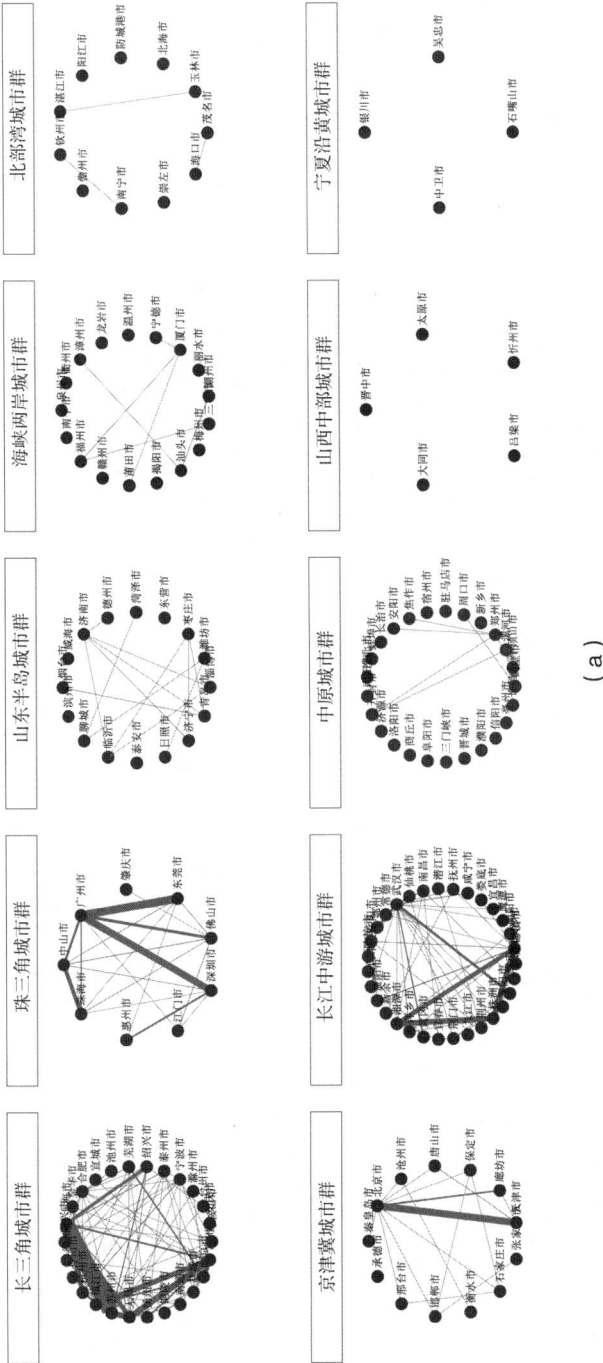

（a）

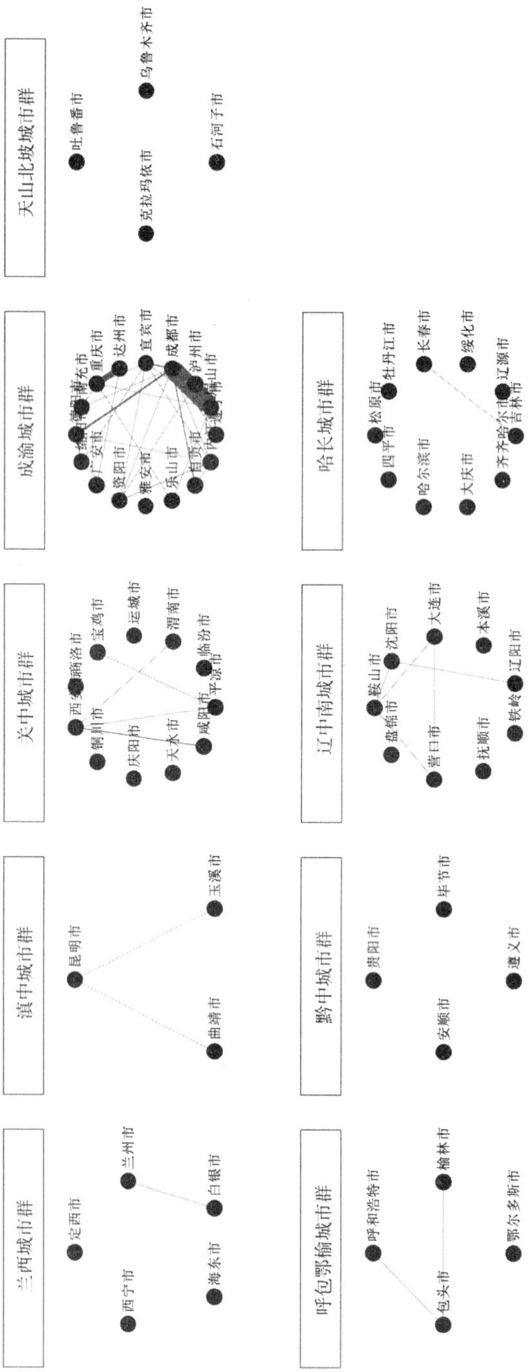

图4-3 城市群引力强度（市辖区数据）

资料来源：作者计算整理。

（b）

二、城市群的发育程度

参照原倩[1]和杨孟禹等[2]的研究，本书利用城市空间隔离程度（IS）与边缘性（IR）之比计算的城市集群程度（iC）作为城市群发育程度的核心测度指标。城市集群程度用某城市的空间隔离程度（IS）与边缘性（IR）之比来测度[3]。该指标充分考虑了城市的空间性和人口规模因素，模型如下：

$$iC_i = \frac{IS}{IR} = \sum_{j=1}^{n} P_j / IR_{ik} \qquad (4-4)$$

其中，城市隔离程度（IS）可以用该城市一定空间范围内的城市数量表示，但是该指标存在忽视周围城市人口规模的弊端，因此通常采用该城市一定空间范围内的城市人口总量表示。P_j 代表第 j 个城市的人口数量，城市的边缘性（IR）则通过该城市与最邻近的大城市的距离来测度。中心城市的选取和空间距离的确定对于集群程度计算结果有重要影响。本书采用上一节计算出的能级核心城市作为中心城市，选择划分的 19 个城市群大小作为划定某中心城市的周边城市的空间范围。

为了能够更好地突出各城市群发育程度的差异，我们采取第七次人口普查数据进行人口和 GDP 的计算。在上述标准下，本书确定了 37 个城市作为城市群的中心城市，如表 4-3 所示，选择划分的 19 个城市群行政范围作为选定临近城市的空间范围。

根据式（4-4）计算得出 19 个城市群平均集中度，并据此判别全国城市群发展程度。表 4-5 是 2020 年中国城市平均集群程度。从结果可以看出，长江三角洲、珠江三角洲、成渝城市群发育非常完善，同时山东半岛城市群、中原城市群、海峡西岸城市群、长江中游城市群都具备较大的集群优势，而

---

① 原倩. 城市群是否能够促进城市发展［J］. 世界经济，2016，39（9）：99—123.

② 杨孟禹，胡冰璇. 城市群发展对城市差距的影响：基于城市集群的视角［J］. 城市与环境研究，2021（04）：76—93.

③ PORTNOV B A，ERELL E，BIVAND R，et al. Investigating the Effect of Clustering of the Urban Field on Sustainable Population Growth of Centrally Located and Peripheral Towns［J］. International Journal of Population Geography，2000，6（2）：133—154；PORTNOV B A，SCHWARTZ M. Urban Clusters as Growth Foci［J. Journal of Regional Science，2009，49（2）：287—310.

北部湾城市群、山西中部城市群、宁夏沿黄城市群、滇中城市群、关中城市群等城市群发育程度较差。其中珠江三角洲城市群的全市集群度和城区集群度最大（111.29，86.0），其次是长江三角洲城市群（96，41.64）和成渝城市群（79.13，31.21）。京津冀城市群（74.11，30.52）虽然作为四大核心城市群之一，但仍然存在区域发展不平衡不充分、城市群能级偏低、协同发展体制机制还不完善等问题，中心城市北京虽然已是超大城市，但对河北其他城市辐射带动力不足，造成中原城市群和长江中游城市群全市集群度略高于京津冀城市群。

表4-5　2020年中国城市平均集群程度

城市群	全市集群度	城区集群度
长江三角洲城市群	96.00	41.64
珠江三角洲城市群	111.29	86.00
山东半岛城市群	70.15	20.67
海峡西岸城市群	63.94	18.14
北部湾城市群	30.19	8.71
京津冀城市群	74.11	30.52
长江中游城市群	76.41	23.44
中原城市群	83.45	16.06
山西中部城市群	23.23	9.48
宁夏沿黄城市群	11.33	4.67
兰西城市群	0.00	0.00
滇中城市群	17.00	7.00
关中城市群	36.50	9.41
成渝城市群	79.13	31.21
天山北坡城市群	3.27	2.72
呼包鄂榆城市群	7.38	3.48
黔中城市群	19.88	5.83
辽中南城市群	26.51	16.04
哈长城市群	19.29	7.17

资料来源：作者计算整理。

三、城市群的发展阶段

根据已有研究，城市群的发展具有阶段性，且可按照不同的标准划分为不同的类型。如按照城市间的联系可以分为孤立中心阶段、城市间弱联系阶段、大都市带的雏形阶段和大都市带的成熟阶段四个阶段。按照工业化的进程可分为前工业化阶段——孤立分散发展阶段、工业化初期阶段——分散的集聚阶段、工业化成熟阶段——集中的分散阶段、最后结果——集聚分散的均衡阶段四个阶段。按照空间组织形式可划分为单中心、多中心和网络化阶段三个阶段等等。

根据研究内容，总结已有理论共性，本研究将城市群发展分为四个阶段，分别是中心城市分散发展阶段、不同中心城市扩散发展组团阶段、城市群形成阶段和城市群发展扩散阶段。在中心城市分散发展阶段，主要以单核心城市带动周边城市的发展为主，城市与城市之间的内部关联较弱，城市间交通和基础设施不完善，一体化程度弱，这时城市群的发展处于初级阶段。在不同中心城市扩散发展组团阶段，城市间的联系日益紧密，核心城市部分产业开始向周边进行扩散，带动周围城市的发展，城市间分工体系开始形成，区域内基础设施进行快速建设，空间上表现为中心城市的不断扩张的过程，城市群一体化程度逐步加强，部分城市圈开始出现。在城市群形成阶段，各中心城市间的基础设施完善，中心城市之间开始一体化进程，城市间形成了明确的产业分工体系，城市群开始连片发展。在城市群发展扩散阶段，城市间基础设施互联互通、产业合理分工协作，城市群一体化程度发展较高，城市群作为整体带动周边地区发展。

（一）19个城市群的发展阶段

城市群的发展是由初级过渡到高级的一个过程，本书已将城市群发展分为中心城市分散发展阶段、不同中心城市扩散发展组团阶段、城市群形成阶段和城市群发展扩散阶段这四个阶段。城市群在不同的发展阶段有着不同特征，如表4-6所示。

表4-6 城市群不同发展阶段特征

发展阶段	空间结构	内部关联	城市分工	城市群
中心城市分散发展阶段	基础设施不完善	较弱	分工体系尚未形成	宁夏沿黄城市群、滇中城市群、天山北坡城市群、呼包鄂榆城市群
不同中心城市扩散发展组团阶段	基础设施快速建设	加强	分工体系开始形成	山西中部城市群、兰西城市群、关中城市群、黔中城市群、哈长城市群
城市群形成阶段	基础设施完善	高	形成明确分工体系	海峡西岸城市群、北部湾城市群、辽中南城市群、成渝城市群、山东半岛城市群、长江中游城市群、中原城市群
城市群发展扩散阶段	基础设施互联互通	较高	产业合理分工协作	长江三角洲城市群、珠江三角洲城市群、京津冀城市群

资料来源：作者根据相关文献整理。

（二）19个城市群发展的主要特征

中心城市分散发展阶段的城市群包括宁夏沿黄城市群、滇中城市群、天山北坡城市群、呼包鄂榆城市群。主要特征是依靠核心城市带动周边城市发展为主，如滇中城市群，基础设施不完善，内部联系较弱，由上文可知其核心城市经济能级指数为1.719，这个阶段的城市群的发展速度较慢。

不同中心城市扩散发展组团阶段的城市群包括山西中部城市群、兰西城市群、关中城市群、黔中城市群、哈长城市群。主要特征是核心城市部分产业向周边扩散带动发展，如山西中部城市群，基础设施加快建设，内部联系加强，其核心城市经济能级指数为2.17，这个阶段的城市群的发展速度得到了一定的提升。

城市群形成阶段的城市群包括海峡西岸城市群、北部湾城市群、山东半岛城市群、长江中游城市群、中原城市群、成渝城市群、辽中南城市群。主要特征是城市群开始连片发展，城市群发育程度变高，如海峡西岸城市群，基础设施完善，内部联系高，其核心城市经济能级指数为2.68，这个阶段的城市群的发展速度是较高的。

城市群发展扩散阶段的城市群包括长江三角洲城市群、珠江三角洲城市群、京津冀城市群。主要特征是城市群作为整体带动周边地区发展，如长江三角洲城市群，基础设施互联互通，内部联系较高，其核心城市经济能级指数为 4.90，这个阶段的城市群的发展速度是很快的。

（三）城市群发展的趋势与阶段跃迁

城市群在发展的过程中，核心城市的地位不断提升，核心城市与外围城市之间逐步一体化发展，最终形成功能和结构不断完善的分工体系。换言之，核心城市的规模优势、核心城市与外围城市之间的协调度是评判城市群发展阶段的重要标准。

由上文可知，中国 19 个主要城市群中有 7 个为单中心的城市群，8 个为双中心的城市群，4 个为多中心的城市群。其中，多中心城市群中为一级核心的城市的能级指数均大于 4，其城市的综合实力和经济水平均处于较高的水平，城市群的发展速度也比较快，虽然双中心城市群为一级核心的城市能级指数有个别大于 4 的，但根据总体的发展趋势，城市群的发展是从单中心趋向多中心的。

中国 19 主要城市群中，核心城市在发展的阶段中引力的变化趋势与隶属度变化趋势基本一致。通过上文对全市以及市辖区平均引力和平均隶属度的数据对比，城市群发展到扩散阶段，其核心城市与城市群其余各城市之间的总体空间联系强度是很大的，一些属于中心城市分散发展阶段的城市群，主要靠核心城市的发展，对周边城市的带动作用不强，其空间联系强度也比较弱。究其原因，一方面，多数城市群中心城市尚处于集聚阶段，对周边中小城市的辐射带动作用不强；另一方面，城市群内的各城市之间由于利益因素互相博弈，协调机制不健全，城市群之间也存在同质化竞争、资源错配等问题。

从城市群的发育程度来看，通过上文的中国城市平均集群程度数据可以发现，处在不同发展阶段的城市群的集群度有着较大的差异，差异的原因和城市群的发展程度息息相关。处于第一发展阶段的兰西城市群其全市集群度和城区集群度都接近于 0，其发育程度较差，与处在城市群发展扩散阶段的珠江三角洲城市群相差甚远，这也再次说明了不同发展阶段的城市群其生产要素的流通也大都不同，城市群的发展也都将趋向最后一个阶段——城市群发展扩散阶段。

总体而言，城市群在发展的过程中所经历的这四个阶段，受地理位置、政策环境等影响，我国城市群处在发展扩散阶段的比较少，多数城市群处在第二和第三阶段。

第二节　中国主要城市群人口分布现状

衡量人口分布的常用指标有很多，例如人口密度、人口比例、人口分布重心、人口广狭度和接近度、洛伦兹曲线、人口分布不均衡指数和集中指数等，它们从不同方面度量人口分布，帮助我们做出更全面的研究。本研究主要使用人口密度、基尼系数、人口分布不均衡指数和集中指数等作为测算指标。人口密度这一概念是由哈奈斯在 1837 年首次提出的，以一单位土地面积上常住人口数量表示，可以从数量上反映出该区域内人口分布的疏密程度，表现人口分布的地区差异。人口密度是表现某一地区一段时间内人口密集程度的最常用的指标，通常用常住人口总量与单位土地面积的比值表示，单位为"人/km²"。人口密度是通过单位面积上常住人口数量的变化来分析人口分布的变化，但计算结果只是一个平均数，无法判断区域范围内部的分布格局是否合理。基于此，有学者提出不均衡指数法[①]，构建人口分布结构指数，其中包括人口分布不均衡指数和人口分布集中指数。通过这一方法，可以探讨研究地区内部人口空间格局的演变过程，从而在整体上掌握研究地区人口分布空间格局实际上的集聚和离散程度。

一、人口密度分布特征

根据《中国城市年鉴 2021》和全国第七次人口普查数据整理了表 4-7，数据显示 2020 年长江三角洲城市群的建成区人口和常住人口均最多，约是建成区人口和常住人口最少的宁夏沿黄城市群的 29 倍和 27 倍。据表 4-7 可得，常住人口超 1 亿的超级城市群有 6 个：东部地区有 3 个，中部地区有 2 个，西部只有 1 个。而常住人口在 5000 万至 1 亿之间的大型城市群全在东部地区，

---

① 王桂新. 中国人口的地域分布及其变动 [J]. 人口研究，1998（6）：41—46.

同时，5 个常住人口在 1000 万至 3000 万之间的小城市群有 4 个都分布在西部地区，2 个常住人口小于 2000 万的超小城市群都分布在西部地区。由上可得，我国人口规模庞大的城市群主要集聚在东部，而人口规模较小的城市群主要分布在西部地区。

总体而言，城市群建成区人口规模分布特征与常住人口规模分布特征大致一样。相对于庞大的常住人口规模，山东半岛城市群、长江中游城市群、中原城市群和成渝城市群等超级城市群的建成区人口明显不足，说明这些城市群的城市化水平相对落后，城市群整体发育程度不足。

表 4-7 2020 年全国 19 个城市群人口规模及密度

地区	城市群名称	建成区			城市群		
		人口数量（万人）	面积（km²）	密度（人/km²）	常住人口数量（万人）	面积（km²）	密度（人/km²）
东部地区	长江三角洲城市群	7189.73	7331	9807.29	16508.56	213981	771.50
	珠江三角洲城市群	6023.28	4522	13319.95	7794.87	54954	1418.44
	京津冀城市群	4544.47	4342	10466.32	11036.93	218755	504.53
	北部湾城市群	1224.44	1250	9795.53	4241.44	113044	375.20
	山东半岛城市群	2991.74	4402	6796.31	10152.75	158429	640.84
	海峡西岸城市群	2337.56	2572	9088.50	8238.81	227800	361.67
中部地区	长江中游城市群	3880.28	4436	8747.25	12652.32	350290	361.20
	中原城市群	2472.90	3182	7771.54	12852.92	226696	566.97
	山西中部城市群	729.27	621	11743.51	1787.72	83911	213.05
西部地区	关中城市群	1509.27	384	11494.79	4368.07	48655	270.14
	成渝城市群	4051.82	4021	10076.64	10270.99	239543	428.77
	滇中城市群	682.58	624	10938.72	1647.54	64890	253.90
	黔中城市群	644.05	727	8858.94	2196.40	74921	293.16
	天山北坡城市群	476.33	680	7004.85	573.73	97243	59.00
	呼包鄂榆城市群	562.66	680	8274.43	1193.39	174757	68.29
	宁夏沿黄城市群	248.86	384	6480.62	606.05	48655	124.56
	兰西城市群	532.86	469	11361.70	1222.21	70847	172.51

地区	城市群名称	建成区			城市群		
		人口数量（万人）	面积（km²）	密度（人/km²）	常住人口数量（万人）	面积（km²）	密度（人/km²）
东北地区	辽中南城市群	1860.06	1906	9759.00	3074.48	82850	371.09
	哈长城市群	1512.04	1897	7970.69	4066.05	279447	145.50

数据来源：根据《中国城市年鉴2021》和全国第七次人口普查数据整理而得。

　　图4-4和图4-5是根据表4-9中19个城市群的常住人口密度值和建成区人口密度值绘制出的人口分布图。由图表可以得出几点结论：首先，从常住人口密度看，各个城市群差别较大，人口最密集的珠江三角洲城市群常住人口密度大约是人口最稀疏的天山北坡城市群的24倍。其次，从建成区人口密度看，城市群的极差相对较小，珠江三角洲城市群建成区人口密度大约是天山北坡城市群的2倍，但在数值上建成区人口密度普遍大于常住人口密度。最后，虽然都是常住人口超1亿的超级城市群，但京津冀城市群、长江中游城市群、中原城市群以及成渝城市群的常住人口密度都远低于长江三角洲城市群和珠江三角洲城市群，这是因为它们的土地面积较大，即使常住人口庞大，城市群内部的人口密度也不高。

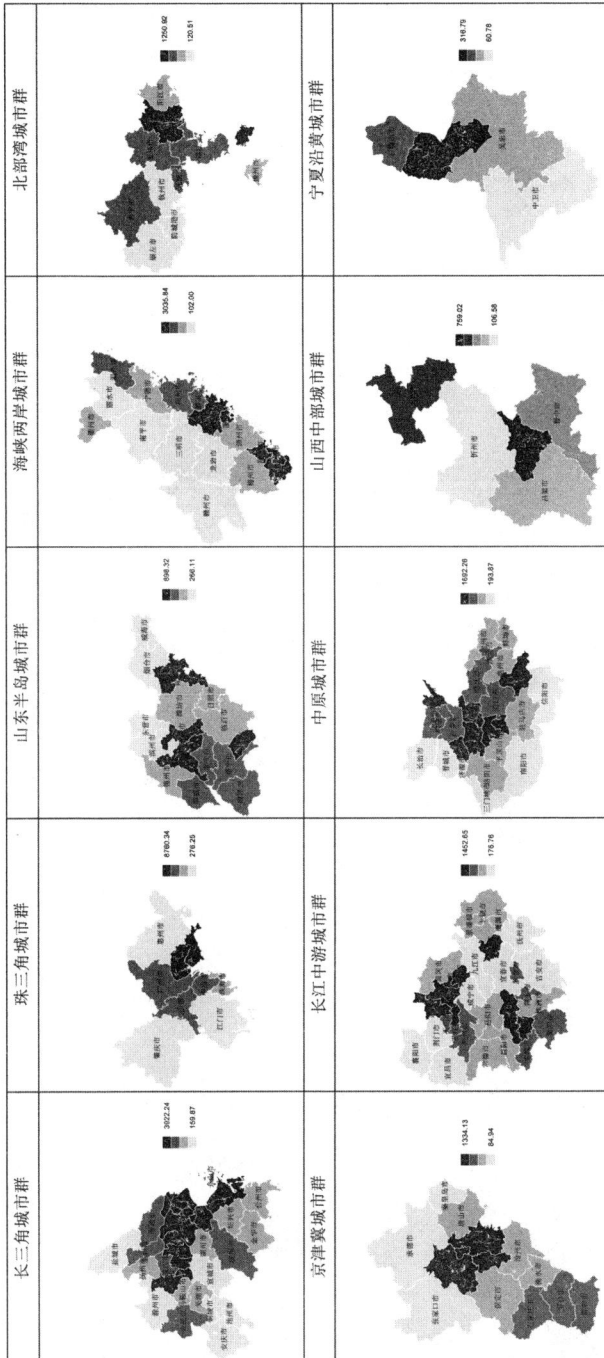

（a）

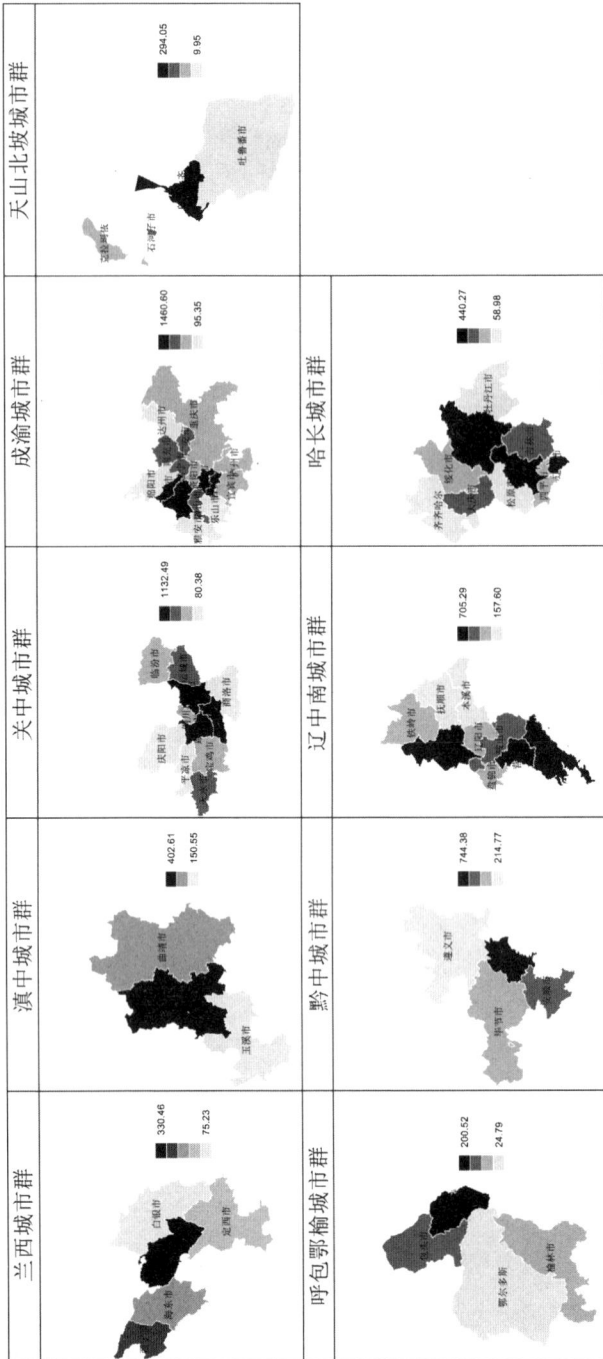

（b）

图4-4　19个城市群常住人口密度分布图

资料来源：作者计算整理。

注：本书所有地图基于国家自然资源部标准源系统的标准地图（审图号:GS(2020)4619号）绘制，底图无修改。

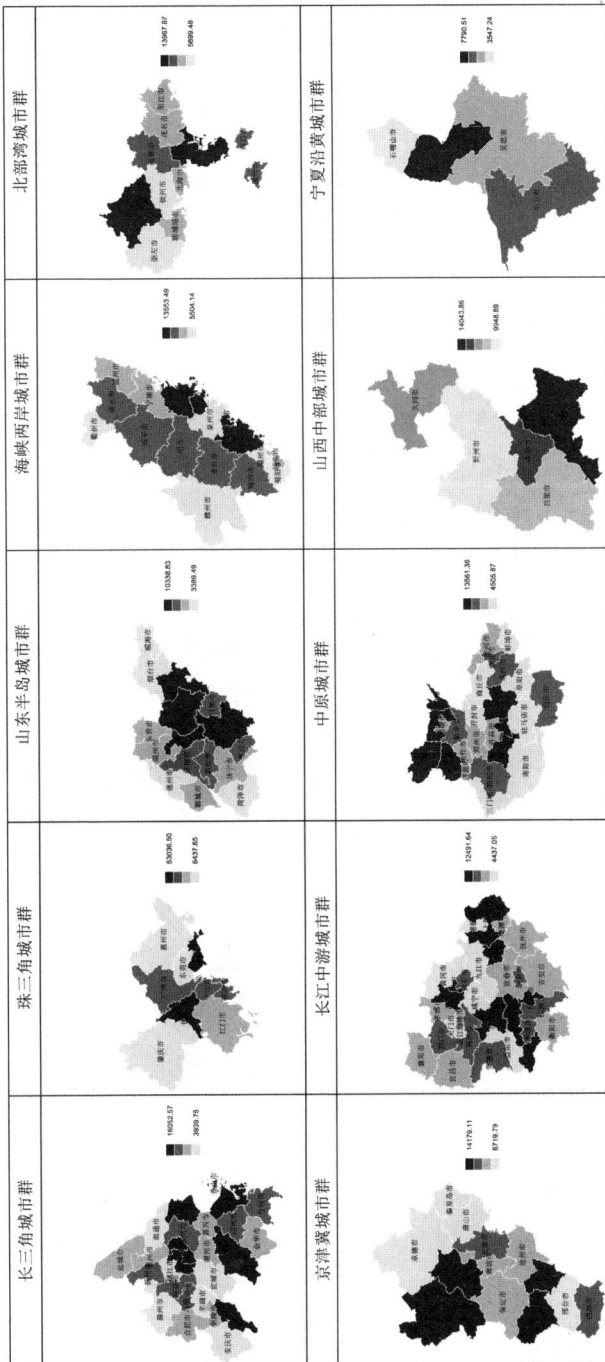

（a）

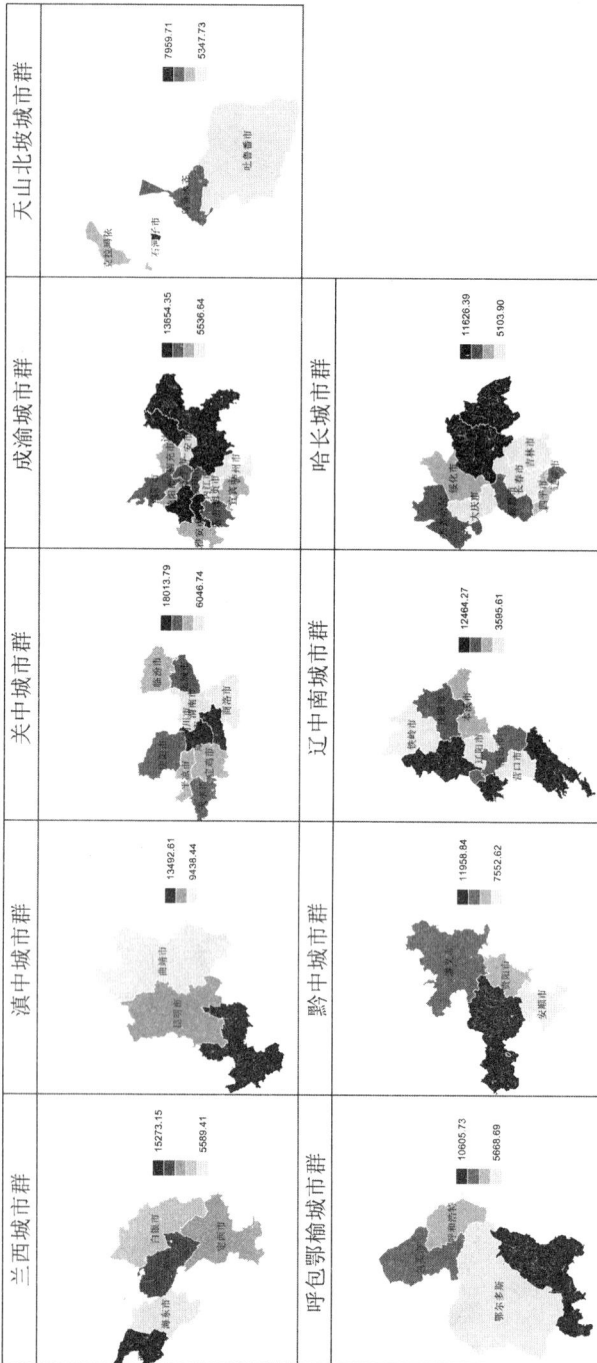

图4-5 全国19个城市群建成区人口密度分布图

资料来源：作者计算整理。

(b)

通过等间隔法实现人口密度的级别分割，将人口密度直观地分为 6 级：低密度区（人口密度 ≤100 人/km²）、较低密度区（人口密度 100~200 人/km²）、中密度区（人口密度 200~500 人/km²）、较高密度区（人口密度 500~1000 人/km²）、高密度区（人口密度 ≥1000 人/km²）[①]，然后统计出 2020 年全国主要城市群不同人口密度区间的数量及占比和城市群中不同人口密度区间的城市数量及占比，如图 4-6 所示。

通过人口密度级别分割，我们可以直接观察到人口分布的情况，有利于研究人口分布的空间特征和演化规律。分析图 4-6 可得，总体而言，19 个城市群中有 9 个城市群常住人口密度在 200~500 人/km² 的中密度区间，占城市群总体的 47%，城市群中 233 个城市的常住人口密度也以中密度和较高密度为主，分别占城市总量的 35% 和 34%；而在高密度和低密度区间的城市群和城市数量较少，占比较低，人口密度区间整体呈橄榄球状分布。

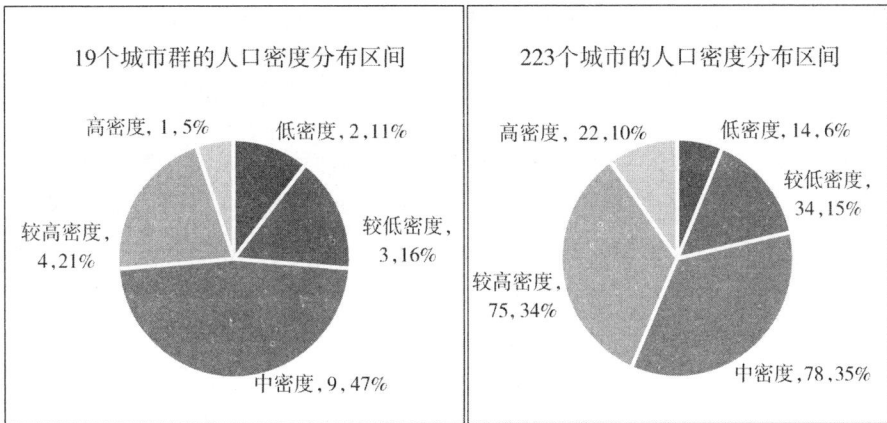

图 4-6　人口密度分布区间
数据来源：作者计算整理。

---

① 罗庆，王冰冰，樊新生，等 . 山区县人口分布的时空特征及主要影响因素分析——以河南省嵩县为例 [J]. 地理科学进展，2020，39（07）：1073—1084.

二、人口分布结构特征

参照杨强等[①]、刘乃全等[②]的研究，本书利用人口分布结构指数、基尼系数、人口地理集中度指数和人口偏移增长指数来分析 19 个城市群的人口分布结构特征。

（一）人口分布结构特征测度方法

1. 人口分布结构指数

人口分布结构指数包括人口分布不均衡指数（U）和人口分布集中指数（C），二者的计算公式分别为：

$$U = \left(\sum_{i=1}^{n} \frac{\sqrt{2}}{2} (x_i - y_i)^2 / n \right)^{1/2} , \quad C = \frac{1}{2} \sum_{i=1}^{n} |x_i - y_i| \qquad (4-5)$$

式中：U 为不均衡指数；C 为集中指数；n 为研究区个数；xi 为 i 区人口与研究区总人口的比值；yi 为 i 区面积与研究区土地总面积的比值。U 和 C 的值越小，表示人口分布越平衡；反之，表示人口分布越集中。

2. 基尼系数

借鉴洛伦兹曲线的方法，利用城市群人口与面积累积建立城市群人口分布洛伦兹曲线，通过计算其所对应的基尼系数来定量地评价中国人口空间分布的不均性。基尼系数取值范围为 ［0，1］，其值的大小定量反映了城市群人口分布的均匀程度，其计算公式为：

$$G = 1 - \frac{1}{n} \left(2 \sum_{i=1}^{n-1} W_i + 1 \right) \qquad (4-6)$$

3. 人口地理集中度

地理集中度综合考虑了区域的人口/经济总量与区域面积等因素，是衡量区域人口/经济空间分布的重要指标之一。其计算公式如下：

---

① 杨强，李丽，王运动，等.1935—2010 年中国人口分布空间格局及其演变特征［J］.地理研究，2016，35（8）：1547—1560.

② 刘乃全，吴伟平，刘莎.长江三角洲城市群人口空间分布的时空演变及影响因素研究［J］.城市观察，2017（5）：5—18.

$$R_{pop_i} = \frac{\dfrac{pop_i}{pop}}{\dfrac{ter_i}{ter}} \tag{4-7}$$

式中：R_{pop_i} 表示研究地区的人口地理集中度；pop_i 和 ter_i 分别表示研究地区的常住人口和国土面积；pop 和 ter 分别表示城市群常住人口和国土面积总量。

4. 人口分布偏移增长指数

研究区域人口偏移增长经常用偏移—份额法进行分析。此方法将某一时期某地区的人口增长分解为"份额"增长和"偏移"增长两部分。份额增长即指某一地区以整个区域的人口增长率作为其增长率时的人口增加量，偏移增长即指该地区整体人口增长量与份额增长量的差值。若某地区偏移增长量为正，说明该地区人口增长速度较其他地区快，人口向该地集聚；如果某地区偏移增长量为负，说明该地区人口增长较其他地区慢，人口呈扩散现象。计算公式为：

$$Shift_i = Absgr_i - Share_i = Pop_i(t_1) - \left[\frac{\sum Pop_i(t_1)}{\sum Pop_i(t_0)} \right] \times Pop_i(t_0) ,$$

$$InterShift_i = \sum Shift_i \tag{4-8}$$

其中，$Shift_i$ 为 i 地区在时间段（t_0，t_1）内的偏移增长量，$Absgr_i$ 为 i 地区在时间段（t_0，t_1）内的绝对增长量，$Share_i$ 为 i 地区在时间段（t_0，t_1）内的份额增长量，$Intershift_i$ 为子区域的人口偏移增长量。

（二）人口分布结构特征分析

结合表4-8可知，我国19个主要城市群全市人口和市辖区人口不均衡指数和集中指数分布情况大体一致，其中市辖区人口不均衡指数和集中指数较全市人口较低，表明城市化的进程有助于缓解我国城市之间人口分布不均衡的现状。相对于发展较为成熟的长江三角洲城市群、珠江三角洲城市群，天山北坡城市群、滇中城市群、宁夏沿黄城市群按照全市人口计算的不均衡指数超出按照市辖区人口计算的不均衡指数较多，这些地区城市化进程尚处于快速发展阶段，城市群建设处于初步阶段。

参考曾永明①的研究，人口密度的基尼系数为 0.40 时是人口空间分布均匀的警戒线。从表 4-9 可以看出，中国大多数城市群基尼系数在 0.2-0.4，说明大多数城市群内部人口分布都比较均匀，其中，山西中部城市群、呼包鄂榆城市群、黔中城市群的人口密度基尼系数在 0.2 以下，说明这些城市群尚处于中心城市初步集聚阶段，人口空间分布较为均匀，而成渝城市群、天山北坡城市群的人口密度基尼系数均在 0.5 以上，可见这两个城市群空间分布处于极不均匀的状态。同时，中国主要城市群全市区基尼系数的大小和中国主要城市群城区基尼系数大小差异可定量地显示城市群人口空间分布的集聚和分散，主要城市群全市的基尼系数普遍大于城区，可见城市群内普遍存在人口空间分布聚集现象，但城镇化的发展有助于减少人口分布的不均衡。

表 4-8　中国 19 个城市群人口分布结构指数

城市群	全市人口		市辖区人口	
	人口分布不均衡指数	人口分布集中指数	人口分布不均衡指数	人口分布集中指数
长江三角洲城市群	0.0262	0.2479	0.0197	0.1478
珠江三角洲城市群	0.1027	0.4589	0.0510	0.2033
山东半岛城市群	0.0131	0.1025	0.0135	0.1056
海峡西岸城市群	0.0409	0.3680	0.0136	0.0928
北部湾城市群	0.0358	0.1801	0.0314	0.1299
京津冀城市群	0.0582	0.2905	0.0160	0.0793
长江中游城市群	0.0172	0.2006	0.0100	0.0988
中原城市群	0.0184	0.1977	0.0090	0.1122
山西中部城市群	0.1010	0.2196	0.0091	0.0255
宁夏沿黄城市群	0.1515	0.3011	0.0672	0.1214
兰西城市群	0.0993	0.2650	0.0437	0.1189
滇中城市群	0.1128	0.1897	0.0136	0.0226
关中城市群	0.0681	0.3152	0.0250	0.1136
成渝城市群	0.0344	0.1800	0.0197	0.1025

① 曾永明，张利国. 中国人口空间分布格局演变与非均衡性测度——基于分县尺度人口普查数据：1990—2010 [J]. 南方人口，2017，32（05）：68—80.

城市群	全市人口		市辖区人口	
	人口分布不均衡指数	人口分布集中指数	人口分布不均衡指数	人口分布集中指数
天山北坡城市群	0.3454	0.5959	0.0120	0.0271
呼包鄂榆城市群	0.1599	0.3167	0.0288	0.0578
黔中城市群	0.0856	0.1652	0.0159	0.0364
辽中南城市群	0.0567	0.2265	0.0311	0.1295
哈长城市群	0.0509	0.2117	0.0374	0.1315

资料来源：作者计算所得。

表4-9 中国19个城市群人口密度基尼系数

	城市群	全市人口	城区人口
高度平均	呼包鄂榆城市群	0.108	0.062
	山西中部城市群	0.124	0.095
	黔中城市群	0.158	0.117
比较平均	兰西城市群	0.230	0.195
	山东半岛城市群	0.247	0.165
	滇中城市群	0.251	0.251
	宁夏沿黄城市群	0.274	0.248
	海峡西岸城市群	0.280	0.210
相对合理	中原城市群	0.306	0.165
	京津冀城市群	0.313	0.271
	长江中游城市群	0.333	0.254
	珠江三角洲城市群	0.347	0.327
	关中城市群	0.350	0.296
	北部湾城市群	0.359	0.280
	哈长城市群	0.360	0.306
	长江三角洲城市群	0.368	0.339
	辽中南城市群	0.384	0.352

续表

	城市群	全市人口	城区人口
极不均衡	天山北坡城市群	0.474	0.440
	成渝城市群	0.476	0.463

资料来源：作者计算所得。

地理集中度表征了单位国土面积上集聚的人口，根据公式（4-7）计算了 19 个城市群的人口地理集中度指数，如表 4-10 所示。从人口集聚格局看，长江中游城市群、海峡西岸城市群、中原城市群、长江三角洲城市群、成渝城市群、珠江三角洲城市群的全市人口地理集中度较高，长江中游城市群、中原城市群、长江三角洲城市群、海峡西岸城市群、山东半岛城市群、成渝城市群的城区人口地理集中度指数较高。我们进一步比较了城市群内部的中心城市和非中心城市的差异，发现北京、上海、天津等中心城市人口集中度总体高于边缘城市。

表 4-10　2020 年中国城市群人口地理集中度

城市群	全市人口	城区人口
长江三角洲城市群	29.405	21.184
珠江三角洲城市群	16.373	11.090
山东半岛城市群	16.060	15.247
海峡西岸城市群	34.034	16.974
北部湾城市群	12.804	9.409
京津冀城市群	15.966	12.014
长江中游城市群	36.718	28.257
中原城市群	28.545	26.235
山西中部城市群	6.819	4.883
宁夏沿黄城市群	4.830	3.966
兰西城市群	5.740	4.146
滇中城市群	2.964	3.107
关中城市群	12.842	9.228
成渝城市群	17.482	12.840

续表

城市群	全市人口	城区人口
天山北坡城市群	7.634	3.750
呼包鄂榆城市群	5.965	4.041
黔中城市群	5.058	4.222
辽中南城市群	8.667	7.428
哈长城市群	10.858	9.980

资料来源：作者计算所得。

表 4-11 给出了 19 个城市群的中心城市人口份额增长量和偏移增长量。从城市群整体上看，人口份额增长量呈现上升趋势，说明随着经济的发展，人口流动量有所增加。各城市群中心城市的偏移增长量非常显著，说明中心城市对人口的吸引力在逐步增强。同时，大部分城市主导特征显著，中心城市人口集聚能力显著高于非中心城市。随着核心区要素成本上升、城市资源环境承载力制约显现，以及边缘区部分城市经济的快速增长、设施的完善等，带来人口偏移增长格局的变化。但随着户籍制度改革的持续推进、新型城镇化的深化及国家"双创"战略的实施等，中心城市对人口的吸引力会持续提升。同时，近年来不少超大城市提出城市人口疏解的系列政策，受此影响上海市的人口偏移增长量为负。

表 4-11 2020 年中国城市群核心城市人口份额增长量和偏移增长量

城市群	城市	份额增长 （万人）	偏移增长 （万人）
长江三角洲城市群	上海市	2648	-161
珠江三角洲城市群	广州市	1764	104
	深圳市	1439	311
山东半岛城市群	青岛市	936	71
	济南市	732	188
海峡西岸城市群	漳州市	516	-11
	泉州市	872	6
	福州市	763	66
	厦门市	379	138

续表

城市群	城市	份额增长（万人）	偏移增长（万人）
北部湾城市群	南宁市	746	128
京津冀城市群	天津市	1368	19
	北京市	2073	116
长江中游城市群	南昌市	512	114
	武汉市	993	252
	长沙市	715	290
中原城市群	郑州市	904	357
山西中部城市群	太原市	428	103
宁夏沿黄城市群	银川市	238	48
兰西城市群	西宁市	232	15
	兰州市	380	56
滇中城市群	昆明市	726	120
关中城市群	西安市	866	353
成渝城市群	重庆市	3094	111
	成都市	1507	587
天山北坡城市群	乌鲁木齐市	396	9
呼包鄂榆城市群	包头市	293	−22
	榆林市	370	−8
	鄂尔多斯市	214	1
	呼和浩特市	316	28
黔中城市群	贵阳市	492	106
辽中南城市群	大连市	670	75
	沈阳市	812	95
哈长城市群	哈尔滨市	927	74
	长春市	669	238

资料来源：作者计算所得。

第三节　中国城市群发展与人口分布的经验关系

一、单中心城市群发展与人口分布的经验关系

（一）能级、引力、隶属度同人口密度之间的关系

上文分析得出，19 个城市群中有 7 个单中心城市群，分别是北部湾城市群、山西中部城市群、宁夏沿黄城市群、兰西城市群、滇中城市群、关中城市群、天山北坡城市群。本部分利用 7 个城市群的 7 个中心城市的常住人口密度以及建成区人口密度对它们的城市能级、平均引力和平均隶属度分别进行相关性分析，相关系数结果见表 4-12。

表 4-12　中国 19 个城市群能级、引力及隶属度与人口密度的相关系数

指标	人口密度	
	全市	市辖区
能级	0.193	0.398
引力	0.523	0.595
隶属度	-0.687*	-0.093

资料来源：作者计算所得。

注：*表示在 10% 的水平上显著。

通过表 4-12 的相关系数结果我们可以知道，单中心城市群全市能级、引力、隶属度与人口密度的关系不显著，全市的人口密度与隶属度呈现出来的是负相关，并且在 10% 的水平下显著，究其原因，是因为这些单中心城市群所处的发展阶段为第一、第二发展阶段，基础设施建设不够完善，城市群的发展速度也比较缓慢，中心城市的能级提升与人口集聚没有同步。为使能级、引力及隶属度和人口密度的关系有一个更加清晰直观的展现，下面使用柱形图和折线图对常住人口及建成区人口之间的关系进行展示。建成区及常住人口密度与能级、引力及隶属度的关系如图 4-7 和图 4-8 所示。

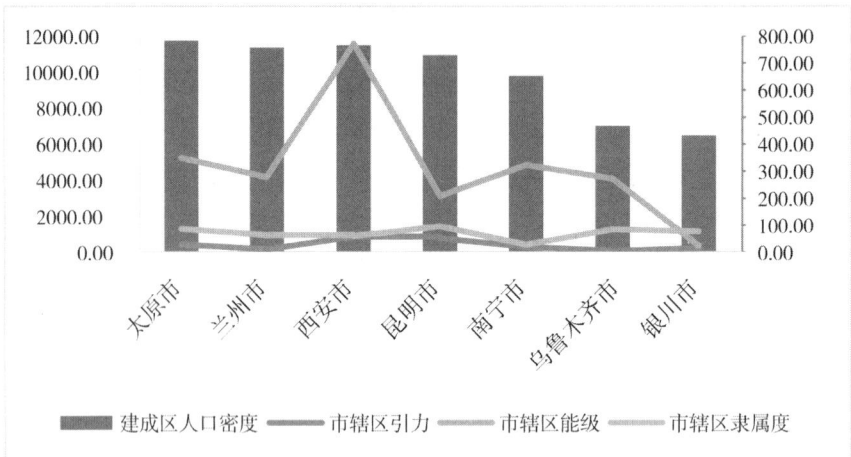

图4-7　能级、引力、隶属度与建成区人口密度的分布
资料来源：作者计算所得。

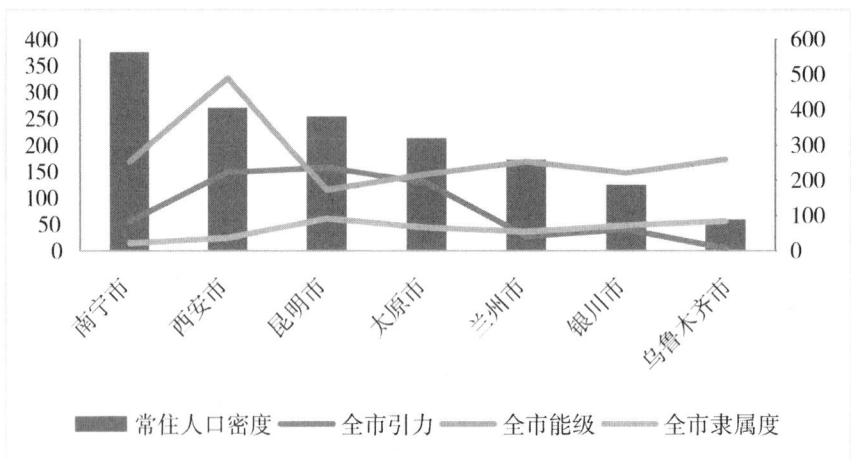

图4-8　能级、引力、隶属度与常住人口密度的分布
资料来源：作者计算所得。

由上图可发现能级与人口密度之间的变动趋同性并不明显，城市群内部城市间的联系并不紧密。单中心城市群尚处于发展的阶段，各个城市之间联系较弱，中心城市的人口集聚效应正在逐步体现，对周边城市的辐射带动效应还有待进一步提升。

（二）城市群发育程度同人口分布结构特征

我们进一步做出城市群集群程度和人口分布不均衡指数、人口集中指数和基尼系数的分布趋势图，如图4-9和图4-10所示。由图可以发现单中心城市群城市集群度和人口分布结构特征基本呈反向变化趋势，即当城市集群程度较高时，人口分布不均衡指数、人口分布集中指数和人口分布基尼系数会相对较低。对于单中心城市群而言，中心城市的发展能有效带动周边区域发展，提升全部城市的集群程度，并最终使人口分布更加均匀。

为了更清晰地描述城市群发育程度与人口结构的关系，我们对单中心城市群集群度与人口结构进行相关分析，结果如表4-13所示。单中心城市群全市层面集群度与不均衡指数和人口集中指数的相关系数均大于0.5，说明城市群发育程度与人口分布有较高的负相关性。集群程度越高的城市群，中心城市对周边城市的辐射带动作用也越强，人口分布会相应越均衡。

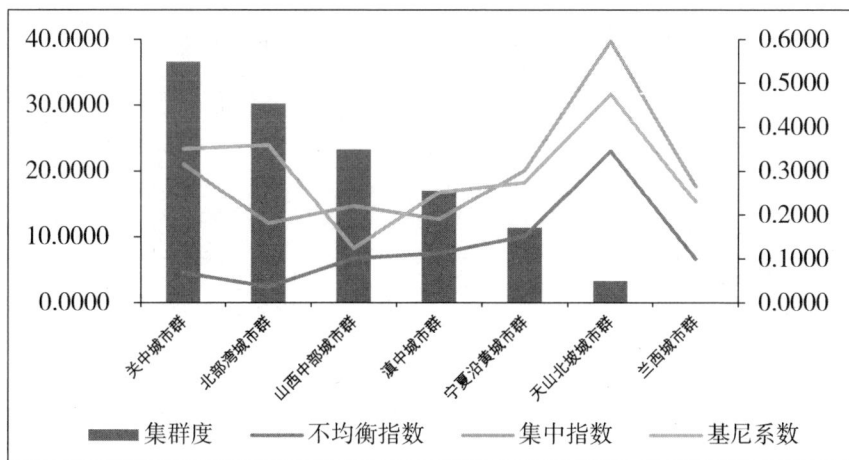

图4-9　全市层面城市群发育程度与人口结构趋势图
资料来源：作者计算所得。

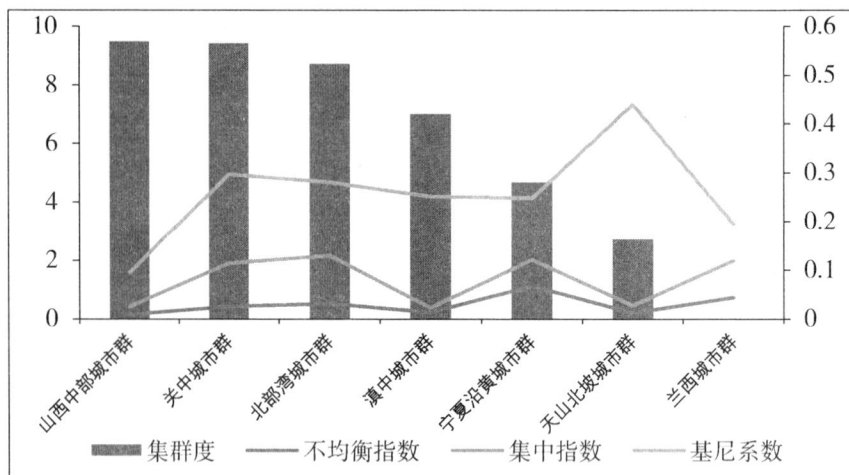

图4-10　市辖区层面城市群发育程度与人口结构趋势图
资料来源：作者计算所得。

表4-13　城市群发育程度与人口结构的相关系数

指标	城市群集群度	
	全市	市辖区
不均衡指数	−0.864**	−0.235
人口集中指数	−0.616**	0.218
基尼系数	−0.233	−0.670**
人口指数	0.012	−0.026
份额增长	0.045	0.019
偏移增长	0.044	0.013

资料来源：作者计算所得。
注：＊＊表示在5%的水平上显著。

二、双中心城市群发展与人口分布的经验关系

（一）城市能级、引力、隶属度同人口密度之间的关系

上文分析得出，19个城市群中有8个双中心城市群，分别是珠江三角洲城市群、山东半岛城市群、京津冀城市群、中原城市群、成渝城市群、黔中城市群、辽中南城市群和哈长城市群。本部分利用8个城市群的16个中心城市的常住人口密度、建成区人口密度与它们的城市能级、平均引力和平均隶

属度分别绘制趋势图（图4-11、图4-12），并分别计算了建成区人口密度、常住人口密度与城市能级、平均引力和平均隶属度的相关系数，进行相关性分析。

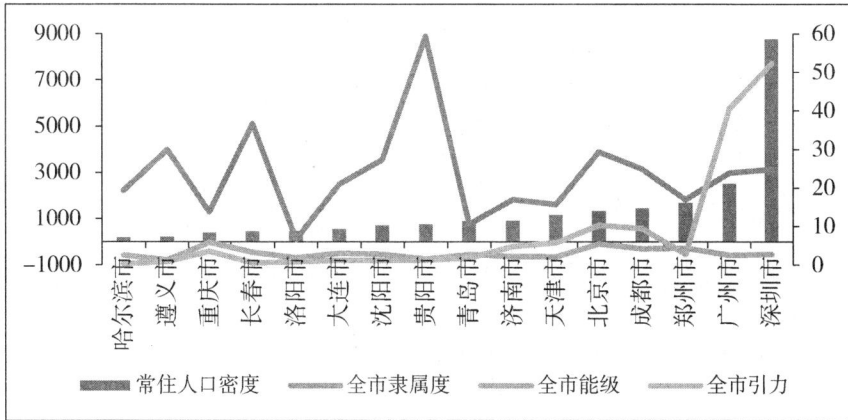

图4-11　双中心城市群中心城市常住人口密度与能级、引力、隶属度趋势图

通过分析趋势图可以发现：双中心城市群的两个中心城市的常住人口密度和建成区人口密度与城市能级、引力和隶属度是相关的。由图4-11、图4-12可得，珠江三角洲城市群的深圳市常住人口和建成区人口最密集，引力最高，但隶属度相对于其他中心城市较低，深圳市作为我国的经济特区，社会经济发展迅速，具有较强的人口集聚能力。另外，遵义、洛阳等中心城市由于能级、引力和隶属度的较低，与周边城市的引力层级关系出现断层，对人口的吸引不足，常住人口和建成区人口也较少。

建成区人口密度、常住人口密度与城市能级、平均引力和平均隶属度的相关系数计算结果见表4-14和表4-15。由表4-14和表4-15可知，双中心城市群中心城市的城市引力与建成区人口密度和全市人口密度均呈显著的正相关关系，相关系数分别为0.667和0.888。双中心城市群中心城市的能级、隶属度和与人口密度的关系则不显著。中心城市的引力增强是城市各功能增强和完善的表现，反映城市集聚—扩散能力的强化，城市空间拓展能力优化，所属城市群资源倾向两个中心城市，对周边城市产生虹吸效应，从而吸引常住人口和建成区人口的集聚，最后使常住人口密度和建成区人口密度的提升。

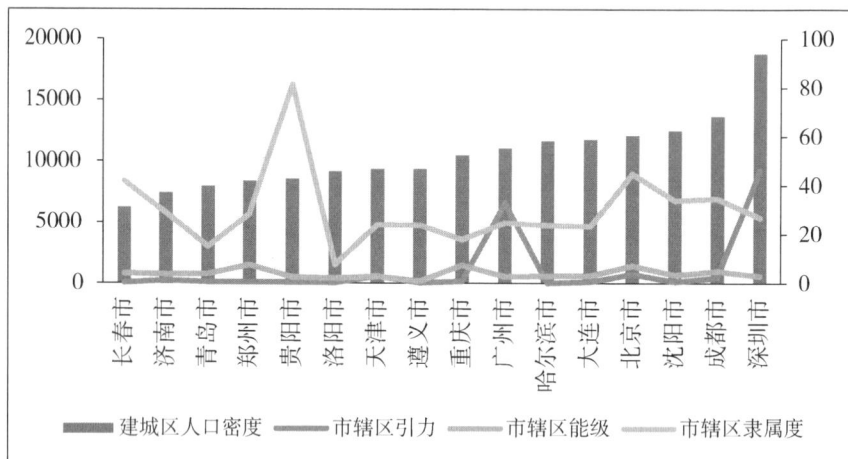

图4-12 双中心城市群中心城市建成区人口密度与能级、引力及隶属度趋势图
资料来源：作者计算所得。

表4-14 建成区人口密度与能级、引力及隶属度相关系数表

指标	人口密度	能级	引力	隶属度
人口密度	1	—	—	—
能级	−0.002	1	—	—
引力	0.667***	−0.168	1	—
隶属度	−0.076	0.047	−0.083	1

表4-15 常住人口密度与能级、引力及隶属度相关系数表

指标	人口密度	能级	引力	隶属度
人口密度	1	—	—	—
能级	0.013	1	—	—
引力	0.888***	0.003	1	—
隶属度	0.017	−0.193	0.016	1

资料来源：作者计算所得。

注：＊＊＊表示1%的水平上显著。

（二）城市群发育程度同人口结构分布特征之间的关系

双中心城市群发育程度同人口分布结构指数的变动趋势如图4-13和图

4-14所示。由图4-13可以看出人口集中指数和不均衡指数较高的城市群基本上在城市群集群度上较高，城市发育程度较好的城市群的人口较为聚集、人口差异分布较大，其中心城市对人口吸引力更强。结合图4-14，可以发现基尼系数高的城市群在城区集群度上较高，说明由于城市群发展导致了人口集聚的中心城市，人口空间分布极不平衡。兰西城市群的城市群集群度较小、基尼系数也较小，人口分布分散。珠江三角洲城市集群度处于双核城市群中最高值，其城市群发育程度高也导致了人口基尼系数达到0.45，集中指数和不均衡指数也处于高位，说明珠江三角洲随着城市发展，导致了城市群人口集中，人口分布差异化显著。

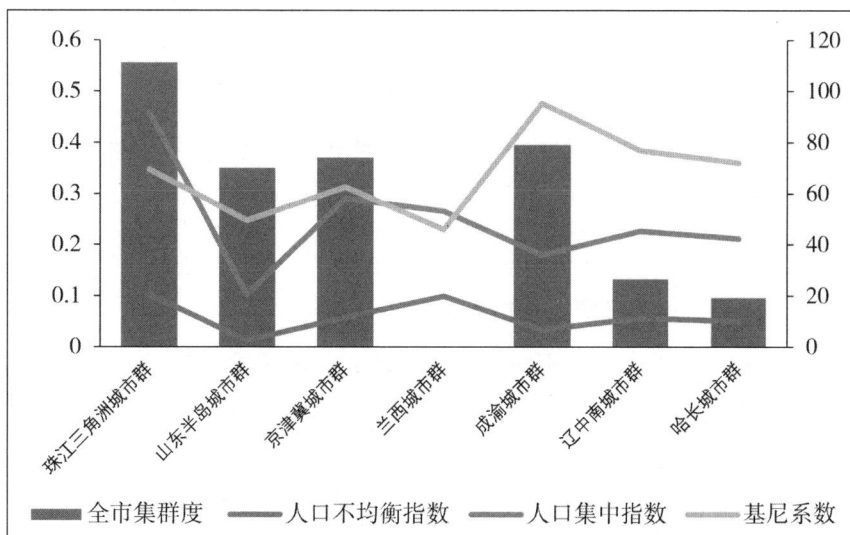

图4-13　2021年双中心城市群发育程度与人口分布结构趋势图

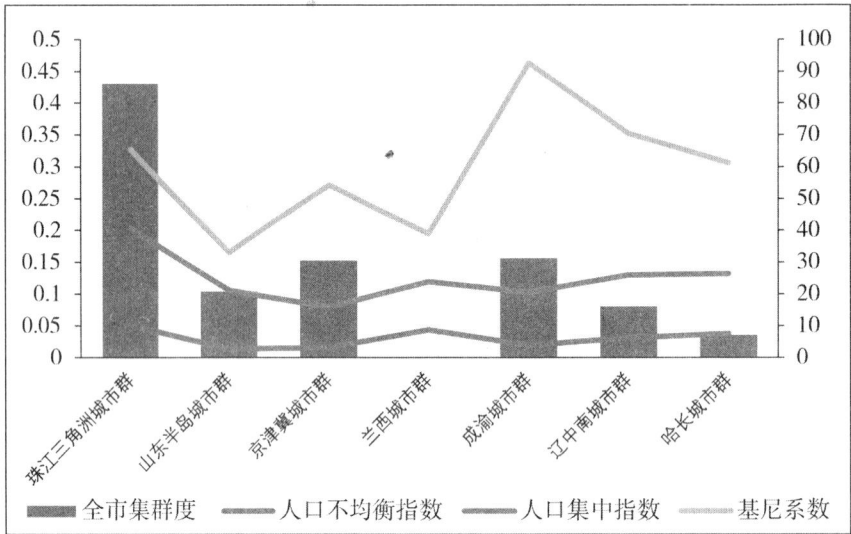

图 4-14　2021 年双中心城市群城区发育程度与人口分布结构趋势图
资料来源：作者计算所得。

三、多中心城市群发展与人口分布的经验关系

（一）能级、引力、隶属度同人口密度之间的关系

上文分析得出，19 个城市群中有 4 个多中心城市群，分别是长江三角洲城市群、海峡西岸城市群、长江中游城市群以及呼包鄂榆城市群。首先，根据 4 个多中心城市群的 14 个核心城市的人口密度和它们的城市能级、平均引力和平均隶属度分别做了相关趋势图，结果如图 4-15、图 4-16 所示。其中，在人口密度和城市能级的趋势图中，长江三角洲城市群的人口密度会随着城市能级的下降而下降，说明长江三角洲城市群的城市发展水平越高，其城市人口密度越大；在人口密度和引力强度以及隶属度的趋势图中，不论是在全市范围还是市辖区范围，多中心城市群的核心城市之间，人口密度与引力强度的趋势表现出较强的非均衡性。

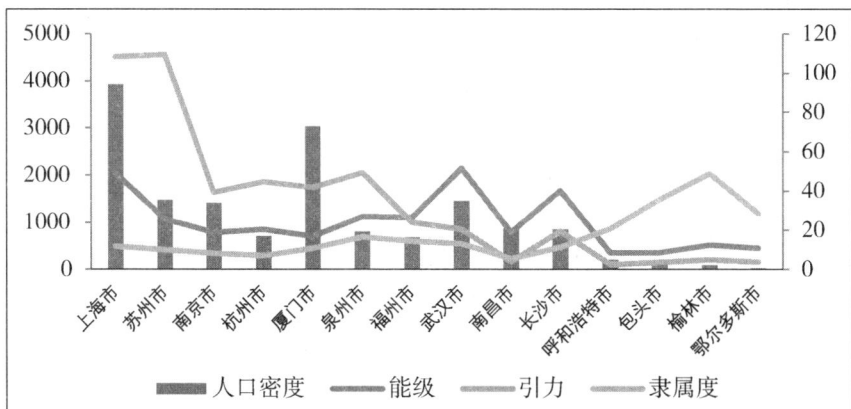

图4-15 多中心城市群核心城市全市人口密度与能级、引力、隶属度趋势图

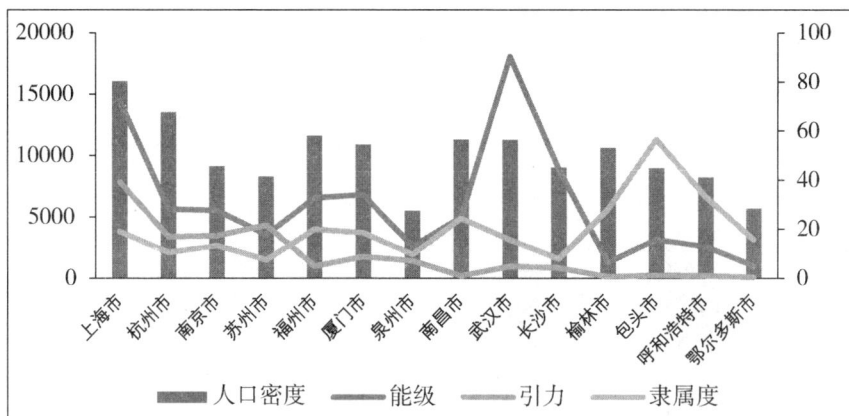

**图4-16 多中心城市群核心城市市辖区人口
密度与能级、引力、隶属度趋势图**
资料来源：作者计算所得。

表4-16为城市能级、引力和隶属度与人口密度的相关性。由表4-16，能级和引力与人口密度显著正相关，而隶属度和人口密度负相关。在多中心城市群中，除呼包鄂榆城市群外，已基本形成较为完整的城市体系，人口密度的梯度分布格局明显，城市能级、引力与人口密度之间的同向发展特征明显。由于多中心城市群已处于中心城市向外辐射阶段，城市之间的隶属度有所下降，但由于近十年来是人口向大城市集聚的阶段，中心城市的人口密度逐步增加，因此城市隶属度和城市人口密度之间呈现负相关关系。

表 4-16 全市和市辖区能级、引力、隶属度与人口密度的相关系数

指标	人口密度	
	全市	市辖区
能级	0.570**	0.612**
引力	0.714***	0.560**
隶属度	−0.501*	−0.0270

资料来源：作者计算所得。

注：*、**、***表示在1%、5%、10%的水平上显著。

（二）城市群发育程度同人口结构分布特征的经验关系

本节利用4个城市群的城市群集群程度与它们的人口分布不均衡指数、集中指数和基尼系数分别绘制趋势图，如图 4-17 和图 4-18 所示。并分别计算城市群集群程度与人口分布不均衡指数、集中指数、基尼系数、人口指数、份额增长量和偏移增长量的相关系数，进行相关性分析。

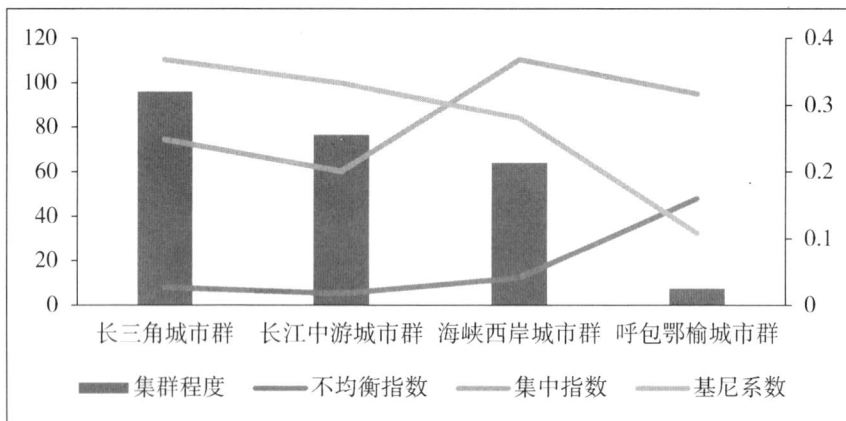

图 4-17 全市层面城市群发育程度与人口结构趋势图

资料来源：作者计算所得。

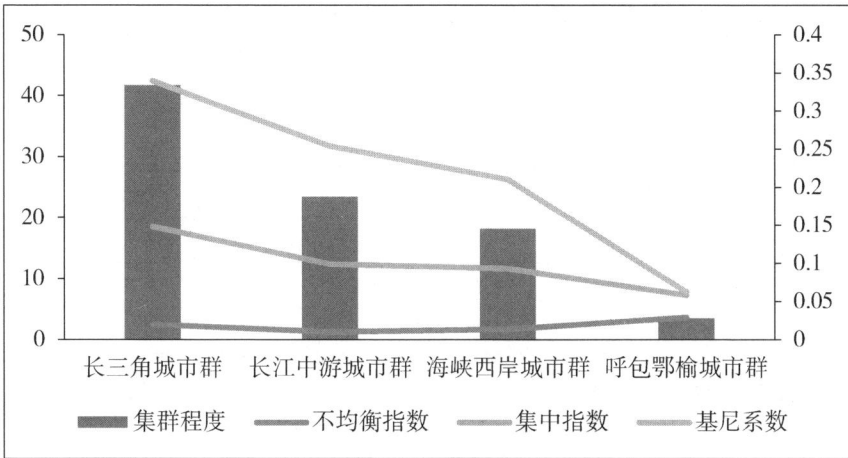

图 4-18　市辖区层面城市群发育程度与人口结构趋势图
资料来源：作者计算所得。

首先，城市群发育程度越高，城市隔离程度越大、城市的边缘性越小，城市集群度越大。从城市群发育程度与人口结构的两个趋势图可以看出，在多中心城市群中，城市群集群度越高的城市群，其人口分布不均衡指数往往越低，即表明发展水平越高的城市群，其人口与经济分布不均衡差异越小。并且长江三角洲城市群和长江中游城市群虽然处于较高的城市群战略的地位，但其人口集中指数却不高，可能是由于城市群空间属于规划的地理范围，因为城市群内部城市发展水平差距较大，中心城市实际所能影响的有效范围可能有限，人口分布较为分散。最后，不论是从全市范围，还是从市辖区范围来看，人口分布的基尼系数随着城市群发育程度的降低而降低，长江三角洲城市群和长江中游城市群的人口空间分布相对合理，海峡西岸城市群的人口空间分布比较平均，而呼包鄂榆城市群的人口空间分布高度平均。

以上通过城市群发育程度与人口结构趋势图描述了两者关系，接下来对城市群集群度与人口分布结构进行相关性分析。如表 4-17 所示，多中心城市群集群度与基尼指数和份额增长的相关系数均显著，但与基尼系数的关系更加紧密，进一步说明城市群发育程度越高，中心城市对人口分布的影响越大。但是，人口指数、人口偏移增长指数与全市集群度的相关性不显著。

表 4-17　城市群发育程度与人口结构相关系数

	城市群集群程度	
	全市	市辖区
不均衡指数	−0.954**	−0.417
人口集中指数	−0.481	0.996***
基尼系数	0.996***	0.975**
人口指数	0.862	0.705
份额增长	0.199*	0.271**
偏移增长	−0.024	−0.002

数据来源：作者计算所得。

注：＊＊＊表示 p<0.01，＊＊表示 p<0.05，＊表示 p<0.1。

第五章

单中心城市群发展对人口分布的
影响机制与政策选择

城市群是我国城镇化空间布局的重要组成单元，势必对人口分布产生重要影响。党的二十大指出要"以城市群、都市圈为依托构建大中小城市协调发展格局，推进以县城为重要载体的城镇化建设"。目前关于城市群发展的影响的相关研究主要关注城市群对经济增长、生产率提升、收入分配等方面的影响①，城市群的人口空间分布问题②，城市群规划对要素流动③、经济差

① HENDERSON J V. Urbanization in a Developing Country：City Size and Population Composition ［J］. Journal of Development Economics, 1986, 22 (2)：269—293；GLAESER E L. RESSEGER M G. The Complementarity between Cities and Skills ［J］. Journal of Regional Science, 2010, 50 (1)：221—244；ARIMOTO Y, NAKAJIMA K, OKAZAKI T. Sources of Productivity Improvement in Industrial Clusters：The Case of the Prewar Japanese Silk-Reeling Industry ［J］. Regional Science and Urban Economics, 2014, 46 (1)：27—41；陈钊，熊瑞祥. 比较优势与产业政策效果：来自出口加工区准实验的证据 ［J］. 管理世界，2015 (8)：67—80.

② 孙阳，姚士谋，张落成. 长江三角洲城市群"空间流"层级功能结构：基于高铁客运数据的分析 ［J］. 地理科学进展，2016, 35 (11)：1381—1387；张国俊，黄婉玲，周春山，等. 城市群视角下中国人口分布演变特征 ［J］. 地理学报，2018, 73 (8)：1513—1525.

③ 李泽众，沈开艳. 城市群空间结构对经济高质量发展的影响 ［J］. 广东社会科学，2020 (2)：26—36.

距①、经济活力②、地方税收③、经济高质量发展④、城市规模⑤等方面的影响⑥。人口分布是我国区域经济发展和规划中的重要议题，近年来，随着一系列城市群规划的制定实施，我国城市群发展迅速，对人口分布也产生了显著的影响。基于此，我们将从实证角度分析城市群发展对人口分布的影响。目前大部分研究的视角均是把城市群看成一个整体，分析其对经济增长、要素流动、工资溢价等方面的影响，但此种思路是将城市群看成一个"黑箱"，无法刻画城市群内部人口空间分布的特征。本章将从城市群内部空间结构入手，分析城市群的发展模式和路径对人口分布的影响。

　　单中心城市群是我国城市群发展过程中的一种重要形态，也是城市群发展的初始阶段。根据前文研究，目前我国已有的城市群中，单中心城市群共有 7 个，分别是北部湾城市群、山西中部城市群、宁夏沿黄城市群、兰西城市群、滇中城市群、关中城市群、天山北坡城市群，占我国城市群总数的37%左右。单中心城市群发展的主要形式是核心—边缘形态的空间格局，对人口布局的影响主要是通过核心城市的虹吸引起人口流入而导致的人口空间布局变化。但从发展现状看，我国大部分单中心城市群处于发展的初级阶段，其对人口分布的实际影响尚需进一步实证检验。

① 侯杰，张梅青．城市群功能分工对区域协调发展的影响研究：以京津冀城市群为例［J］．经济学家，2020（6）：77—86．

② 龚锋，陶鹏，潘星宇．城市群对地方税收竞争的影响：来自两区制面板空间杜宾模型的证据［J］．财政研究，2021（4）：17—33．

③ 杨孟禹，胡冰璇．城市群发展对城市差距的影响：基于城市集群的视角［J］．城市与环境研究，2021（4）：76—93．

④ 岳书敬，高鹏．城市群空间网络结构对绿色发展绩效的影响研究：基于长江经济带城市群的分析［J］．学术论坛，2022，45（4）：31—41．

⑤ 刘宁宁．城市群空间功能分工对经济活力的影响［J］．技术经济与管理研究，2022（9）：15—19．

⑥ 孟晓倩，吴传清．城市群空间结构对城市规模偏差影响的实证测度［J］．统计与决策，2023，39（1）：66—71．

第一节　单中心城市群发展模式对人口分布
影响的理论机制

根据前文，单中心城市群对人口分布的影响是城市群发展过程中集聚力和分散力共同作用的结果，其中集聚力包括了中心城市工业品价格优势以及产品多样化对人口的吸引，分散力包括了人口流入到中心城市后的竞争和中心城市的税收转移。当集聚力大于分散力的时候，人口向中心城市流入；集聚力小于分散力时，人口从中心城市流出。中心城市对人口分布影响可以通过三个因素进行，一是中心城市和周边地区的工资差异，二是中心地区和周边地区的公共服务差异，三是中心地区和周边地区的运输成本。下面分别结合三个影响因素进一步梳理单中心城市群发展模式对人口分布影响的主要机理。

一、工资差异与户籍歧视的影响机制

工资差异是人口从周边城市流入到中心城市的重要拉力因素。较高的工资可以带来较好的福利和生活水平。结合第三章的理论推导，中心城市相较于周边城市工资较高的原因包括：一是中心城市产业规模的提升和分工的细化。中心城市产业规模的提升和分工的细化一方面能提升生产效率，促进中心城市的工资水平提升，吸引人口流入，即本地市场效应；另一方面，中心城市通过产业分工细化创造了更多的就业岗位，产生劳动力池效应，从而降低失业率，提升工资水平，并吸引人口流入。二是运输成本的存在会进一步增加周边地区的产品成本，并相对提升中心城市的实际工资。三是中心城市产品多样化会增加中心城市的购买力，从而提升中心城市的实际工资水平，即生活成本效应。

工资差距同样受到三个方面因素的阻碍。其一是中心城市的税收。为支付中心城市的公共服务开支，政府会通过税费等多种形式对中心城市工人收税，从而将工人的部分工资转移。税收减少了中心城市与周边地区的工资差距。其二是户籍歧视。户籍歧视的来源包括流动人口和市民同工不同酬、流动人口享受城市公共服务的门槛以及流动人口无法进入某些行业三个方面。

因此会造成流动人口同市民在工资上的差距，并减少中心城市同周边地区的工资差距。如用税率衡量个人向政府支付的税收占工资的比率，用流动人口同市民工资之比表示户籍歧视，则二者是减少中心城市和周边地区工资差距的调节因素。其三是竞争效应，当人口流入到中心城市后会加剧城市的拥挤，减少就业概率，降低中心城市的吸引力，同时提升流出地的工资水平，减少竞争，从而增加流出地的吸引力。

根据以上分析提出假设1：单中心城市群发展模式下，中心城市发展会增加与周边地区的工资差距，吸引人口流入，从而增加中心城市的人口密度和人口规模，但此作用会受到户籍歧视的调节效应影响。

二、税收和公共产品差异的影响机制

区域提供的公共服务的数量和质量与区域税收规模直接相关。当政府税收规模较大时，政府购买规模会增加，会投入较多的资源在基础设施建设和公共服务上，提升城市的宜居性，并且降低居民的生活成本，从而吸引人口流入。区域的税收规模同城市人口工资水平、城市内部劳动力规模相关，城市人口工资水平越高，城市劳动力规模越大，区域的税收规模越大，居民的生活成本也会越低，对人口的吸引力就越大，同时吸引人口更多流入城市会进一步提升税收规模，形成循环累积效果。另一方面，人口流出地区由于人口规模下降，税收规模下降，居民生活成本上升，进而对人口的吸引力下降。

以税收规模为代表的公共服务规模与人口的循环累积增加不会无限进行，随着人口流入中心城市，到达一定程度后劳动力之间竞争增加，实际工资水平可能下降，从而税收规模会下降，此时中心城市对人口的吸引力不再增加。对于周边地区，随着人口不断流出，到达一定程度后，由于劳动力的短缺，劳动力的工资水平上升，区域税收规模增加，从而城市的宜居性提高，居民的生活成本降低，对人口的吸引力提升。当中心城市对人口的吸引力和周边地区对人口的吸引力相等时，人口不会进一步向中心城市流入。

基于以上分析提出假设2：单中心城市群发展模式下，中心城市发展会促进基础设施和公共服务数量和质量提升，从而增加中心城市的人口密度和人口规模。

三、运输成本的影响机制

运输成本的影响直接体现在中心城市与周边地区进行产品交换时的成本上。运输成本增加时，会增加周边城市的进口产品价格，降低周边城市的实际工资水平，并降低周边地区对人口的吸引力，另一方面来看，运输成本的存在会增加中心城市的实际工资水平，提升中心城市对人口的吸引力。现实中运输成本一般同距离成正比，因此距离中心城市越远其对人口的吸引力越弱，人口分布会越稀疏。

由此我们提出假设3：单中心城市群发展模式下，运输成本对工资对人口的吸引作用有正向的调节效应。

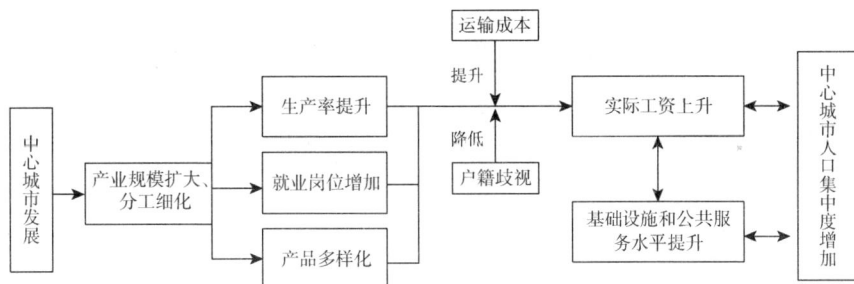

图5-1 单中心城市群发展对人口分布影响的理论机制

第二节 单中心城市群发展模式对人口分布影响的实证分析

一、实证分析框架设计

（一）实证模型设定

单中心城市群发展模式通过扩大中心城市经济规模和产业规模，能够提升中心城市的实际工资水平、基础设施和公共服务水平，吸引人口流入，从而使中心城市人口分布集中度增加。同时户籍歧视和运输成本又对实际工资对中心城市的人口分布具有调节效应。基于上文的理论分析，这里我们通过估计中心城市人口分布相对于工资和基础设施的变化来对其进行实证检验。在已有研究的基础上，我们建立如下实证分析模型：

$$ln\, y_{it} = \beta_0 + \beta_1 \ln wage_{it} + \beta_2 \ln public_{it} + \beta_3 D_i \times \ln wage_{it} + \beta_4\, D_i \times \ln public_{it}$$
$$+ \beta_5\, \gamma_{it} + \beta_6\, \tau_{it} + \beta_7\, \gamma_{it} \times \ln wage_{it} + \beta_8\, \tau_{it} \times \ln wage_{it} + V'\theta + X'\delta + \varepsilon_{it}$$

$$(5-1)$$

式中，$ln\, y_{it}$ 表示城市的人口分布指数的对数值，$ln\, wage_{it}$ 为城市工资的对数值，$ln\, public_{it}$ 为政府税收规模的对数值，γ_{it} 表示户籍歧视程度，τ_{it} 表示运输成本，$\gamma_{it} \times \ln wage_{it}$ 表示户籍歧视与工资的交叉项，$\tau_{it} \times \ln wage_{it}$ 表示运输成本与工资的交叉项，D_i 为是否中心城市的哑变量，值为 1 的时候表示为中心城市，$V'\theta$ 为城市群发展的特征变量，包括城市群的能级、发育程度和平均引力大小，$X'\delta$ 为一系列可能影响人口分布指数的控制变量，β_1—β_8 为系数。我们预期当 D_i 等于 1 时，β_3 和 β_4 为正且大于 D_i 等于 0 时的值，说明中心城市真实工资水平能够促进城市人口集中；β_7 小于 0，说明户籍制度对真实工资对人口的集中作用起到负向调节效果，β_8 大于 0，说明运输成本的存在对真实工资对人口的集中作用起到正向的调节作用。

（二）数据和样本

本书的数据来源于 2011 年到 2020 年《中国城市统计年鉴》，选取了 2010 到 2019 年共 10 年的数据来实证检验城市群发展对人口分布的影响。虽然城市群的相关研究由来已久，但从政策角度对城市群的阐述集中于十八大之后，因此我们重点考察 2010 年之后的情况。另外，考虑到 2020 年以及之后的新冠疫情对经济发展造成较大波动，我们没有使用 2020 年之后的统计数据。本章的样本选取了北部湾城市群、山西中部城市群、宁夏沿黄城市群、兰西城市群、滇中城市群、关中城市群、天山北坡城市群。

（三）变量构造和说明

1. 被解释变量

被解释变量主要是人口分布指数，我们分别采用人口密度（$lnden$）、人口地理集中度指数（$lncon$）和人口规模（$lnscale$）来衡量。三者的计算方法见第四章。

2. 核心解释变量

核心解释变量包括城市的平均工资（$lnwage$）、政府的税收规模（$lnpublic$）

以及真实工资和户籍歧视程度（γ）以及运输成本（τ）的交叉项。在此我们用全市在岗职工平均工资代表 $wage$，单位为元；用全市地方财政一般预算内支出表示税收规模，单位为万元；关于户籍歧视程度（γ），常见的估计方法是用城乡居民的工资差异来衡量[1]，但该种方法需要微观的调查数据来估计，但目前的调查数据集尚不能覆盖全国所有的城市，佑无法用来估计城市层面的户籍歧视程度。吴开亚构建了落户门槛指数评价了 46 个城市的户籍歧视程度，还不能覆盖全国所有的城市[2]；刘修岩利用迁移概率模型估计了城市的迁移摩擦系数，但该种方法需要使用全国人口普查中的流动人口数据，无法估计每一年的户籍歧视程度[3]。在本书中，户籍歧视程度是城市居民和流动人口在工资、就业、社保等方面的综合反映，为此我们基于社会保险参保率的数据构建了一个户籍歧视程度的指标，其计算公式可以表示如下：

$$\gamma = \frac{p_i / v_i}{ps_i / vs_i} \tag{5-2}$$

上式中，p_i 表示 i 市的全市参加社保参保人数，v_i 表示 i 市的全市在岗职工平均人数，ps_i 表示 i 市的市辖区参加社保参保人数，vs_i 表示 i 市的市辖区在岗职工平均人数。γ 越接近 0，表示户籍歧视程度越大，γ 越大则表示中心城市与周边城市的户籍歧视程度越小。运输成本（τ）同距离直接相关，在此选用周边城市与中心城市的距离作为运输成本的代表。

3. 城市群特征变量与控制变量

由前文可知城市群的发展具有阶段性，处于不同发展阶段的城市群，其中心城市对人口的吸引力不同。城市群发育能够有效减少市场分割，促进要素流动，是影响人口分布的重要变量[4]。本书中分别加入城市的能级、发育程

① 章莉，李实，DARITY W A，等. 中国劳动力市场上工资收入的户籍歧视［J］. 管理世界，2014（11）：35—46；孟凡强，邓保国. 劳动力市场户籍歧视与城乡工资差异：基于分位数回归与分解的分析［J］. 中国农村经济，2014（6）：56—65.

② 吴开亚，张力. 发展主义政府与城市落户门槛：关于户籍制度改革的反思［J］. 社会学研究，2010，25（6）：58—85，243.

③ 刘修岩，李松林. 房价、迁移摩擦与中国城市的规模分布：理论模型与结构式估计［J］. 经济研究，2017，52（7）：65—78.

④ 李培鑫，张学良. 城市群集聚空间外部性与劳动力工资溢价［J］. 管理世界，2021，37（11）：121—136，183，9；王家庭，姜铭烽. 国家级城市群规划对要素跨省流动的影响研究［J］. 当代经济科学，2023，45（1）：119—129.

度和平均引力大小作为城市群的特征变量，三者的计算方法见第四章。另外，城市的基础设施和公共服务设施、城市面积等均是影响人口分布的变量，我们将之作为控制变量。其中，城市的基础设施和公共服务设施用市辖区中小学数量之和、市辖区医院个数代表，城市面积用市辖区建成区面积表示。表5-1为所有变量的描述性统计。

表5-1 数据描述性统计表

变量	含义	样本	均值	标准差	最小值	最大值
lnden	人口密度对数	530	1.0014	0.7410	-0.9144	2.2064
lncon	人口地理集中度对数	530	4.5976	0.5668	2.6220	5.7542
lnscale	人口规模对数	530	5.8580	0.7506	3.4340	7.2349
lnwage	工资对数	530	10.8455	0.3349	10.0902	11.6358
lnpublic	税收规模对数	530	14.7794	0.7900	13.3267	17.6276
D	是否为中心城市	530	0.1698	0.3758	0.0000	1.0000
gama	户籍歧视程度	530	1.9770	3.9024	0.0512	27.8792
tao	运输成本	510	0.0232	0.0266	0.0002	0.1496
lnfunlevel	城市能级对数	530	-0.6711	1.1278	-2.6620	2.0315
lnic	城市发育度对数	530	4.0068	1.4513	-0.1599	6.1250
lngravitation	城市平均引力对数	530	1.7088	1.3590	-1.0396	5.7271
lnschool	中小学数量对数	530	5.2922	0.8033	3.0445	7.4037
lnhospital	医院数量对数	530	3.9806	0.9382	1.0986	6.6134
lnArea	行政面积对数	530	4.4927	0.9220	2.3979	7.2923

数据来源：作者计算。

二、对工资差异、税收和公共产品差异影响的检验

（一）基准回归

为了避免可能存在遗漏变量导致估计结果出现偏误，本书在不加入特征变量和控制变量的情况下来估计单中心城市群对人口分布的影响，之后在此基础上加入控制变量，来对比分析单中心城市群对人口分布的影响，回归结果如表5-2所示。其中（1）—（3）列为未加入特征变量和控制变量下三种被解释变量的估计结果，（4）—（6）列为加入特征变量和控制变量后三种

被解释变量 lnden、lncon 和 lnscale 的估计结果。

模型的核心解释变量除城市的平均工资（lnwage）、政府的税收规模（lnpublic）之外，还引入了城市的平均工资和中心城市哑变量的交叉项（lnwage_ D）、政府的税收规模和中心城市哑变量的交叉项（lnpublic_ D），目的是衡量平均工资、税收规模和是否为中心城市之间的交互作用，即平均工资、税收规模的作用是否随中心城市的不同而不同。

表 5-2　基础回归结果

VARIABLES	（1）lnden	（2）lncon	（3）lnscale	（4）lnden	（5）lncon	（6）lnscale
lnwage	−0.8120***	−0.4250***	−1.4028***	−0.6656***	−0.4669***	−1.3301***
	（−18.6650）	（−11.4484）	（−19.2174）	（−16.7149）	（−8.8409）	（−13.7845）
lnpublic	0.7367***	0.4129***	1.3521***	0.4265***	0.2846***	1.2199***
	（21.1101）	（17.6997）	（31.1901）	（44.8332）	（12.6091）	（31.8900）
lnwage_ D	0.0274	0.5332***	0.3213***	0.6253***	0.8004***	0.5486***
	（0.2670）	（15.7702）	（3.1123）	（26.9406）	（16.1437）	（9.4943）
lnpublic_ D	−0.0249	−0.3607***	−0.2617***	−0.4964***	−0.6025***	−0.4271***
	（−0.3417）	（−15.4532）	（−3.5461）	（−26.1670）	（−16.0257）	（−10.2456）
lnfunlevel	—	—	—	0.0660**	0.1199***	0.1213**
	—	—	—	（2.6501）	（4.7406）	（2.6948）
lnic	—	—	—	0.2558***	0.0356***	0.0997***
	—	—	—	（37.2833）	（4.7539）	（6.6933）
lngravitation	—	—	—	0.0287***	0.0461***	−0.0010
	—	—	—	（4.3241）	（7.4609）	（−0.0923）
lnschool	—	—	—	0.0221	−0.0987***	0.1222***
	—	—	—	（0.9814）	（−4.2624）	（3.5145）
lnhospital	—	—	—	−0.0310***	0.1120***	−0.0932***
	—	—	—	（−3.0848）	（8.0125）	（−6.6654）
lnArea	—	—	—	0.5271***	0.3395***	0.2426**
	—	—	—	（14.3066）	（8.7315）	（2.6386）
Constant	−1.0933*	3.1141***	1.2350	−1.2064***	4.0678***	0.6484
	（−1.7501）	（10.2024）	（1.3784）	（−2.7186）	（8.5974）	（0.6305）

	（1）	（2）	（3）	（4）	（5）	（6）
Observations	400	400	400	400	400	400
R-squared	0.3284	0.4282	0.8551	0.7701	0.6688	0.9007

数据来源：作者计算。

注：括号中的为 t 值。＊＊＊表示 p<0.01，＊＊表示 p<0.05，＊表示 p<0.1。

单中心城市群的发展对中心城市人口集中度的增加具有显著的促进作用。从回归结果可以看出，除模型第（1）列的 $lnwage\_D$ 的系数为正但不显著外，其他各列的系数均显著为正，表明中心城市的工资增加能够显著吸引人口流入，使中心城市的人口密度、人口地理集中度和人口规模增加。

从回归结果可以看出，就平均意义而言，城市的工资水平（lnwage）同人口密度、人口地理集中度和人口规模之间的关系为显著负相关。可见由于中心城市的吸引，其他城市的人口有流出的现象，在工资刚性的条件下，即表现为工资和人口的负相关性。从回归结果看，如果以包含了中心城市和周边城市的全部城市作为样本来回归样本，在较少的中心城市人口增加和较多的周边城市人口减少的情况下，会出现中心城市的回归系数为正、全部样本的回归系数为负的情况，即如本书回归结果中所示。

其次，政府的税收规模（lnpublic）在三种被解释变量下均通过了1%的显著性水平检验，模型 p 值很小，系数为正，这表明单中心城市群的人口分布与政府的税收规模呈现正相关关系，即单中心城市群的基础设施水平和公共服务数量和质量提升对中心城市人口集中的增加具有显著的促进作用，能够增加人口分布集中的程度，验证了假设2。从城市群平均意义上来讲，增加城市的公共产品的数量，提升公共产品水平，可以降低人们的生活成本，提升人们的实际工资水平，增加城市的宜居度，能够显著提升城市对人口的吸引力，增加城市的人口分布集中度。另一方面，除了列（1）中不加控制变量的 $lnpublic\_D$ 为不显著的负数外，其他各列的政府的税收规模和中心城市哑变量的交叉项（$lnpublic\_D$）的回归结果显著为负，究其原因，可能是由于中心城市对人口的吸引力边际递减，且到达一定门槛值之后，税收规模对人口吸引的正向效应小于其负向效应，从而结果可能就为负。这说明了实际中单中心城市为了提升基础设施和公共服务水平，会收取过多的税收，从而城市对人口的吸引力下降。而现实中我国各地的政府债务水平的显著增加也在一定程度上佐证了这一点。综合来看，中心城市和全部样本的税收规模对人口分布的系数相反说明了二者通过税收对人口集中的作用上具有竞争性，中心城市的税收规模增大会加强周边城市对人口的吸引力，周边城市的税收上升又会提升中心城市对人口的吸引力。

在特征变量方面，就人口密度而言，城市的能级（lnfunlevel）、城市的发育度（lnic）、城市对其他城市的平均引力（lngravitation）和城市面积（lnArea）能够促进城市人口密度增加。随着城市能级和城市发育度的提升，城市的经济规模不断扩大，中心城市和周边城市的集聚程度不断增加，城区面积也会不断扩大，对人口的吸引力增强，因此集聚区的人口密度会不断加大。但市辖区医院（lnhospital）和人口密度之间呈负相关。究其原因，我国的单中心城市群大部分尚处于中心城市快速集聚阶段，城市公共服务设施略落后于城市的人口集聚速度，人口密度增加的同时医疗机构还未同步增加，大部分城市医疗机构以公立医院为主，但近年来自负盈亏和政策限制的环境下，公立医院的数量逐步减少，因此体现为二者负相关的关系。就人口地理集中度而言，城市的能级（lnfunlevel）、城市的发育度（lnic）、城市对其他城市的平均引力（lngravitation）、市辖区医院的数量（lnhospital）和城市面积（lnArea）能够促进城市人口地理集中度增加。可见，在城市群中，城市能级和发育度的提升、城市对其他城市引力的提升、城市面积的扩张、城市医院数量的增加都会使城市人口相对份额快速增加。事实上，以上几个指标的增长也正是城市快速发展的表现，此时相对于其他城市，当地城市对人口的吸引加快，人口地理集中度也在迅速增加。就人口规模而言，城市的能级（lnfunlevel）、城市的发育度（lnic）、城市的中小学数量（lnschool）、城市面积（lnArea）能够促进城市人口规模增加，市辖区医院的数量（lnhospital）同人口规模有负相关关系。究其原因，同人口密度变化类似，城市能级的提升、紧凑度提升和基础设施建设等均能吸引人口流入，但平均意义上而言，市辖区医院近年来有下降趋势，所以与人口规模负相关。综上，单中心城市群发展水平的提升不仅能够为城市生产活动的开展提供物资、资金、文化等有力支撑，而且发展水平较高的中心城市的消费者对于需求的多样化、个性化有利于创造市场需求，引领中心城市创新方向，吸引人口向中心城市集中，从而促进单中心城市群人口分布集中度的增加。

（二）内生性处理

前文利用实证研究考察了单中心城市群发展对人口分布的影响，但是这种影响并未考虑单中心城市群发展和人口分布的影响之间可能的内生性问题。从理论分析中可以看出，单中心城市群发展受到地理区域、自然条件、资源禀赋、交通通达性和城镇化水平等多种因素的影响，导致模型回归中必然存在一些无法观测的因素。从理论上来看，单中心城市群发展和人口分布可能存在反向因果关系，单中心城市群的发展有利于推动产业规模的提升和分工的细化，使中心城市生产效率提升，促进中心城市人口聚集，而中心城市人口聚集又有利于进一步吸引劳动力、资本和技术知识集聚，增强单中心城市群发展水平。若不对可能存在的内生性进行控制，很可能会对模型估计结果产生较大的影响，导致回归结果存在估计偏误问题。

同时，单中心城市群的中心城市发展是一个长期积累的过程，受地理区域、自然条件、资源禀赋、交通通达性和城镇化水平的影响，并不是随机分配的结果，并且可能由于原本中心城市规模较大、人口相对聚集，解释变量可能存在样本自选择。影响单中心城市群的因素一般也会对人口分布产生影响，通常发展水平较高的城市，人口分布的集中度也越大，即单中心城市群发展和人口分布之间可能只是简单的相关关系，并不存在因果关系。为了使"因果推断"的结论更有说服力，本书选用倾向评分匹配法（PSM）进行内生性检验，回归结果如表5-3的第（1）—（3）列所示。与上文基准回归结果对比可知，中心城市的工资水平对于人口密度、人口规模和人口地理集中度的系数的绝对值有所增加，但符号保持一致，与我们的理论假设相符。

本书使用倾向评分匹配法进行内生性检验虽然可以解决由于样本自选择所造成的内生性问题，但不可避免模型中可能还存在其他原因导致的内生性问题：一是，遗漏变量造成的内生性问题；二是，双向因果所造成的内生性问题。如果忽略这些问题，本书所得出单中心城市群发展对人口分布的影响程度和影响方向就会变得不可信。为了处理这种可能出现的估计偏误，本书接着采用工具变量法解决内生性问题。我们采用459个样本的运输成本（tao）为工具变量。首先，运输成本在一定程度上是城市群发展的基础，影响周边城市的实际工资水平和对人口的吸引力；其次，本书中的运输成本使用的是地理距离相关的指数，对人口分布并无显著影响。综上，满足其作为工具变量的条件。表5-3中第（4）—（6）列是工具变量模型的回归结果。工具变量法处理模型中内生变量的重要前提是工具变量不存在过度识别和弱工具变量问题。不可识别检验结果得到的值为235.4，在1%显著性水平下通过检验，工具变量与内生解释变量显著相关。弱工具变量检验结果得到的值为328.8，拒绝"弱工具变量"的原假设，即本书选取的工具变量不存在弱工具变量问题。并且从表5-3中第（4）—（6）列回归结果来看，回归结果与前文基本一致，这意味着在考虑内生性的情况下本研究的研究结论依然成立。

表5-3　内生性检验的回归结果

VARIABLES	（1）PSM lndendis	（2）PSM lncondis	（3）PSM lnscaledis	（4）IV lndendis	（5）IV lncondis	（6）IV lnscaleDis
lnwage	−0.6232***	−0.5365***	−1.5945***	−0.7761***	−0.4996***	−1.5569***
	（−10.2210）	（−5.0223）	（−16.1574）	（−7.9154）	（−5.0025）	（−21.0585）
lnpublic	0.2630***	0.1115**	1.3252***	0.4597***	0.3044***	1.3278***
	（7.4056）	（2.1964）	（24.6311）	（9.0511）	（5.8842）	（34.6753）
lnwage_ D	0.6618***	0.7541***	0.8590***	0.6840***	0.8131***	0.6605***
	（10.0957）	（6.2124）	（7.4299）	（4.6947）	（5.4786）	（6.0125）
lnpublic_ D	−0.5469***	−0.6154***	−0.6505***	−0.5399***	−0.6126***	−0.5100***
	（−10.3581）	（−6.6557）	（−7.5128）	（−5.1136）	（−5.6954）	（−6.4065）
Constant	−0.1464	8.2742***	1.6830**	−0.5440	4.1412***	1.7327***
	（−0.3499）	（20.2809）	（2.4039）	（−0.6127）	（4.5786）	（2.5881）
Control	YES	YES	YES	YES	YES	YES
Observations	162	162	162	360	360	360
R-squared	0.7149	0.5598	0.9181	0.7688	0.6113	0.8791
Underidenti-fication test	—	—	—	235.4	235.4	235.4
Weak identi-fication test	—	—	—	328.8	328.8	328.8

续表

	（1）	（2）	（3）	（4）	（5）	（6）
Sargan statistic	—	—	—	0.123	2.706	0.503

数据来源：作者计算。

注：括号中的为 t 值。＊＊＊表示 p<0.01，＊＊表示 p<0.05，＊表示 p<0.1。

（三）稳健性检验

为了避免变量定性衡量而导致的估计偏误，本研究通过更换核心解释变量来对实证结果进行估计。分别将核心解释变量 lnwage 和 lnpublic 用全市在岗职工工资总额和全市财政预算收入替代，所得结果如表5-4所示。在更换核心解释变量后，绝大部分变量的显著性没有发生明显变化，表明本研究具有一定稳健性。

表5-4　稳健性检验的结果

	（1）	（2）	（3）	（4）	（5）	（6）
VARIABLES	lndendis	lncondis	lnscaledis	lndendis	lncondis	lnscaledis
lnwage	−0.0392***	−0.0455**	−0.1010***	−0.0411*	−0.0578***	−0.4856***
	（−3.4470）	（−2.1819）	（−4.9443）	（−1.8998）	（−3.1472）	（−5.4699）
lnpublic	0.1313**	0.2773***	0.4596***	0.0283*	0.0282**	0.3644***
	（2.3283）	（3.8531）	（6.5145）	（1.8483）	（2.1630）	（4.5131）
lnwage	0.0770***	0.1047***	0.1436***	0.0619*	0.1164***	0.2912***
	（4.1361）	（2.6276）	（3.6754）	（1.7448）	（3.8668）	（3.2723）
lnpublic	−0.1050***	−0.1159***	−0.1541***	−0.0378	−0.0856***	−0.2107***
	（−6.0001）	（−3.0622）	（−4.1531）	（−1.1764）	（−3.1367）	（−2.8885）
Constant	−6.9776***	2.0378***	−8.6483***	2.8819***	6.5824***	−0.6251**
	（−22.2970）	（3.4563）	（−14.9592）	（5.1774）	（13.9297）	（−2.2411）
Control	YES	YES	YES	YES	YES	YES
Observations	400	400	400	400	400	400

数据来源：作者计算。

注：括号中的为 t 值。＊＊＊表示 p<0.01，＊＊表示 p<0.05，＊表示 p<0.1。

（四）异质性检验

考虑到我国单中心城市群分布范围较广，各个城市群发展面临的现实基础、资源条件等具有较大差异性，且各个城市群所处发展阶段不一致，因此在城市群发展对人口分布的作用上可能会存在异质性。因此，本章在探究单中心城市群整体平均工资和税收规模对人口分布的影响的基础上，进一步考察单个城市群的平均工资和税收规模对人口分布的作用影响。

从表5-5可以看出，在加入控制变量的前提下，从人口密度方面来看，北部湾城市群和关中城市群中平均工资对人口密度有着显著的正向影响，平均工资的系数分别为0.5567和0.6308，且在1%的水平下显著，税收规模对人口密度有着显著的负向影响，其税收规模每提高1个百分点，城市群的人口密度将下降0.5180%和0.4404%，而其他城市群的相关系数不是很显著，分析其情况原因可能在于，单个中心城市群发展水平普遍较低，税收规模的增大，虽然会增加政府向公共服务的投资力度进而优化城市的宜居性，但是其发展过程会增加人们生存压力，进而导致人口密度的降低，从而使单个城市群在税收规模方面显示出负向效应。从人口地理集中度指数、人口规模两个方面来说，其平均工资和税收规模与上述情况基本一致。当城市群的发展水平和其所处的发展阶段越高时，城市本身的工资待遇和发展机会就能够吸引人才的流入，其平均工资和税收规模的增加也就会对人口分布有着显著的正向影响，这同时也与上文的假设2相验证。

表5-5 异质性检验结果

变量	北部湾	山西中部	宁夏沿黄	兰西	滇中	关中	天山北坡
				lndendis			
lnwage	−0.4559***	0.1623	−0.0149	0.0173	0.0729	−1.0636***	−0.1645
	(−7.2776)	(1.3423)	(−0.3135)	(0.2507)	(1.1606)	(−9.8432)	(−2.5781)
lnpublic	0.2329**	0.0781	0.0267	0.6552***	0.2013	0.3318***	−0.0682
	(2.7978)	(1.5855)	(1.0574)	(24.1172)	(2.7207)	(3.8356)	(−1.6655)
lnwage_ D	0.5567***	0.1064	0.0446	−0.0096	0.1428	0.6308***	0.3158
	(4.6259)	(0.7996)	(0.6245)	(−0.0408)	(2.2126)	(5.6156)	(1.8812)
lnpublic_ D	−0.5180***	−0.0664	−0.0705	0.0039	−0.1228*	−0.4404***	0.0043
	(−6.0700)	(−0.7441)	(−1.5842)	(0.0236)	(−3.0814)	(−5.9073)	(0.0349)
Constant	−3.7690***	−5.5534**	−3.3079*	−9.4317***	−4.0398**	6.7199***	5.7747

变量	北部湾	山西中部	宁夏沿黄	兰西	滇中	关中	天山北坡
	(-4.4842)	(-2.9899)	(-3.1600)	(-11.9097)	(-5.9572)	(4.4021)	(2.5961)
control	YES	YES	YES	YES	YES	YES	YES
R-squared	0.8555	0.9902	0.9904	0.9495	0.9832	0.8648	0.9989
lncondis							
lnwage	-0.5316***	0.1825	-0.0669	0.0052	-0.0256	-1.0840***	-0.1510
	(-7.6216)	(1.5500)	(-1.6409)	(0.0749)	(-0.4978)	(-9.8579)	(-3.5723)
lnpublic	0.2275**	0.0219	0.0044	0.5798***	0.2103	0.3250***	-0.0852
	(2.7313)	(0.4549)	(0.1379)	(18.0555)	(2.6941)	(3.7762)	(-1.0405)
lnwage_ D	0.5274***	0.1822	0.1364	0.0070	0.1685	0.6307***	0.4382
	(4.2508)	(1.3203)	(2.2623)	(0.0294)	(2.6500)	(5.6008)	(2.1121)
lnpublic_ D	-0.4966***	-0.1160	-0.1376**	-0.0037	-0.1407*	-0.4398***	-0.0800
	(-5.6398)	(-1.2640)	(-3.9749)	(-0.0221)	(-3.5334)	(-5.8896)	(-0.4596)
Constant	0.3484	-0.7893	2.0149	-3.6318***	0.5959	10.6068***	10.2939
	(0.4882)	(-0.3817)	(1.6616)	(-5.8845)	(0.6286)	(6.7859)	(4.4832)
control	YES	YES	YES	YES	YES	YES	YES
R-squared	0.8553	0.9902	0.9896	0.9549	0.9873	0.8633	0.9991
lnscaleDis							
lnwage	-2.1811***	0.0236	0.0301	-0.1854**	-0.0845	-1.0593***	-0.1569
	(-25.8891)	(0.6003)	(0.8151)	(-3.3374)	(-0.4182)	(-14.8587)	(-6.2086)
lnpublic	1.5971***	0.0821**	0.3249***	0.2102**	0.4797	1.1327***	-0.0616
	(31.8059)	(4.1024)	(6.0303)	(4.4414)	(2.6526)	(30.8530)	(-0.9903)
lnwage_ D	2.1703***	0.0354	0.0558	0.2111***	0.4212*	1.1104***	0.1769
	(11.7408)	(0.7846)	(1.4932)	(5.1435)	(3.2275)	(13.2792)	(1.5537)
lnpublic_ D	-1.5730***	-0.0162	-0.0107	-0.1207**	-0.3611*	-0.7943***	0.1200
	(-11.8739)	(-0.5060)	(-0.4048)	(-3.9545)	(-4.0660)	(-14.1994)	(1.1157)
Constant	8.7171***	3.8145***	-3.2316*	6.2262**	-3.7178	-0.9682	9.5374
	(6.1562)	(8.5647)	(-3.1129)	(3.2201)	(-1.1313)	(-1.2840)	(4.9459)

续表

变量	北部湾	山西中部	宁夏沿黄	兰西	滇中	关中	天山北坡
control	YES	YES	YES	YES	YES	YES	YES
R-squared	0.9187	0.9619	0.9890	0.8950	0.9703	0.9269	0.9997
Observations	100	50	40	50	30	110	20

数据来源：作者计算。

注：括号中的为 t 值。＊＊＊表示 p<0.01，＊＊表示 p<0.05，＊表示 p<0.1。

三、对户籍歧视与运输成本影响的检验

（一）对户籍歧视的检验

前文的实证检验证实了工资水平和税收规模显著促进人口分布的上升，本部分通过对户籍歧视的检验以深入探究工资水平和税收规模是否能够在户籍歧视的调节下仍对人口分布指数有着显著的影响，实证检验如表5-6所示。

表 5-6　对户籍歧视的检验

	(1)	(2)	(3)	(4)	(5)	(6)
VARIABLES	lndendis	lncondis	lnscaleDis	lndendis	lncondis	lnscaleDis
lnwage	−0.4743 ***	−0.3449 ***	−0.0033	−0.4736 ***	−0.3446 ***	−0.0010
	(−37.2984)	(−7.2419)	(−0.2743)	(−25.1380)	(−7.1476)	(−0.0798)
lnpublic	0.4896 ***	0.3248 ***	0.0330 **	0.4838 ***	0.3222 ***	0.0316 **
	(33.4321)	(12.3409)	(2.6163)	(31.1104)	(11.6645)	(2.4144)
lnwage_ D	0.5270 ***	0.7413 ***	0.0238	0.5046 ***	0.7313 ***	0.0196
	(19.7401)	(16.1885)	(0.7716)	(21.5862)	(16.4423)	(0.6662)
lnpublic_ D	−0.4155 ***	−0.5539 ***	0.0038	−0.3989 ***	−0.5464 ***	0.0057
	(−19.1942)	(−15.8677)	(0.1615)	(−21.5746)	(−16.1733)	(0.2579)
gama	0.0001	0.0041 *	0.0007 **	0.0018	0.0048 ***	0.0008 **
	(0.0360)	(1.8605)	(2.5185)	(0.7026)	(4.1299)	(2.0288)
lnwage_ gama	—	—	—	−0.0229 ***	−0.0103	−0.0013
	—	—	—	(−5.9734)	(−1.1491)	(−1.3284)
Constant	−2.2145 ***	3.4099 ***	4.2111 ***	−7.2468 ***	−0.2690	4.2013 ***

	（1）	（2）	（3）	（4）	（5）	（6）
	（−6.6470）	（8.4134）	（12.5106）	（−26.8567）	（−0.8293）	（11.7606）
Control	YES	YES	YES	YES	YES	YES
Observations	400	400	400	400	400	400

数据来源：作者计算。

注：括号中的为 t 值。＊＊＊表示 p<0.01，＊＊表示 p<0.05，＊表示 p<0.1。

表 5-6 中（1）—（3）列为只引入户籍歧视（gama）的结果，（4）—（6）为引入户籍歧视和工资的交叉项（lnwage_ gama）的结果。从回归结果看，户籍歧视对人口规模和人口地理集中度有正向作用，户籍歧视一般表现为中心城市对其他地区人口采取的户籍限制政策，在周边地区人口向中心城市集聚时，中心的人口规模增加、人口地理集中度增加，在工资刚性增长条件下，户籍歧视程度也会逐步增加，此时二者成正相关关系。由（4）—（6）的结果可知，户籍歧视与工资的交叉项为负，户籍歧视弱化了中心城市的工资对人口密度、人口地理集中度和人口规模的正向作用。这和单中心城市群发展人口分布影响理论机制相对应，户籍歧视的存在会降低流动人口的工资水平，减少他们能够享有的基础设施和公共服务数量，从而对中心城市通过工资吸引人口流入的机制有负向的调节作用。

（二）对运输成本的机制检验

前文的实证检验证实了平均工资和税收规模显著促进人口分布的上升，本部分通过对运输成本的检验以深入探究平均工资和税收规模是否能够在运输成本增加时进一步推动人口分布指数的上升，实证检验如表 5-7 所示。

表 5-7　对运输成本的机制检验

VARIABLES	（1）lndendis	（2）lncondis	（3）lnscaleDis	（4）lndendis	（5）lncondis	（6）lnscaleDis
lnwage	−0.0363	−0.0659 **	−0.0050	−0.0426	−0.0726 **	−0.0074
	（−1.1841）	（−2.1053）	（−0.4088）	（−1.2560）	（−2.0873）	（−0.5530）
lnpublic	0.0443 *	0.0321	0.0353 **	0.0460 *	0.0339	0.0359 **
	（1.7965）	（1.0123）	（2.5101）	（1.7321）	（0.9829）	（2.4820）

续表

	（1）	（2）	（3）	（4）	（5）	（6）
lnwage_ D	0.0514**	0.1066**	0.0251	0.0681**	0.1241***	0.0313
	（2.0961）	（2.6582）	（0.8242）	（2.6044）	（2.7702）	（1.0338）
lnpublic_ D	−0.0400**	−0.0809**	0.0024	−0.0421**	−0.0831**	0.0016
	（−2.1281）	（−2.1820）	（0.0989）	（−2.0810）	（−2.1146）	（0.0668）
tao	0.1907***	−0.0239	−0.0207	0.4106***	0.2069	0.0610
	（4.3678）	（−0.5490）	（−0.2844）	（2.9638）	（1.5422）	（0.9080）
lnwage_ tao	—	—	—	0.5309***	0.5573***	0.1972**
	—	—	—	（4.8831）	（4.7503）	（2.6879）
Constant	0.2652	4.9226***	4.2147***	−0.2117	4.1151***	4.1272***
	（0.9325）	（27.8851）	（12.3573）	（−0.5865）	（7.9839）	（10.7170）
Control	YES	YES	YES	YES	YES	YES
Observations	400	400	400	400	400	400
R_ square	0.188	0.110	0.256	0.198	0.127	0.258

数据来源：作者计算。

注：括号中的为 t 值。＊＊＊表示 p<0.01，＊＊表示 p<0.05，＊表示 p<0.1。

表 5-7 中（1）—（3）列为只引入运输成本（tao）的结果，（4）—（6）为引入运输成本和工资的交叉项（lnwage_ tao）的结果。可以发现运输成本同人口密度有显著正相关关系，同时，运输成本与工资的交叉项对人口密度、人口地理集中度和人口规模的系数均显著为正。这表明运输成本的存在能够强化中心城市工资对人口的吸引，当运输成本较高时，会增加周边城市的进口产品价格，降低周边城市的实际工资水平，并降低周边地区对人口的吸引力，另一方面来看运输成本的存在会增加中心城市的实际工资水平，提升了中心城市对人口的吸引力，验证了上文的假设 3。

第三节　单中心城市群发展模式对人口分布影响的政策模拟与选择

由前文分析，单中心城市群中心城市的工资水平、以税收规模为代表的基础设施和公共服务水平对周边地区的人口有较显著的吸引作用，户籍歧视程度对中心城市的吸引力有负向的调节作用，中心城市和周边城市之间的距离对中心城市的吸引力有正向的调节作用。单中心城市群中心城市通过扩大经济规模、提升工资水平、增加公共服务、降低户籍歧视能够有效吸引人口流入中心城市，增加人口集中程度。在我们的样本中，单中心城市群大部分尚处于中心集聚阶段，不少城市提出了扩大中心城市经济规模、增加中心城市的辐射带动能力等政策路径，但这些政策实际中究竟会对人口分布产生哪些实际效果，我们尚不知晓。为此我们需要进一步探讨这些政策的实际作用。对于效应评估，较为合理的思路是设计一个自然实验，通过随机分组的形式设置政策组和对照检验组，通过对照实验的方法即可观察到准确的政策效果。但是在现实中进行社会自然实验面临系列难题，其一是各市发展具有差异，寻找条件相同的两组城市具有困难；其二是对于已实施政策的城市，我们无法观察到不实施相关政策的城市状态和数据。为此我们运用反事实分析的方法，通过构造条件和实施相关政策城市大体相同的城市，来预测如果中心城市像其他城市一样未实施相关政策，其结果会怎么样。用实施政策后的变量数值减去构造的未实施政策的变量数值，即得到了政策的实施效果。本节后续将在总结梳理单中心城市群相关政策的基础上，构造反事实模型，来测度并模拟单中心城市群相关政策实施对人口分布的影响。

一、单中心城市群发展的主要政策分析

我们收集整理了 7 个单中心城市群的发展规划，并梳理出了单中心城市群的中心城市的人口战略方向和发展路径要点，结果如表 5-8 所示。从表 5-8 可知，目前我国的单中心城市群发展仍然以强化中心战略为主。在 7 个城市群中，只有关中平原的西安提出了优化城市格局、控制中心城区人口密度的

政策。由此我们可将单中心城市群的发展政策路径主要分为两类：第一类是强化中心政策路径，主要内容为提升中心城市的发展能级，增强人口、经济等要素的集聚能力，增强中心城市的辐射带动能力，消除要素自由流动的行政壁垒和体制机制障碍，推动节点城市和中小城市快速发展。第二类是中心疏解政策路径，主要内容是优化城市空间格局，控制中心城市人口密度，推动中心城市功能疏解到周边城市，优先发展节点城市。

从政策实施条件看，强化中心的政策路径主要会在城市群发展初步阶段实施，如在实施强化中心政策的 6 个城市群中，有 5 个城市群在国家"十四五"规划《纲要》中的表述为"培育发展"，尚处于城市群建设的初级阶段。中心疏解的政策主要是在城市群发展到一定程度后，中心城市出现拥挤、资源约束条件趋紧的条件下提出，如西安市，2022 年其人口规模已经突破 1300万人，公共服务和资源环境约束逐步趋紧，因此需要进一步推动人口向关中城市群集聚。

表 5-8　单中心城市群发展的主要政策

城市群名称	战略方向	"十四五"规划纲要目标	路径要点	主要文献
北部湾城市群	强化中心	发展壮大	1. 增强南宁发展能级，推进高端要素集聚 2. 强化海口省会城市门户功能 3. 发挥湛江传统大港优势	《北部湾城市群建设"十四五"实施方案》
关中平原城市群	中心疏解	发展壮大	1. 优化城市空间格局，控制中心城区开发强度和人口密度，推动中心城区瘦身健体 2. 深入推进西安和咸阳相向一体化 3. 壮大临汾、运城、庆阳、平凉特色优势产业，增强人口集聚能力，优化城市群人口经济布局	《关中平原城市群建设"十四五"实施方案》
宁夏沿黄城市群	强化中心	培育发展	1. 强化银川首府地位和沿黄城市群龙头作用，内引外联，提升能级 2. 推动区域中心城市特色发展	《宁夏回族自治区新型城镇化"十四五"规划》

城市群名称	战略方向	"十四五"规划纲要目标	路径要点	主要文献
兰西城市群	强化中心	培育发展	1. 兰州、西宁进一步集聚人口 2. 加强中心城市与中小城市、卫星城镇互联互通	《兰州—西宁城市群发展规划》
滇中城市群	强化中心	培育发展	1. 增强昆明辐射带动能力，加快区域副中心城市发展 2. 消除要素自由流动的行政壁垒和体制机制障碍	《滇中城市群发展规划》
天山北坡城市群	强化中心	培育发展	1. 增强中心城市辐射带动功能 2. 加快发展中小城市	《新疆维吾尔自治区新型城镇化"十三五"发展规划》
山西中部城市群	强化中心	培育发展	1. 强化"一核"辐射引领功能，做大做强太原晋中心区域	《山西中部城市群高质量发展规划（2022—2035年）》

资料来源：作者根据相关文件整理。

二、单中心城市群发展的反事实构建与政策模拟方法

目前已有多种方法来对宏观政策效应进行评估，如联立方程组模型、VRA 模型、DSGE 模型等。联立方程模型在设定结构方程时需要严格区分内生变量与外生变量，否则极易出现误差。VAR 模型在一定程度上低估了政策效应。DSGE 模型设定较为复杂，所需数据量较多，且在因果推断上存在着不足。而 RCM 方法能有效规避在宏观政策评估中的内生性问题，准确反映政策效应的大小，结构模型设定简捷且所需数据量小，近年来在越来越多的宏观政策效应评估中得到使用。在此我们主要使用 RCM 方法来构造单中心城市群发展的反事实结果，对比各城市群发展规划政策实施前后人口分布的变动情况，考察城市群发展的空间模式对人口分布的影响。

2012 年 Hsiao 等在研究中国香港回归对中国大陆政治经济整合的影响效应时提出了回归控制法（Regression Control Method，RCM）。基于自然实验的逻辑，将处理组（实施政策）与控制组（未实施政策）之间的相关关系归结于无法观测的共同因素，并据此构建模拟反事实的变化趋势，从而与同时期控制组的真实值作为对比得出政策效果。该方法与合成控制法相似，但使用

回归法构造虚拟的控制组时，比合成控制法更为简单。

假设评估变量为 y，在本书中用人口密度、人口地理集中度和人口规模表示，第 i 个城市在 t 时的结果为 y_{it}。t 时期 i 城市受政策干预记为 y_{it}^1，t 时期 i 城市没有实施政策则记为 y_{it}^0。因为 y_{it}^0 与 y_{it}^1 无法在同一城市观测到，故引入虚拟变量 d_i，$d_{it} = 1$ 表示 i 城市在时期 t 受政策干预，$d_{it} = 0$ 表示没有受到政策干预，模型如下所示：

$$y_{it} = d_{it} y_{it}^1 + (1 - d_{it}) y_{it}^0 \tag{5-3}$$

基于因子模型，模型可以表示为：

$$y_{it}^0 = \alpha_i + b_i' f_t + u_t \tag{5-4}$$

式中，$i(i = 1, \cdots, N)$ 和 $t(t = 1, \cdots, T)$ 分别表示个体和时期，f_t 为 $K \times 1$ 维"因子载荷"，由上节的工资、税收规模、城市群特征变量和控制变量等共同决定，表示共同因子 f_t 对个体 i 的作用力度，u_t 为特异扰动项。随后，Hsiao 等与 Li 和 Bell 将模型进一步优化为：

$$y_{1t} = \gamma_1 + \gamma' \bar{y}_t + \varepsilon_{1t} \tag{5-5}$$

其中 $\bar{y}_t = (y_{2t}, \cdots, y_{Nt})'$ 包含所有控制组个体的结果变量，由上节的自变量共同决定。在使用政策冲击之前 $(t = 1, \cdots, T_0)$ 的数据对方程（5-5）进行 OLS 回归后，可以使用所得方程预测个体 i 在政策冲击之后的反事实结果：

$$\hat{y}_1^0 = \hat{\gamma}_1 + \hat{\gamma}' \bar{y}_t \tag{5-6}$$

在政策实施前的区段，如果方程（5-5）的 OLS 回归拟合效果好，则此模型预测个体 i 在政策实施后的反事实结果 $\hat{y}_1^0$ 更加可信。显然，政策实施前的拟合效果是应用 RCM 的重要前提。如果拟合效果欠佳，则政策效应的估计将出现偏差。基于以上反事实预测，可以得到政策干预的处理效应估计值：

$$\hat{\Delta}_{1t} = y_{1t}^1 - \hat{y}_1^0 \tag{5-7}$$

RCM 模型的应用主要包括三步，第一步为选择次优模型。RCM 选择了一系列次优模型，每个模型都包含一个唯一的预测子集。选择次优模型的方法包括最佳子集回归、套索回归、正向逐步和反向逐步选择回归等。第二步为从次优模型中选择最佳模型。通过 aicc、aic、bic、mbic 和 cv 等准则在次优模型中选择最优模型。第三步为最优模型进行反事实预测和政策效果估计。

我们采用 RCM 的方法对每个城市群做了反事实模拟，分别估计了中心城市和周边地区的反事实模拟值，通过反事实模拟值与实际值进行比较，就可以明确城市群政策实施对中心城市和周边地区的人口分布产生的实际效果。我们分别绘制了每个城市群的人口分布模拟值与实际值的变化图，来逐个分析城市群政策对其产生的影响。

三、北部湾城市群发展对人口分布影响的政策模拟

北部湾城市群的人口密度、人口地理集中度和人口规模的政策模拟图如图 5-2 所示。2017 年 1 月 20 日，国务院批复了《北部湾城市群发展规划》，在规划中，明确提出要加快建设南宁特大城市，推进其要素集聚的核心功能，建设海口和湛江两个增长极，强化北海、防城港、钦州、儋州等节点城市建设，做优做精中小城市和特色小镇。从政策实施效果看，南宁市、湛江市、防城港市、海口市、茂名市、玉林市的实际人口规模和人口密度都超过了模拟值，钦州市和崇左市出现了人口规模、人口密度和人口地理集中度下滑的现象，北海市的人口规模有所增加，但人口密度和人口地理集中度均低于反事实模拟值。总结北部湾城市群相关政策实施后的状态后可以发现，其核心城市和重要节点城市人口集中度有所增加，但周边城市的人口集中度下降了，"核心—边缘"的分布格局较为明显。

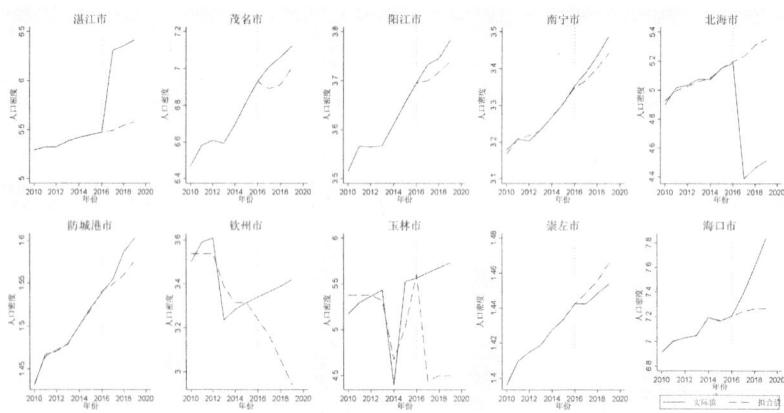

（a）人口密度政策模拟图

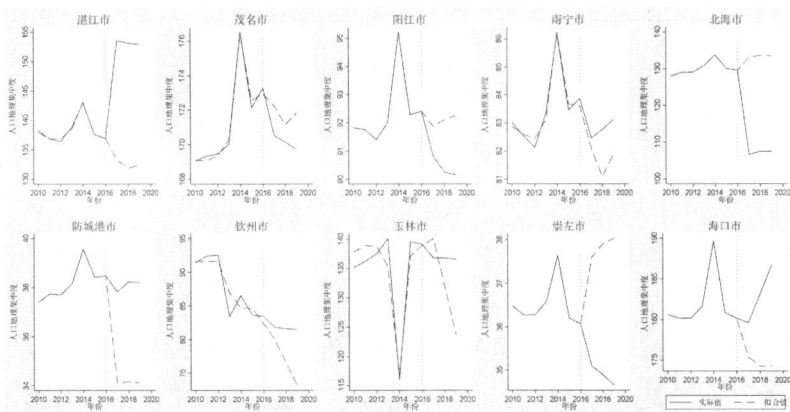

（b）人口地理集中度政策模拟图

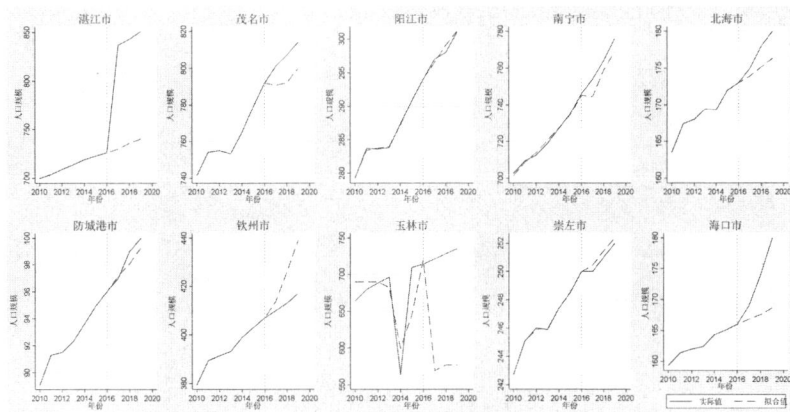

（c）人口规模政策模拟图

图 5-2　北部湾城市群人口分布模拟图

数据来源：作者根据计算结果整理。

四、山西中部城市群发展对人口分布影响的政策模拟

山西中部城市群的人口密度、人口地理集中度和人口规模的政策模拟图如图 5-3 所示。2019 年 9 月，山西省省委常委会审议通过了《山西中部盆地城市群一体化发展规划纲要（2019—2030 年）》，明确了山西城市群建设的目标、政策和相关措施，2022 年，山西省政府办公厅印发了《山西中部城市

群高质量发展规划（2022—2035 年）》，进一步明确了山西中部城市群的发展目标、格局和主要路径。根据相关规划，山西中部城市群发展按照"中心龙头、南北引擎、东西两翼"的总体布局，构建"一核四带多组团"城镇发展格局。主要是做大做强太原晋中中心区域，并建设一系列城镇带和城镇组团。我们在模拟时以 2019 年作为城市群政策实施的开始节点，可以发现太原市、晋中市和吕梁市的人口密度和人口规模较反事实模拟值均有提升，说明城市群政策实施后，人口向中心城市进一步集聚，但晋中市的人口地理集中度实际值比模拟值要低，说明晋中市人口集聚速度较为缓慢。同时，大同市、忻州市的人口密度、人口规模和人口地理集中度指数均低于反事实模拟值，表现为人口流出的过程。从山西省人口分布实际情况和反事实模拟情况对比来看，符合"核心—边缘"的人口分布模式，未来中心城市人口会进一步向中心城市集聚，但是次中心城市集聚速度较慢。

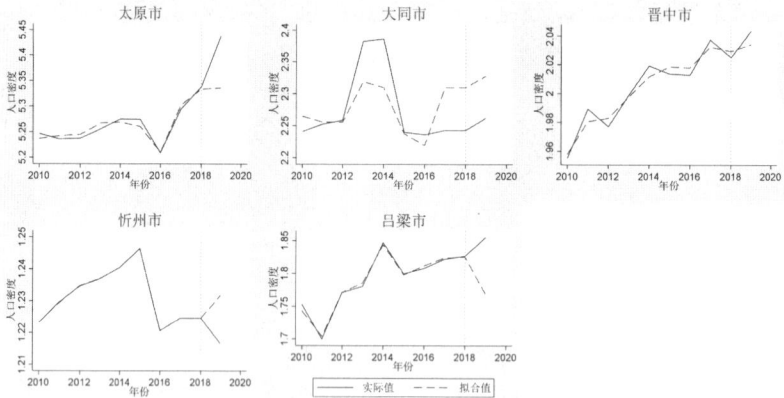

（a）人口密度政策模拟图

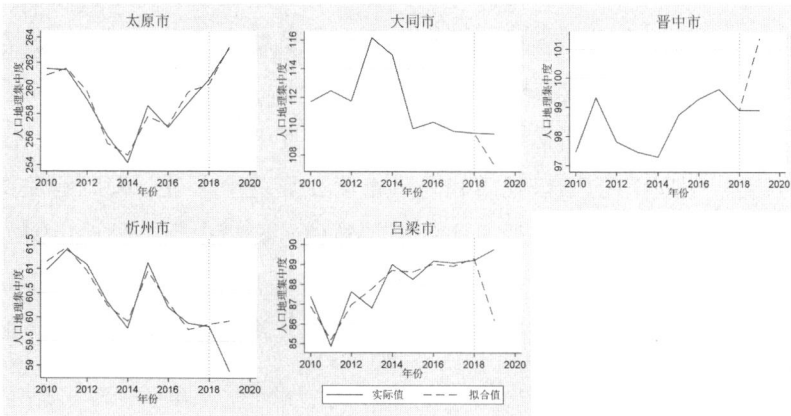

（b）人口地理集中度政策模拟图

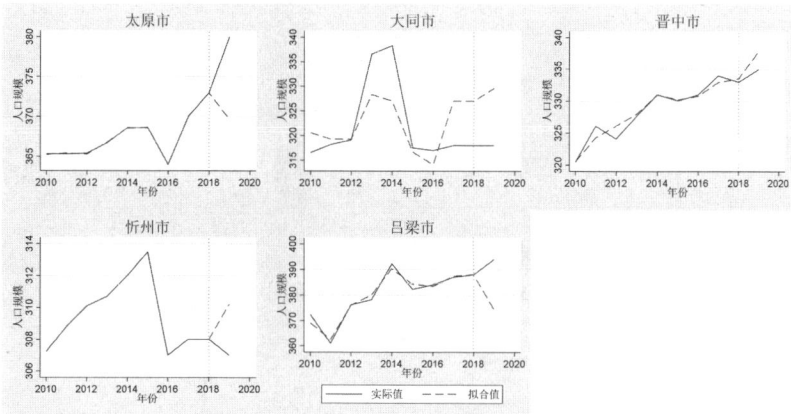

（c）人口规模政策模拟图

图 5-3 山西中部城市群人口分布模拟图

数据来源：作者根据计算结果整理。

五、宁夏沿黄城市群发展对人口分布影响的政策模拟

2009 年 6 月，宁夏人民政府印发《宁夏沿黄城市带发展规划》，在 2017 年颁布的《宁夏回族自治区新型城镇化"十三五"规划》中，明确提出要以银川为中心，构建包括石嘴山、吴忠和宁东组团式一体化发展的银川都市圈，着力培育固原市、中卫市为副中心城市。由于 2009 年的数据缺失较多，我们

的数据集没有囊括进来，在此我们把 2017 年作为宁夏沿黄城市群政策实施的时间节点来进行政策反事实模拟分析。宁夏沿黄城市群的人口密度、人口地理集中度和人口规模的政策模拟图如图 5-4 所示。由图所示，2017 年后银川市的人口密度、人口地理集中度和人口规模较反事实模拟结果均显示出稳步上升的趋势，中卫市的人口规模和人口密度在震荡中上升，人口地理集中度有所下降，但下降幅度低于反事实的模拟数值。石嘴山市、吴忠市的人口密度、人口地理集中度和人口规模变动不大或有所下降。综合来看，宁夏沿黄城市群的发展使人口主要向省会中心城市集中，其他节点城市人口集聚较弱或呈人口流出的状态。

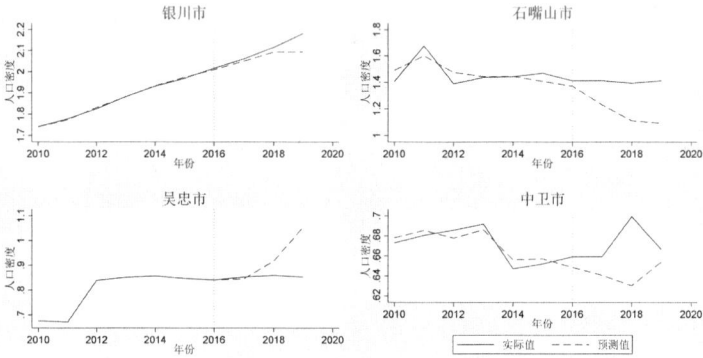

（a）人口密度政策模拟图

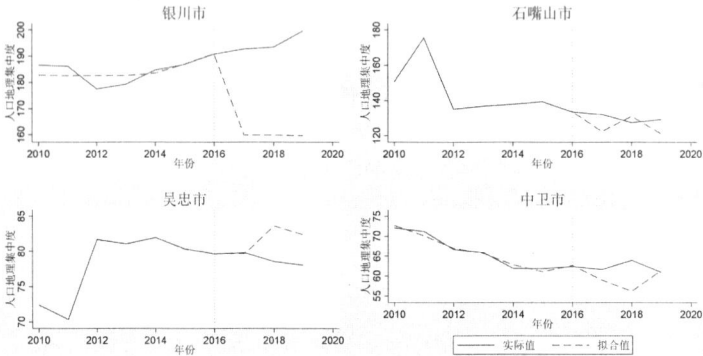

（b）人口地理集中度政策模拟图

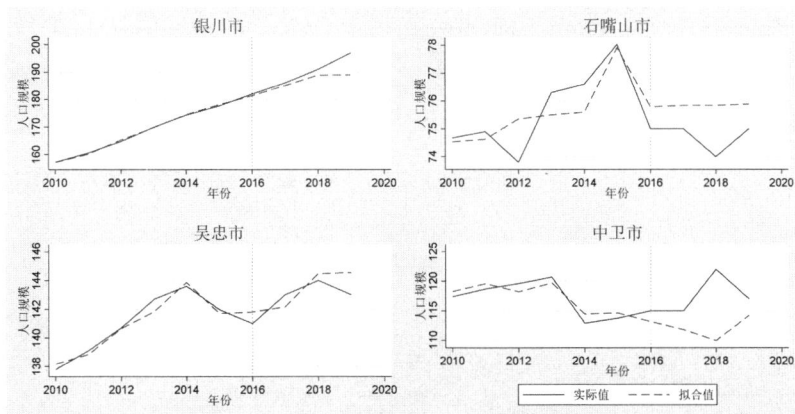

银川市 石嘴山市

吴忠市 中卫市

实际值 拟合值

（c）人口规模政策模拟图

图 5-4 宁夏沿黄城市群人口分布模拟图

数据来源：作者根据计算结果整理。

六、兰西城市群发展对人口分布影响的政策模拟

2018 年 2 月，国家发展改革委和住建部印发了《兰州—西宁城市群发展规划》，提出要建设兰州—白银都市圈和西宁—海东都市圈两个都市圈，同时培育定西、临夏、海北、海南、黄南等中小城市节点。我们以 2018 年作为政策实施节点来对兰西城市群发展做出反事实模拟，结果如图 5-5 所示。可以发现 2018 年以来兰州市、白银市和定西市的人口密度、人口地理集中度和人口规模均有所上升，但是西宁市和海东市的人口密度、人口地理集中度和人口规模均有所下降。说明兰西城市群的人口主要向兰州都市圈集中，西宁都市圈发展较为缓慢。

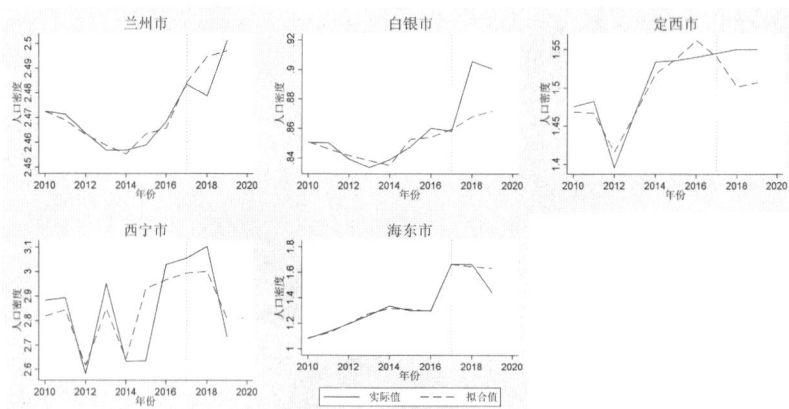

（a）人口密度政策模拟图

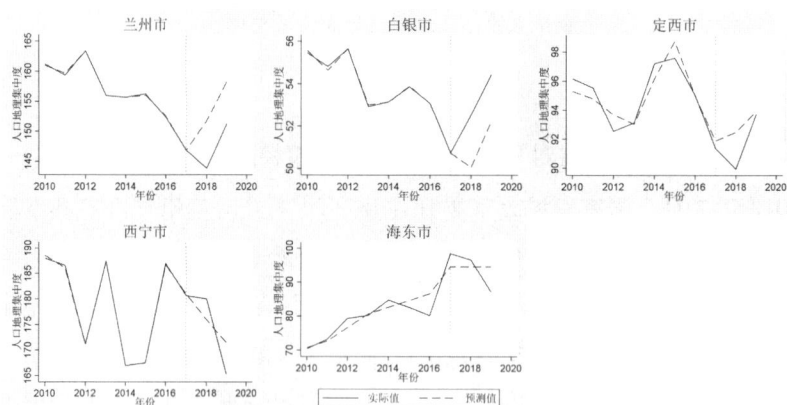

（b）人口地理集中度政策模拟图

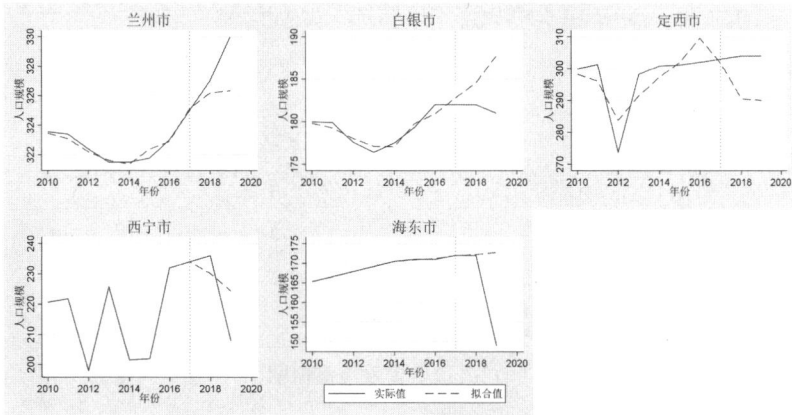

（c）人口规模政策模拟图

图 5-5　兰西城市群人口分布模拟图

数据来源：作者根据计算结果整理。

七、滇中城市群发展对人口分布影响的政策模拟

2009 年 10 月，云南省发展和改革委员会印发了《云南省滇中城市经济圈区域协调发展规划》，提出提升昆明的影响力、带动力和辐射力，加快滇中城市经济圈的形成。2014 年 10 月，云南省发展和改革委员会印发了《滇中城市经济圈一体化发展总体规划》，构建了以昆明、玉溪、曲靖、楚雄 4 州市及红河州北部拓展区为发展空间的 "4+1" 滇中城市经济圈建设蓝图。2020 年 7月，云南省政府印发了《滇中城市群发展规划》，提出了增强昆明辐射带动能力，加快区域副中心城市发展等系列政策。我们以 2014 年为政策实施节点，通过反事实的方式模拟了滇中城市群各城市政策实施后的情况，所得结果如图 5-6 所示。如图，政策实施后昆明市的人口密度、人口地理集中度和人口规模没有出现明显提升，曲靖市的人口密度和人口规模有所提升，人口地理集中度变化不大，且三者均小于反事实模拟值，玉溪市的人口密度、人口地理集中度和人口规模都有所下降。综合来看，滇中城市群的中心城市人口集聚能力还没有体现出来，且面临着人口流失的风险。

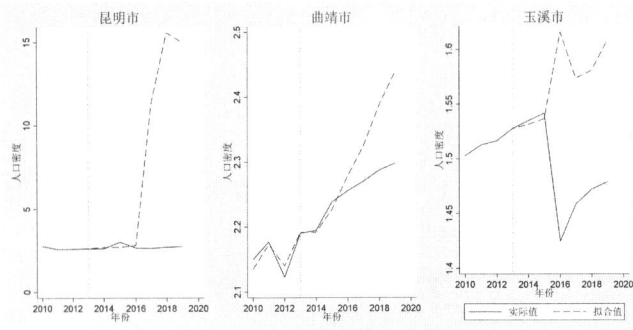

（a）人口密度政策模拟图

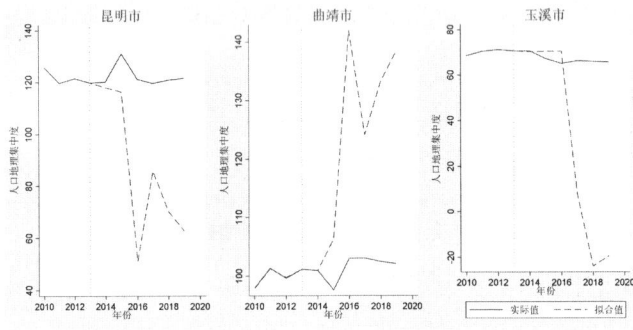

（b）人口地理集中度政策模拟图

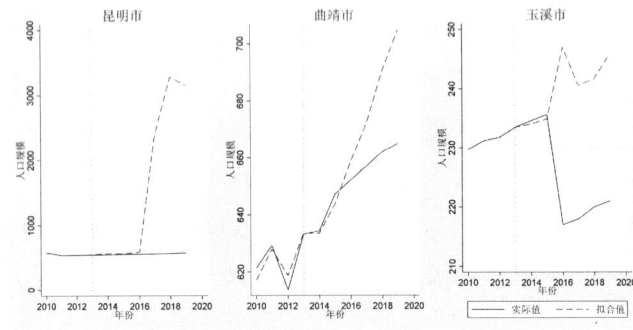

（c）人口规模政策模拟图

图5-6　滇中城市群人口分布模拟图

数据来源：作者根据计算结果整理。

八、关中平原城市群发展对人口分布影响的政策模拟

2018 年 1 月，国家发改委和住建部印发了《关中平原城市群发展规划》，提出强化西安服务辐射功能，加快培育发展轴带和增长极点，加快功能布局优化与疏解，建设具有国际影响力的现代化都市圈。2022 年 6 月，国家发改委和住建部印发了《关中平原城市群建设"十四五"实施方案》，提出要优化城市空间格局，控制中心城区开发强度和人口密度，推动中心城区瘦身健体，培育发展西安都市圈的政策。我们以 2018 年作为政策实施节点，模拟了关中平原城市群的人口密度、人口地理集中度和人口规模的情况，结果如图5-7 所示。由图，西安市的人口密度、人口地理集中度和人口规模较反事实模拟值均有较大的提升，但铜川市、宝鸡市、咸阳市、渭南市、商洛市、天水市、平凉市和庆阳市的人口密度、人口地理集中度和人口规模均较反事实模拟值较低或实际有所下降，表明关中平原城市群人口分布以向中心城市集聚为主，次级城市和节点城市的人口集聚能力无法体现，城市群发展仍处于中心城市集聚的阶段，且有可能出现一城独大的格局。

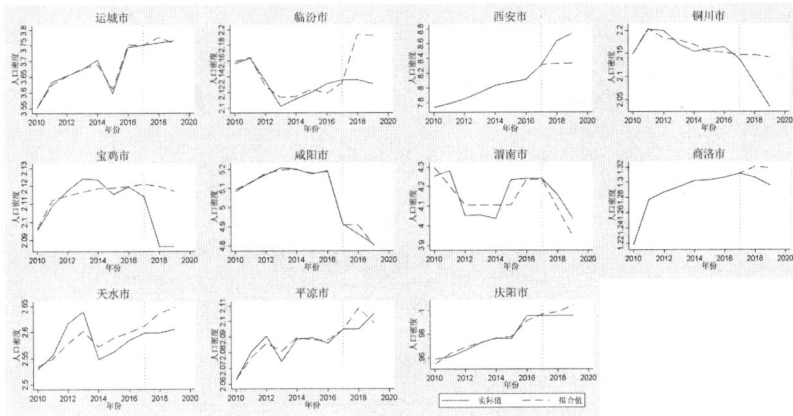

（a）人口密度政策模拟图

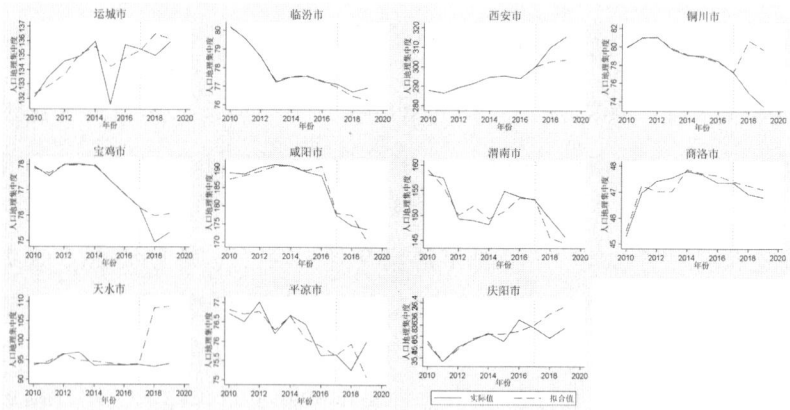

（b）人口地理集中度政策模拟图

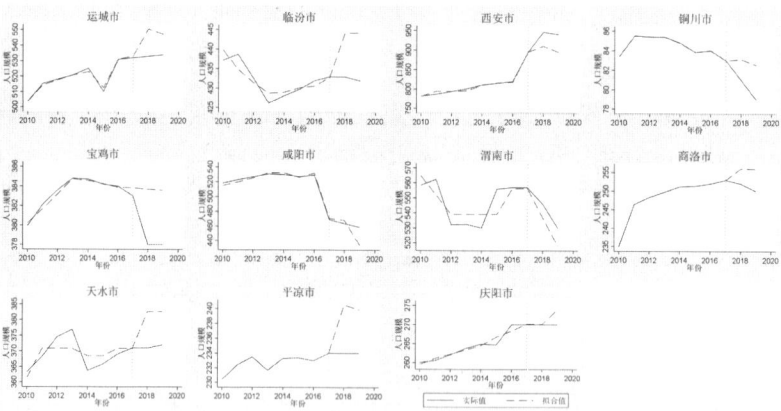

（c）人口规模政策模拟图

图 5-7　关中城市群人口分布模拟图

数据来源：作者根据计算结果整理。

九、天山北坡城市群发展对人口分布影响的政策模拟

2012 年，国务院批复了《天山北坡经济带发展规划》，2018 年，国家发展改革委批复同意了《天山北坡城市群发展规划》。根据 2017 年新疆印发的《新疆维吾尔自治区新型城镇化"十三五"发展规划》，天山北坡城市群在城市建设方面一是要扩大中心城市规模，增强辐射带动功能，二是加快发展中

小城市。我们以 2018 年《天山北坡城市群发展规划》获批作为政策模拟时间节点，对天山北坡城市群政策实施进行反事实模拟，所得结果如图 5-8 所示。由图可知，乌鲁木齐市和克拉玛依市的人口密度、人口地理集中度和人口规模均有所下降，天山北坡城市区发展面临着人口流失的风险。

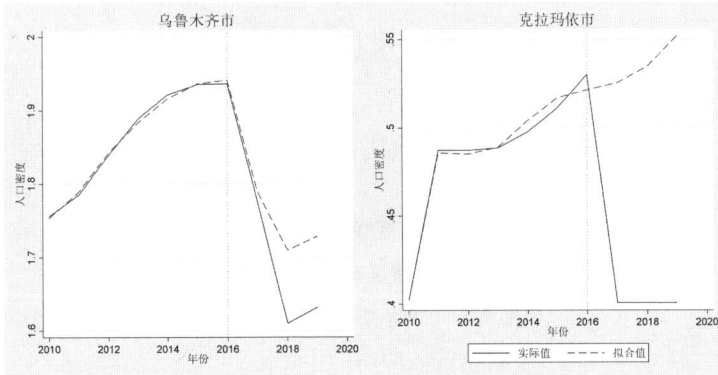

（a）人口密度政策模拟图

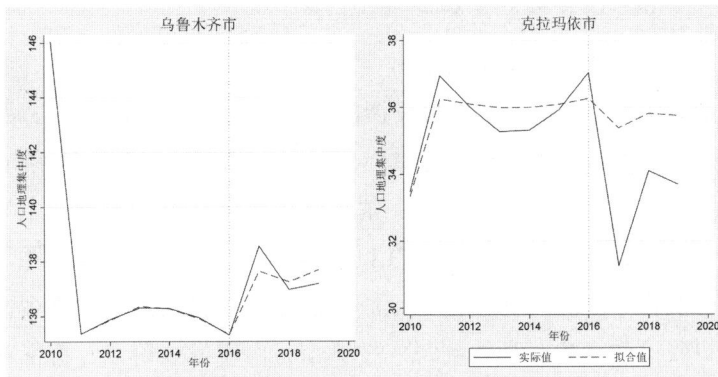

（b）人口地理集中度政策模拟图

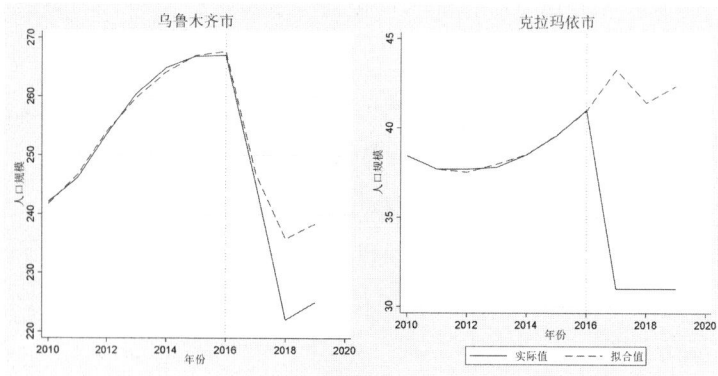

（c）人口规模政策模拟图

图5-8　天山北坡城市群人口分布模拟图

数据来源：作者根据计算结果整理。

十、单中心城市群发展的政策选择

（一）单中心城市群发展的主要问题总结

通过对各单中心城市群的发展政策进行反事实模拟分析发现，我国单中心城市群发展仍处于中心城市分散发展阶段，要素主要向区域中心城市流动，中心城市与周边城市的联系还不是很强，对周边城市的辐射带动能力也有限。要素向中心城市流动是以工资差异、基础设施和公共服务差异为主导的市场引领过程，单纯靠疏解中心城市人口和功能对这一过程的影响有限。次中心和节点城市发育不足的问题在单中心城市群发展中普遍存在，不少周边城市出现了人口收缩的现象。具体到每一个城市，由于发展阶段、特征和具体条件不同，呈现的问题也不尽相同。我们根据各个城市群的相关政策文件整理了不同城市群发展中面临的问题，如表5-9所示。

表5-9　单中心城市群发展面临的主要问题

城市群	问题	主要文献
北部湾城市群	中心城市辐射带动能力有限，部分节点城市发展不及预期	《北部湾城市群建设"十四五"实施方案》

城市群	问题	主要文献
关中平原城市群	中心城市对周边辐射带动不足，次级城市发展相对缓慢	《关中平原城市群建设"十四五"实施方案》
宁夏沿黄城市群	中心城市能级偏低，沿黄城市群一体化发展程度不高，城乡生产要素自由流动的体制机制障碍还未完全消除	《宁夏回族自治区新型城镇化"十四五"规划》
兰西城市群	发展水平总体不高，中心城市带动能力不强	《兰州—西宁城市群发展规划》
滇中城市群	城镇空间结构有待优化，中心城市人口聚集能力不足、辐射带动作用不强	《滇中城市群发展规划》
天山北坡城市群	城镇体系不完善，城市规模较小	《新疆维吾尔自治区新型城镇化"十三五"发展规划》
山西中部城市群	中心城市规模不大，辐射带动乏力，阻碍要素流动的行政壁垒仍未打破，统一开放的市场体系尚未建立	《山西中部城市群高质量发展规划（2022—2035年）》

数据来源：作者根据相关文件整理。

（二）单中心城市群发展的政策选择建议

根据理论和实证分析结果，我们对优化单中心城市群发展、促进人口合理分布提出如下政策选择建议。

第一，加快中心城市发展，提高中心城市的辐射和带动能力。相较于发展较为成熟的城市群，目前大部分单中城市群中心城市对人口的集聚能力尚有提升的空间。在目前我国人口向东部沿海、沿江集中分布的大趋势下，单中心城市群的中心城市群需要进一步扩大经济规模，培育壮大市场主体，通过匹配、共享和学习的集聚效应，提高劳动者的实际工资水平，增加城市公共产品数量，提升城市公共产品质量，进一步消除各种阻碍劳动力自由流动的制度障碍，吸引更多的人口流入。

第二，着重城市群次中心城市和节点城市的建设。单中心城市群的次中心城市和节点城市对人口的集聚能力普遍不足，部分节点城市还面临着人口流出和城市收缩的风险，长此以往不利于构建大中小城市协调发展的城市规模体系。在人口进一步向大城市集中的宏观背景下，一是需要加强次中心城市和中心城市的合作，通过宏观政策促进城市相向发展，差异竞争，增强中心城市对其的辐射带动和次中心城市接受中心城市技术、知识、设施和产业外溢的能力。二是在市场规模和工资水平没有优势的条件下，次中心城市需要加强城市建设，提供更为优质的公共产品以增强对人口的吸引能力。三是加快促进就近城镇化，进一步提升节点城市的城镇化水平，提高农业生产力，促进人口实现就近城镇化，增加节点城市的城市服务能力。

第六章

双中心城市群发展对人口分布的
影响机制与政策选择

　　双中心城市群是我国城市群发展模式中的独特形态。根据第三章，我国19大城市群中目前共有8个城市群是双中心城市群，分别是珠江三角洲城市群、山东半岛城市群、京津冀城市群、中原城市群、成渝城市群、黔中城市群、辽中南城市群和哈长城市群，占据了我国城市群总数的约42%。从我国双中心城市群的分布来看，既有诸如珠江三角洲城市群、京津冀城市群等发展较为成熟的城市群，也有尚处于发展阶段的山东半岛城市群、成渝城市群、中原城市群等，还有尚处于初级阶段的黔中城市群，几乎涵盖了城市群发展的所有阶段，具有典型性和代表性。因此，明晰双中心城市群的发展模式，有助于我们充分理解双中心城市群的发展规律，对双中心城市群的发展轨迹与发展方向有更加明确的认知。

　　陆玉麒①较早讨论了双中心发展模式的形成机理，指出双中心发展模式为主要经济、文化、政治中心城市和港口城市的耦合，并讨论了双中心模式的空间特点和理想图式。随着现代交通运输技术的不断提升和政府宏观政策的推动，越来越多的内陆地区也出现了双中心发展模式，其中的典型代表为成渝城市群，目前已有不少研究就成渝城市群的空间要素特征②、城市空间格局

---

① 陆玉麒. 区域双核结构模式的形成机理 [J]. 地理学报，2002（1）：85—95.
② 姚作林，涂建军，牛慧敏，等. 成渝经济区城市群空间结构要素特征分析 [J]. 经济地理，2017，37（1）：82—89.

与网络结构①、经济发展时空特征②等展开研究。此外，还有部分研究讨论了珠江三角洲城市群③、关中平原城市群④、京津冀城市群⑤、山东半岛城市群⑥等。根据文献查询结果，目前关于双核城市群的研究主要聚焦于双中心城市群的空间结构以及双中心开发战略等实证研究，从理论视角对双中心城市群系统阐述以及分析双中心城市群如何影响人口分布的研究尚不多见。

本章拟在前文分析的基础上，进一步结合双中心城市群的空间结构，从城市相对工资的影响、相对税收的影响以及相对工业品价格指数的影响三个方面对双中心城市群对人口分布的影响展开深入探讨，并在此基础上对相应理论展开实证检验。

第一节　双中心城市群发展模式对
人口分布影响的理论机制

根据本文第三章的理论分析，考虑到存在有两个中心城市，故而最终影响人口分布格局的不仅包括周边地区的人口流动方向，两个中心城市的人口

---

① 史育龙，潘昭宇．成渝地区双城经济圈空间结构特征与空间格局优化［J］．宏观经济管理，2021（7）：21—27；孙平军，罗宁．西南经济核心区中心城市城镇化结构质量比较分析：以成都、重庆为例［J］．地理科学，2021，41（6）：1019—1029；涂建军，毛凯，况人瑞，等．长江经济带三大城市群城际客运联系网络结构对比分析［J］．世界地理研究，2021，30（1）：69—79；宗会明，黄言，季欣．2000年以来中国铁路货物运输格局演化特征与影响因素［J］．经济地理，2021，41（7）：128—137；龚勤林，王舒鹤．西部地区生产性服务业集聚对区域经济发展的影响：机制与实证［J］．经济体制改革，2021（5）：48—54.

② 刘运伟．成渝经济区经济发展时空变化特征［J］．中国科学院大学学报，2015，32（2）：229—234.

③ 陈朋亲，毛艳华，荣健欣．城市群"双城"联动的理论逻辑与实践策略：以粤港澳大湾区广州、深圳为例［J］．城市发展研究，2021，28（12）：110—117.

④ 李玲燕，陶进．多维联系视角下关中平原城市群城市网络结构分析［J］．资源开发与市场，2021，37（11）：1339—1344，1353.

⑤ 栾贵勤，齐浩良．京津"双核"增长极空间经济联系研究［J］．开发研究，2008（6）：5—8.

⑥ 盛科荣，孙威．规模经济、对外贸易与区域双核结构模式探讨：以山东半岛济南—青岛双核结构为例［J］．地理科学进展，2012，31（12）：1636—1644.

也会受到对方城市的吸引而流出本地区。在双中心城市群的新经济地理学模型中，吸引人口向不同中心城市流入的主要动力是两个中心城市的福利差距。

双中心城市群对人口的吸引力主要来自两地的福利差距，这种福利差距又可以分解为中心城市与本地周边地区的福利差距、中心城市与外地周边地区的福利差距、中心城市与外地中心城市的福利差距三个方面。当中心城市的福利水平最高时，中心城市与周边地区、中心城市与外地周边地区、中心城市与外地中心城市的福利差距均为正，人口会统一向中心城市集聚，最终双中心城市群会演化为单中心城市群，从而形成了以中心城市为核心的梯度人口分布格局。当两个中心城市福利水平相同时，此时由于两地相对工资水平、相对税收水平、相对工业品价格指数等影响因素的不同会导致人口在区域之间流动，从而形成不同的人口分布格局。下面主要从相对工资的影响机制、相对税收的影响机制、相对工业品价格指数的影响机制三方面加以说明（如图6-1）。

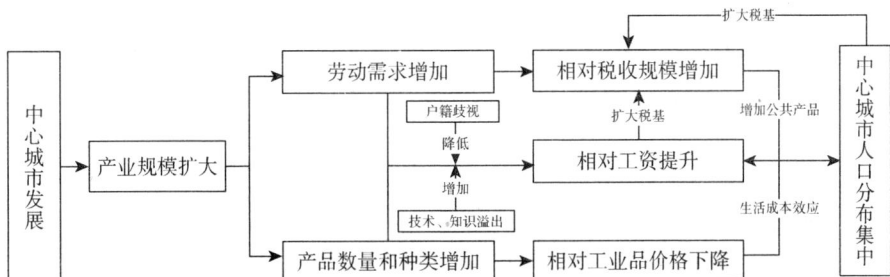

图6-1 双中心城市群发展对人口分布影响的理论机制
数据来源：作者自绘。

一、相对工资、户籍歧视与知识共享的影响机制

一般而言，规模较大的市场由于本地市场效应的存在，其工资水平会较高，这种情形下人口的流动主要取决于由本地市场效应、生活成本效应和劳动力池效应构成的集聚力以及由税收、户籍歧视和竞争构成的分散力的大小。当集聚力大于分散力时，双中心城市会转化为单中心城市，从而形成了以中心城市为中心的梯度人口分布格局，相关影响在第三章已进行了分析。当集聚力小于等于分散力时，两地将维持双中心的格局。以上分析建立在两地贸易自由度较高的基础上，当两地贸易自由度较低时，双中心系统将具有较强

的稳定性，此时的人口分布会分别围绕两个中心城市形成梯度分布的情况。

考虑到在城市群中，随着一体化制度的推行，城市之间联系逐渐紧密，人口流动逐渐活跃，因此在其他情况相同时，工资差距不可能长久存在。接下来讨论工资相同，影响工资的因素诸如农业生产率、工业品消费偏好、税率、人口规模等均相同的情况下，两地由于其他外生变量所导致的人口分布情况差异。第一种外部因素是户籍歧视程度。由于历史的或者制度的原因，两地的户籍歧视程度会产生差异。此时户籍歧视程度较高的地区对流动人口的吸引力下降，人口会向户籍歧视程度低的地区集中，从而形成两个中心城市人口分布的差异格局。第二种外部因素是知识和技术的共享。当一个地区拥有更多的高校和科研院所，从而企业在技术创造、资本积累等方面更具效率时，本地区产业增长会增快，对人口的集聚力也会增强。接受更多的知识和技术有助于提升劳动者劳动技能，并提升其工资水平。此时也会形成差异化的人口分布格局。但同样，工资的集聚效果会受到户籍歧视的调节作用，具体机理同第四章。

由此我们提出假设1：在双中心城市群中，经济规模较大的城市的相对工资会比较高，从而该城市的人口分布会更加集中，人口密度和人口规模会更大。

二、相对税收和公共产品差异的影响机制

税收规模差异是区域公共产品竞争的主要根源。其他条件相同情况下，人口会在税收规模较大的地区集中，因为税收规模相对较大的地区会有更大的税基来支撑更多的公共产品，降低人们的生活成本。同第三章的分析，税收规模的大小受到工资水平和人口规模的影响。税收规模比较大的地区人口分布会相对集中。税收规模影响双中心城市群人口分布的另外一个路径是人口对于公共产品的偏好。当一个地区人口的公共产品偏好增加时，中心城市的人口分布会更加集中，同时会产生连锁反应，进一步吸引其他地区人口流入中心城市，中心城市的人口分布进一步集中。

由此我们提出假设2：在双中心城市群中，规模较大的城市的相对税收规模会较大，从而该城市的人口分布会更加集中，人口密度和人口规模会更大。

三、相对工业品价格指数差异的影响机制

相对工业品价格指数实际上为两个中心城市的相对产品价格。在双中心城市群中，当一个中心城市规模较大时，相对工业品价格指数会降低，企业的生产成本和居民生活成本会下降，从而吸引更多人口流入中心城市，即生活成本效应。这种成本的降低主要来自中心城市工业规模扩张后带来的产品数量和种类的增加，相当于增加了工资的购买力。生活成本效应会通过两条路径影响双中心城市群的人口分布结构。其一是通过减少周边地区的人口规模，使人口向规模较大的中心城市集中，其二是通过吸引规模较小中心城市的人口，使其向规模较大的城市集中。

由此我们提出假设 3：在双中心城市群中，规模较大的城市的工业品价格会较低，从而该城市的人口分布会更集中，人口密度和人口规模会更大。

第二节　双中心城市群发展模式对人口分布影响的实证分析

一、实证分析框架设计

（一）实证模型设定

双中心城市群虽然空间格局处于相对稳定的状态，但如果一个中心城市开始扩大规模，同样会通过提升相对工资水平、增加相对税收规模和降低相对产品价格三个途径吸引人口流入，从而使本城市的人口分布集中度增加。相对工资的提升受到技术溢出和户籍歧视的调节作用。基于上文的理论分析，这里我们通过估计中心城市人口分布与相对工资、相对税收规模和相对工业品价格的变化来对其进行实证检验。在已有研究的基础上，我们建立如下实证分析模型：

$$ln\, y_{it} = \beta_0 + \beta_1 \ln wage_{it} + \beta_2 \ln public_{it} + \beta_3 \ln price_{it} + \beta_4\, D_i \times \ln wage_{it}$$
$$+ \beta_5\, D_i \times \ln public_{it} + \beta_6\, D_i \times \ln price_{it} + \beta_7\, \gamma_{it} + \beta_8 \ln Re_{it} + \beta_9\, \gamma_{it}$$
$$\times \ln wage_{it} + \beta_{10}\, \ln Re_{it} \times \ln wage_{it} + V'\theta + X'\delta + \varepsilon_{it} \qquad (6\text{-}1)$$

式中，$ln\, y_{it}$ 表示城市的人口分布指数的对数值，$ln\, wage_{it}$ 为城市相对工资

的对数值，$ln\,public_{it}$ 为政府相对税收规模的对数值，$lnprice_{it}$ 为城市相对工业品价格的对数值，γ_{it} 表示相对户籍歧视程度，$ln\,Re_{it}$ 表示区域知识储备对数值，γ_{it} × $lnwage_{it}$ 表示相对户籍歧视与相对工资的交叉项，Re_{it} × $lnwage_{it}$ 表示知识储备与相对工资的交叉项，D_i 为是否中心城市的哑变量，值为 1 的时候表示为中心城市，$V'\theta$ 为城市群发展的特征变量，包括城市群的能级、发育程度和平均引力大小，$X'\delta$ 为一系列可能影响人口分布指数的控制变量，μ_i 和 v_t 分别代表城市的个体固定效应和时间固定效应，β_1—β_{10} 为系数。我们预期当 D_i 等于 1 时，β_4 和 β_5 为正，β_6 为负，说明中心城市的相对工资水平和价格水平能够促进城市人口集中；β_9 小于 0，说明相对户籍歧视对相对工资对人口的集中作用起到负向调节效果，β_{10} 大于 0，说明知识储备的存在对相对工资对人口的集中作用起到正向的调节作用。

（二）数据和样本

本书的数据来源于 2011 年到 2020 年《中国城市统计年鉴》，选取了 2010 到 2019 年共 10 年的数据来实证检验城市群发展对人口分布的影响。选取数据时间节点的原因见第四章。我们共选取了珠江三角洲城市群、山东半岛城市群、京津冀城市群、中原城市群、成渝城市群、黔中城市群、辽中南城市群和哈长城市群共 8 个城市群 102 个城市作为研究样本。

（三）变量构造和说明

1. 被解释变量

被解释变量主要是人口分布指数，我们分别采用人口密度（$lnden$）、人口地理集中度指数（$lncon$）和人口规模（$lnscale$）来衡量。三者的计算方法见第四章。

2. 核心解释变量

核心解释变量包括城市的相对工资（$lnwage$）、相对税收规模（$lnpublic$）以及相对工业品价格指数（$lnprice_{it}$）。相对工资（$lnwage$）用本城市和城市群内其他城市市辖区在岗职工平均工资之比的均值表示；相对税收规模（$lnpublic$）用本城市和其他城市市辖区地方财政一般预算内支出之比的均值表示；囿于数据的可获得性，我们没有相对工业品价格指数的直接数据，在第三章的理论分析模型中，相对工业品价格指数之比同区域内集聚的工业企业数量之比相关，在此我们使用市辖区规模以上工业企业数量之比的倒数的平均值来表示。相对户籍歧视程度（γ）用本城市同城市群内其他城市的户籍歧视程度之比的均值表示。

3. 城市群特征变量与控制变量

与第四章相同，此处分别加入城市的能级、发育程度和与其他城市的平均引力大小作为城市群的特征变量，三者的计算方法见第四章。加入城市经济规模、产业结构、城市的基础设施和公共服务设施作为控制变量。其中，城市经济规模用全市地区生产总值代表，城市产业结构用全市第二、三产业占 GDP 比重代表，城市的基础设施和公共服务设施用市辖区中小学数量之和、市辖区医院个数、市辖区年末实有城市道路面积代表。表 6-1 为所有变量的描述性统计。

表 6-1　数据描述性统计表

变量	含义	样本	均值	标准差	最小值	最大值
lnden	人口密度对数	1010	1.5484	0.6398	-0.3861	2.5413
lncon	人口地理集中度对数	1010	4.6276	0.4856	3.0666	5.4518
lnscale	人口规模对数	1010	6.1515	0.5956	4.7791	7.3052
lncwage	相对工资对数	1010	0.0139	0.1661	-0.2994	0.6123
lncpublic	相对税收规模对数	1010	1.0887	2.1197	-1.4799	6.6934
lncprice	相对工资对数	1010	-0.3594	0.9116	-3.2096	1.5048
D	是否为中心城市	1010	0.1584	0.3653	0.0000	1.0000
gama	户籍歧视程度	1010	1.3308	1.9475	0.1485	16.6404
lnfunlevel	城市能级对数	1010	-0.5739	1.0273	-3.0948	2.0245
lnic	城市发育度对数	1010	5.4745	0.8937	2.2694	7.0659
lngravitation	城市平均引力对数	1010	2.3561	1.6195	-1.6509	7.2172
lnroad	道路面积对数	1010	7.4236	0.9442	5.0876	10.1053
lnfirm	规上工业企业数量对数	1010	5.9046	1.1659	2.4849	9.2435
lnArea	行政面积对数	1010	4.8389	0.8427	2.9957	7.3232
lnschool	中小学数量对数	1010	5.3741	0.7714	3.7612	7.9445
lnhospital	医院数量对数	1010	4.1901	0.7872	1.9459	7.0166

数据来源：作者计算。

二、对相对工资、税收和公共产品以及相对工业品价格差异影响的检验

（一）基准回归

表6-2显示了模型的基准回归结果，其中第（1）—（3）列未加入控制变量，（4）—（6）为加入控制变量后的结果。从表6-2中可以看出，在加入控制变量后，核心解释变量的符号和显著性水平均未发生明显变化。其中，对于人口密度，城市的相对工资水平、城市的税收规模具有负向作用，在双中心城市群中，就平均意义而言，相对工资和税收规模与人口密度负相关。对此的解释是我国的双中心城市群中的不少城市近年来人口规模缩减，城市人口密度下降，其中典型的包括哈长城市群、辽中南城市群、成渝城市群等的周边城市等等，在相对工资和税收规模随时间线性增长的情况下二者呈负相关关系。平均意义上而言，城市的相对价格水平同城市人口密度具有正相关关系，对此的解释是随着工业规模的不断扩大，相对价格水平会不断降低，这同平均意义上的城市人口密度下降呈现了同向变动关系，因此二者呈现正相关。中心城市的相对工资水平、中心城市的相对税收规模同人口密度有正向关系，中心城市的价格水平同人口密度有负向关系，这和我们的假设预期是相符的。中心城市的较高的相对工资、较大的税收规模以及与之相对应的公共产品数量，较低的工业品价格水平以及与之相对应的较低的生活成本，均对人口流入产生吸引，从而验证了上节的假说1、2和3。人口地理集中度、人口规模下的解释变量的系数大部分同人口密度的解释变量的系数相同，我们在此不做重复解释。需要说明的是平均意义上而言，人口规模和相对税收规模显示出正相关的关系，表明相对税收规模增加能够使城市的人口规模增加，在双中心城市群中，人口主要表现为由周边城市向中心城市流入，在整体人口增加的情况下，就平均意义而言人口规模会正向变动，此时二者便显示出正相关关系。

表6-2 基准回归结果

	（1）	（2）	（3）	（4）	（5）	（6）
VARIABLES	lnden	lncon	lnscale	lnden	lncon	lnscale
lncwage	−0.1123 **	−0.2112 ***	−0.0158 ***	−0.6001 ***	−0.3801 ***	−0.0299 ***

续表

	（1）	（2）	（3）	（4）	（5）	（6）
	（−2.1130）	（−3.8150）	（−2.7786）	（−5.6829）	（−6.1079）	（−4.2880）
lncpublic	−0.3128 ***	−0.3002 ***	0.0221 ***	−0.3423 ***	−0.2319 ***	0.0032
	（−5.7431）	（−6.2428）	（2.7260）	（−7.0824）	（−3.4143）	（0.5421）
lncprice	0.6768 ***	0.5814 ***	0.0541 ***	0.4175 ***	0.5397 ***	0.0349 ***
	（13.5156）	（15.6236）	（5.1315）	（11.5291）	（14.0513）	（3.1295）
lncwage_ D	0.4659 **	0.7951 ***	0.0392	1.2765 ***	0.9907 ***	0.0608
	（2.5322）	（3.2047）	（0.5713）	（4.4585）	（4.0143）	（1.4765）
lncpublic_ D	0.7945 ***	0.5071 ***	0.3321 ***	0.2188 **	0.3664 ***	0.2567 ***
	（7.7996）	（4.3954）	（6.9702）	（2.1172）	（2.9814）	（8.9755）
lncprice_ D	−1.1045 ***	−0.6020 ***	−0.0484	−0.5058 ***	−0.5171 ***	0.0017
	（−11.2219）	（−7.7586）	（−1.2190）	（−5.8457）	（−6.4906）	（0.0627）
lnfunlevel	—	—	—	0.2222 ***	0.1122 ***	0.0048
	—	—	—	（15.4146）	（14.5269）	（0.4090）
lnic	—	—	—	0.3444 ***	0.0390 ***	0.0723
	—	—	—	（24.1027）	（4.6565）	（1.5607）
lngravitation	—	—	—	0.0518 ***	0.0859 ***	−0.0286 *
	—	—	—	（4.5767）	（9.8011）	（−1.8707）
lngdp	—	—	—	−0.0030	−0.1856 ***	0.1060 ***
	—	—	—	（−0.1402）	（−16.7339）	（10.5855）
lnroad	—	—	—	0.0703 ***	0.0837 ***	−0.0122 ***
	—	—	—	（5.0927）	（4.0418）	（−3.1203）
lnArea	—	—	—	−0.2695 ***	−0.2392 ***	−0.0046
	—	—	—	（−5.8666）	（−10.1513）	（−1.5947）
lnschool	—	—	—	0.3385 ***	0.1623 ***	0.0205 **
	—	—	—	（13.3565）	（15.4212）	（2.1020）
lnhospital	—	—	—	−0.1062 ***	0.0166	0.0162 ***
	—	—	—	（−6.1416）	（1.0496）	（3.6252）

	（1）	（2）	（3）	（4）	（5）	（6）
Constant	1.5419***	4.5927***	6.0952***	−0.8831***	6.9751***	3.9233***
	（679.7419）	（999.6820）	（560.1246）	（−2.7386）	（17.7349）	（10.2256）
Observations	1,010	1,010	1,010	1,010	1,010	1,010
R-squared	0.2157	0.3120	0.0855	0.6037	0.4251	0.244

数据来源：作者计算。

注：括号中的为 t 值。＊＊＊表示 p<0.01，＊＊表示 p<0.05，＊表示 p<0.1。

（二）内生性处理

上文通过基准回归研究了双中心城市群发展对人口分布的影响，但是这种实证分析并未将双中心城市群发展与人口分布之间可能存在的内生性问题考虑在内。尽管本章在设定基准模型和选择控制变量时尽量避免出现遗漏重要变量的情况，但是，由于每个城市群发展机会并不均等，经济基础较牢固以及战略定位较高的城市群往往有相对工资更高、相对税收规模更大、相对工业品价格更低的中心城市，这就造成了样本城市群的中心城市存在样本自选择，导致内生性问题，从而降低模型的估计结果的准确性，而倾向评分匹配法（PSM）可以有效解决这一问题。

倾向评分匹配能够解决样本的"样本自选择"问题，克服选择性偏误，避免双中心城市群发展模式与人口分布之间可能发生的内生性问题。所以本章基于倾向评分匹配的方法重新进行回归估计，回归结果见表6-3第（1）—（3）列。与基准回归表观察和对比，发现基于倾向评分匹配方法回归后的回归结果与基准回归结果大部分变量系数的符号和显著性没有变化，但系数值有所变动，表明基准回归的结果基本是稳健的。

理论上看，相对工资与人口分布是互为因果的，城市相对工资水平的提升会吸引更多劳动力，吸引人口流入，而城市人口越集中，知识和技术也就越集中，相对工资水平也会提升；相对税收规模与人口分布也是互为因果的，城市相对税收规模越大，政府为居民提供的公共产品和公共服务越完善，人口分布越集中，而城市人口分布越集中，政府的税基越大，相对税收规模也随之增加。为了解决变量间互为因果的问题，采用工具变量法再一次进行估计。本章选取了两个外生变量作为工具变量，分别是滞后两期的户籍歧视程度和滞后两期的城市相对工资水平，因为理论上分析户籍歧视程度并不会对中心城市的人口分布产生直接显著的影响，且户籍歧视程度指的是城市当年城镇职工基本养老保险参保人数，是影响相对工资水平的重要因素。回归结果如表6-3第（4）—（6）列所示。观察不可识别检验结果和弱工具变量检验结果可知，工具变量与核心解释变量显著相关且拒绝了"弱工具变量"的原假设，说明我们选取的工具变量不存在弱工具变量问题。将回归结果与基准回归结果对比可以发现，各个变量系数的符号、显著性与基础回归结果基本一致，进一步印证了上文结论的稳健性。

表6-3　内生性检验的回归结果

VARIABLES	（1） PSM lnden	（2） PSM lncon	（3） PSM lnscale	（4） IV lnden	（5） IV lncon	（6） IV lnscale
lncwage	−0.6543***	−0.4328***	0.0112	−1.7103***	−1.0287***	−0.1890
	（−5.5540）	（−8.0014）	（1.1981）	（−4.2596）	（−2.8741）	（−1.5529）
lncpublic	−0.0584	−0.1863***	0.0023	−0.3420***	−0.2290***	0.0129
	（−1.0950）	（−4.5629）	（0.2008）	（−4.8220）	（−3.6229）	（0.5716）
lncprice	0.2935***	0.4118***	0.0147*	0.4049***	0.5474***	0.0242*
	（11.3150）	（23.5604）	（1.8105）	（8.3731）	（12.6998）	（1.9348）
lncwage_D	1.1718***	0.9209***	−0.0033	2.2581***	1.5646***	0.2248*
	（5.2676）	（4.6798）	（−0.0949）	（4.5853）	（3.5640）	（1.7122）
lncpublic_D	0.2771***	0.3693***	0.2509***	0.2694**	0.4116***	0.2295***
	（4.9292）	（7.2208）	（8.7421）	（2.1133）	（3.6218）	（4.4509）
lncprice_D	−0.3618***	−0.3646***	0.0226	−0.5777***	−0.5656***	0.0271
	（−4.5824）	（−9.4619）	（1.1746）	（−4.7522）	（−5.2193）	（0.9136）
Constant	5.3962***	10.6522***	3.2719***	−0.5597	7.5494***	3.6742***
	（5.1705）	（14.6279）	（12.7559）	（−0.7175）	（10.8560）	（9.7668）
Control	YES	YES	YES	YES	YES	YES
Observations	448	448	448	808	808	808

续表

	（1） PSM	（2） PSM	（3） PSM	（4） IV	（5） IV	（6） IV
R-squared	0.6540	0.5381	0.495	0.5750	0.4104	0.9941
Underidenti-fication test	—	—	—	91.61	91.61	19.62
Weak identi-fication test	—	—	—	50.64	50.64	8.747
Sargan statistic	—	—	—	0.283	0.001	0.388

数据来源：作者计算。

注：括号中的为 t 值。＊＊＊表示 $p<0.01$，＊＊表示 $p<0.05$，＊表示 $p<0.1$。

（三）稳健性检验

为了考察本章采用的实证方法和指标解释能力的说服力，我们往往会通过改变一些参数来进行稳健性检验，如果使用新构建的指标的回归结果与基准回归结果基本一致，那么上文得出的研究结论才可说是稳健的；而如果二者估计结果有较大区别，那么上文得出的结论就需要进一步的讨论。

基于以上说明，同时为了克服变量定性衡量造成的估计偏误，本章通过替换核心解释变量的方法对估计结果进行稳健性检验。此处我们用全市在岗职工工资总额代替相对工资，用全市地方财政一般预算内收入代替相对税收规模，将新的核心解释变量代入模型来验证回归结果的稳健性，估计结果如表6-4所示。将表6-4与基准回归结果对比发现绝大部分变量的系数符号是一致的，表明基准回归的结果基本稳健，进一步验证了本章的结论。

表6-4 稳健性检验结果

VARIABLES	（1） lnden	（2） lncon	（3） lnscale	（4） lnden	（5） lncon	（6） lnscale
lnwage	−0.2531＊＊＊	−0.1378＊＊	−0.0904＊＊	−1.6080＊＊＊	−0.8758＊＊	−0.1110
	（−3.4521）	（−2.0419）	（−2.3879）	（−3.9406）	（−2.4288）	（−0.9472）
lncpublic	−0.3824＊＊＊	−0.2536＊＊＊	0.0127	−0.1481＊＊	−0.1881＊＊＊	−0.0107
	（−5.7083）	（−4.1141）	（0.6418）	（−2.3809）	（−3.4234）	（−0.7776）
lncprice	0.4585＊＊＊	0.5830＊＊＊	0.0354＊＊＊	0.3272＊＊＊	0.4941＊＊＊	0.0314＊＊＊

	（1）	（2）	（3）	（4）	（5）	（6）
	（10.4605）	（14.4531）	（2.8075）	（7.7586）	（13.2572）	（2.6370）
lnwage_ D	0.0342 ***	0.0278 ***	0.0769 ***	2.0899 ***	1.6707 ***	0.1775
	（4.3265）	（3.8250）	（3.5639）	（4.4293）	（4.0067）	（1.3996）
lncpublic_ D	0.3504 ***	0.4807 ***	0.2085 ***	0.0194 ***	0.0204 ***	0.0893 ***
	（3.2329）	（4.8196）	（4.2510）	（3.2588）	（3.8903）	（5.7544）
lncprice_ D	−0.7298 ***	−0.6965 ***	0.0305	−0.5922 ***	−0.4123 ***	0.0296
	（−6.4066）	（−6.6434）	（0.9025）	（−7.0644）	（−5.5660）	（1.0374）
Constant	1.0817	8.3833 ***	4.0644 ***	1.4683 **	8.7951 ***	3.0492 ***
	（1.1335）	（9.5461）	（10.8474）	（2.1105）	（14.3051）	（7.7031）
Control	YES	YES	YES	YES	YES	YES
Observations	808	808	808	808	808	909
R-squared	0.6184	0.4359	0.9949	0.5771	0.4235	0.9945

数据来源：作者计算。

注：括号中的为 t 值。＊＊＊表示 p<0.01，＊＊表示 p<0.05，＊表示 p<0.1。

（四）异质性检验

我国区域经济发展水平存在巨大差异，8 个双中心城市群的经济基础差别较大，城市群发展规模也有较大差距。一般而言，规模较大的城市群在基础设施、产业规模、公共服务劳动需求等方面具有比较优势，所以双中心城市群对人口分布的影响可能发生城市群规模的异质性，基于此，本章依次对 8个双中心城市群进行了面板回归，据此来验证双中心城市群对人口分布的规模异质性，回归结果见表6-5。

分析表6-5可知，哈长城市群的中心城市相对工资对人口密度为正向影响，估计系数为0.0380，且在5%的水平下显著，相对工业品价格对人口密度为负向影响，相对工业品价格每提高1个单位，人口密度就下降0.0389%。中原城市群、成渝城市群和辽中南城市群的中心城市相对税收规模对人口密度为正向影响，估计系数分别为0.2250、0.8943和0.3206，且在1%的水平下显著；珠江三角洲城市群和山东半岛城市群的相对税收规模对人口密度有着显著的负向影响，相对税收规模每提高1个单位，人口密度就分别下降0.1321%和0.1680%。珠江三角洲城市群、京津冀城市群、成渝城市群、黔中城市群和辽中南城市群的中心城市相对工业品价格对人口密度为正向影响，估计系数分别为 0.3301、0.1776、0.7357、0.4440 和 0.0184。而其他的估计系数并不显著，分析其可能的原因为：双中心城市群的两个中心城市是一种"竞合关系"，这种关系主要体现在，第一，两个中心城市之间的竞争，它们发展水平相当，往往会共同竞争城市群内的优势资源，通过维持人均资源的稳定来提高自身水平，健全城市的基础设施，从而吸引人口集聚；第二，中心城市和非中心城市的竞争，中心城市一般会在保证自身产业结构和规模合理的情况下向外进行产业转移，而非中心城市对中心城市的产业转移具有选择性，非中心城市的选择与否很大程度上影响了人口的分布；第三，中心城市之间的合作关系，中心城市的比较优势不尽相同，都愿意通过合作达到取长补短的效果，双方合作越紧密，人口流动越频繁，往往人口分布的不确定性就越大。所以单个双中心城市群对于人口密度的影响并不是确定的。至于人口地理集中度指数、城市平均人口的情况和背后的原因与上述基本一致。

表6-5 异质性检验结果

变量	珠江三角洲	山东半岛	京津冀	中原	成渝	黔中	辽中南	哈长
				lnden				
lncwage	-0.0083	0.0187**	-0.0139	0.0299	0.0099	-0.0929	-0.0280***	-0.0256**
	(-0.4781)	(2.4543)	(-0.2278)	(1.2733)	(0.5053)	(-0.5605)	(-6.2177)	(-2.7462)
lncpublic	0.0072	0.1018***	-0.0575	0.0495*	0.0139*	-0.8460	0.0386**	-0.0201*
	(0.5074)	(9.7757)	(-1.5328)	(1.9280)	(2.1018)	(-2.0812)	(2.5732)	(-2.1759)
lncprice	0.0253	-0.0171	0.0654**	0.0103	0.0200	-0.4838***	0.0259**	0.0310**
	(0.3949)	(-1.1477)	(2.3060)	(0.4935)	(0.3653)	(-4.9302)	(2.5846)	(2.7468)
lncwage_D	0.0110	-0.0330	-0.3638	-0.0058	-0.0059	-0.0242	0.0109	0.0380*
	(0.2408)	(-0.7830)	(-1.3979)	(-0.1717)	(-0.0940)	(-0.0945)	(0.4474)	(2.1852)
lncpublic_D	-0.1321**	-0.1680***	-0.0707	0.2250***	0.8943***	0.9541	0.3206***	0.0199
	(-3.1973)	(-3.0700)	(-0.7044)	(7.3592)	(4.6935)	(2.1441)	(5.0624)	(0.6198)
lncprice_D	0.3301**	-0.0160	0.1776***	-0.0852	0.7357***	0.4440*	0.0184**	-0.0389*
	(2.5351)	(-0.5481)	(4.0976)	(-1.0899)	(4.0052)	(2.8811)	(3.1450)	(-2.2060)
Constant	0.1374	1.4060***	2.4767**	2.2853***	1.2322	2.5632	0.8318*	1.4543***
	(0.2157)	(4.0947)	(1.8924)	(5.0499)	(1.7488)	(1.8636)	(2.1483)	(5.6709)
Control	YES	YES	YES	YES	YES	YES	YES	YES
R_square	0.815	0.707	0.294	0.300	0.210	0.809	0.710	0.747
				lncon				

续表

变量	珠江三角洲	山东半岛	京津冀	中原	成渝	黔中	辽中南	哈长
lnwage	-0.0258	0.0232**	0.0080	0.0292	0.0055	0.1191	-0.0196***	-0.0239**
	(-1.1530)	(2.9126)	(0.2362)	(1.1836)	(0.2844)	(1.1162)	(-4.5476)	(-2.9921)
lncpublic	0.0007	0.1047***	-0.0160	0.0364	0.0175**	-1.0775*	0.0329*	-0.0073
	(0.0325)	(9.5452)	(-0.6008)	(1.4421)	(2.9058)	(-2.8297)	(1.9653)	(-0.8756)
lncprice	-0.0882***	0.0119	-0.0084	-0.0044	0.0201	-0.4564**	0.0125	0.0045
	(-3.3617)	(1.6059)	(-0.4305)	(-0.2691)	(0.4888)	(-5.0539)	(1.8294)	(0.8987)
lncwage_D	0.0235*	-0.0650	-0.1778	0.0186	0.0236	-0.5813*	0.0108	-0.0071
	(2.3056)	(-1.5765)	(-1.6184)	(0.5588)	(0.4342)	(-2.9050)	(0.5132)	(-0.2399)
lncpublic_D	0.0199	-0.1788***	-0.1614***	0.2164***	0.9181***	1.0038*	0.3059***	0.0005
	(1.1256)	(-3.1886)	(-3.5402)	(7.0134)	(5.0092)	(2.4969)	(4.9473)	(0.0108)
lncprice_D	0.0821**	-0.0377	0.1252***	-0.0742	0.7250***	0.4040*	0.0140*	-0.0598***
	(2.3224)	(-1.2210)	(5.1821)	(-1.1007)	(4.1993)	(2.6781)	(1.9728)	(-4.2776)
Constant	4.6343***	4.5666***	5.5936***	4.9039***	4.4504***	6.0950***	4.3038***	4.5516***
	(20.3213)	(22.1119)	(8.5796)	(16.1254)	(7.5755)	(16.2552)	(9.3928)	(26.2010)
Control	YES	YES	YES	YES	YES	YES	YES	YES
R_square	0.677	0.407	0.323	0.121	0.328	0.665	0.585	0.415
lnscale								
lnwage	-0.0975	0.0086	-0.0568	0.0324**	-0.0141	-0.0934	-0.0220***	-0.0271**
	(-1.1982)	(1.5833)	(-0.7511)	(2.5564)	(-0.4207)	(-0.7154)	(-6.0097)	(-2.5647)

续表

变量	珠江三角洲	山东半岛	京津冀	中原	成渝	黔中	辽中南	哈长
Lncpublic	-0.1399***	0.0577***	-0.0661	0.0382***	0.0414***	-1.0430**	0.0514***	-0.0087*
	(-5.8808)	(5.0115)	(-1.4382)	(4.7617)	(3.5962)	(-3.2656)	(5.2681)	(-1.9817)
Lncprice	0.0868	-0.0263	-0.0276	0.0267**	-0.1951***	-0.4888***	0.0247**	0.0332***
	(1.2996)	(-1.6622)	(-0.7636)	(2.2332)	(-3.2420)	(-4.8677)	(2.4761)	(4.5703)
Lncwage_D	0.1249	0.0745	-0.3913	-0.0135	-0.0853	-0.0138	0.0110	0.0324**
	(1.5495)	(1.0635)	(-1.3928)	(-0.4028)	(-1.1430)	(-0.0670)	(0.6137)	(2.7648)
Lncpublic_D	0.4555***	0.0969*	-0.0030	0.2134***	3.3760***	1.2472***	0.1103***	0.0281
	(4.6029)	(1.7659)	(-0.0310)	(10.8015)	(19.4914)	(3.6054)	(3.4250)	(0.9085)
Lncprice_D	-0.4097	-0.1799***	0.1733***	-0.0704	1.8729***	0.4991**	-0.0400*	-0.0373**
	(-1.6693)	(-5.9852)	(3.4412)	(-0.8510)	(10.3173)	(4.0517)	(-2.0956)	(-3.2043)
Constant	4.7081***	6.0077***	8.1739***	5.0376***	6.7493***	7.3947***	5.2423***	6.6871***
	(9.0543)	(15.4555)	(5.6629)	(12.7684)	(7.1146)	(5.8119)	(16.5213)	(23.6106)
Control	YES	YES	YES	YES	YES	YES	YES	YES
Observations	90	160	130	240	160	40	90	100
R_square	0.791	0.797	0.240	0.526	0.535	0.850	0.721	0.771

数据来源：作者计算。

注：括号中的为 t 值。 * * * 表示 p<0.01， * * 表示 p<0.05， * 表示 p<0.1。

三、对户籍歧视和知识共享影响的检验

（一）对户籍歧视的机制检验

由于户籍制度等制度性歧视可能会对城市群发展与城市人口分布之间的关系产生一定的影响，为了探究相对工资对人口分布的影响是否受到户籍歧视的调节，本部分将户籍歧视作为调节变量，构建户籍歧视的调节效应估计模型。表6-6中（1）—（3）列为引入户籍歧视和相对工资交叉项后的实证结果。从实证结果看，相对工资与相对户籍歧视的交叉项同人口密度和人口地理集中度的系数显著为负，说明户籍歧视作为调节变量对平均工资水平与人口分布指数之间的关系发挥着显著负向调节作用。对外地求职和就业人员所采取的一些不公平政策和待遇，主要是通过对外来人口相对于本地居民工资有所降低来影响人口迁入意愿。

（二）对知识共享的机制检验

一个地区知识共享能够更加提升该地区的技术水平和生产力，从而加快该地区经济增长，吸引人口聚集。同时，人口也能通过接受更多的知识和技术来提升其工资水平，此时也会形成差异化的人口分布格局。为探究知识共享是否会对平均工资与人口分布之间的关系产生调节作用，本部分将知识资本作为调节变量，构建知识共享的调节效应估计模型。表6-6的（4）—（6）列显示了对知识共享的机制检验结果，模型（4）和（5）中知识储备和相对工资的交互项的系数显著为正，说明知识共享作为调节变量对相对工资水平与人口聚集之间的关系发挥着显著的促进作用，具有正向调节作用，这证实了前文的假设1中知识共享通过提升工资水平从而吸引人口向中心城市聚集。知识的溢出一方面推进了企业发展和改革，产业增长增快从而加强了人口的集聚力，另一方面，接受更多的知识和技术有助于提高人口能力水平从而提升其工资水平，工资增长又促进了城市的税收规模扩大，从而税收规模比较大的地区人口分布会相对集中。

表6-6　户籍歧视和知识共享的机制检验结果

	（1）	（2）	（3）	（4）	（5）	（6）
VARIABLES	lnden	lncon	lnscale	lnden	lncon	lnscale
c_ lncwage	−1.5080***	−1.2838***	−0.1147	−12.2854**	−10.7571**	−0.2653
	（−3.8701）	（−3.5738）	（−1.0914）	（−2.3775）	（−2.2855）	（−0.4216）
c_ lncpublic	−0.3291***	−0.3442***	0.0274	−0.3006***	−0.3222***	0.0175
	（−5.1393）	（−5.8312）	（1.2441）	（−3.7396）	（−4.4003）	（0.9375）
c_ lncprice	0.2431***	0.7002***	−0.0096	0.1981***	0.6627***	−0.0106
	（4.4526）	（13.9122）	（−0.6729）	（2.6993）	（9.9115）	（−0.6698）
lncwage_ D	2.2259***	1.7716***	0.1505	1.0071***	0.6644**	0.0310
	（4.5717）	（3.9470）	（1.2573）	（2.7716）	（2.0076）	（0.5876）
lncpublic_ D	0.2017	0.4900***	0.2612***	0.3140**	0.5926***	0.2475***
	（1.6402）	（4.3218）	（5.2493）	（2.0158）	（4.1767）	（3.6299）
lncprice_ D	−0.4440***	−0.6791***	0.0471	−0.6050***	−0.8222***	0.0341
	（−3.7302）	（−6.1889）	（1.5787）	（−3.7010）	（−5.5226）	（0.9097）
cgama1	0.0070*	0.0058*	0.0003	—	—	—
	（1.9104）	（1.7132）	（0.6546）	—	—	—
lncwage_ cgama1	−0.0847***	−0.0981***	−0.0034	—	—	—
	（−3.0425）	（−3.8225）	（−0.6857）	—	—	—
lnRD	—	—	—	−0.0646**	−0.0568**	0.0012
	—	—	—	（−2.3112）	（−2.2292）	（0.4757）
lncwage_ RD	—	—	—	1.4828**	1.3051**	0.0319
	—	—	—	（2.2846）	（2.2077）	（0.4107）
Control	YES	YES	YES	YES	YES	YES
Constant	−1.3235***	5.4601***	5.2070***	−1.1534***	5.4589***	5.2450***
	（−4.0755）	（18.2376）	（23.5649）	（−2.7422）	（14.8799）	（21.4860）
Observations	808	808	808	808	808	808
R−squared	0.6085	0.4191	0.9943	0.4059	0.1396	0.9945

数据来源：作者计算。

注：括号中的为t值。＊＊＊表示p<0.01，＊＊表示p<0.05，＊表示p<0.1。

第三节　双中心城市群发展模式对人口分布
影响的政策模拟与选择

由前文分析，双中心城市群发展主要通过中心城市之间的工资差异、公共产品差异和产品价格差异吸引人口流动来影响人口的分布格局。其中户籍歧视程度和知识共享对工资差异的影响机制具有调节效应。为进一步分析双中心城市群发展对人口分布影响的路径，我们对双中心城市群发展模式的政策进行了总结，并运用反事实模拟的方法分析了政策实施后人口的分布状态，在此基础上进一步提出优化双中心城市群人口布局的政策建议。

一、双中心城市群发展的主要政策分析

我们首先收集整理了 8 个双中心城市群的发展相关政策，对双中心城市群的人口政策方向和路径要点做出梳理。根据我国"十四五"规划纲要，目前我国 8 个双中心城市群中，需要优化提升的有 3 个，分别是珠江三角洲城市群、京津冀城市群和成渝城市群；需要发展壮大的有 2 个，为山东半岛城市群和中原城市群，需要培育发展的城市群有 3 个，分别是黔中城市群、辽中南城市群和哈长城市群。表 6-8 给出了各个城市群的人口战略方向、"十四五"规划目标以及相关政策要点。由表可知我国双中心城市群发展主要包括双核引领、人口疏解和强化中心三种方式。其中，京津冀城市群采取中心城市功能疏解和降低人口密度的政策，主要是通过城市群一体化发展，疏解中心城市的部分功能，次中心和周边地区做好中心城市的功能承接工作。对于珠江三角洲城市群，在控制广州、深圳两座中心城市人口规模的同时，还强调双城差异互补，注重加强对周边城市的辐射引领。成渝城市群、山东半岛城市群主要的政策特点是双城相向发展，同时做大做强，实现对城市群的双核引领。中原城市群、黔中城市群，主要呈现出中心城市一强一次的特征，主要的政策方向是强化核心城市发展，次中心作为副中心或者节点城市而存在，没有受到与中心城市同等的重视。辽中南城市群和哈长城市群，主要呈现出双核带动的特点，但是双核之间联系较弱，主要政策也是双核分别扶持，

强调均衡发展。

表 6-8　双中心城市群发展政策

名称	人口战略方向	"十四五"规划纲要目标	路径要点	主要文献
珠江三角洲城市群	双核引领	优化提升	1. 优化提升广州都市圈 2. 做优做强深圳都市圈	《粤港澳大湾区发展规划纲要》 《广东省新型城镇化规划（2021—2035 年）》
京津冀城市群	双城一体人口疏解	优化提升	1. 北京疏解城市功能，限制人口规模 2. 天津、河北承接非首都功能	《京津冀协同发展规划纲要》
成渝城市群	双核引领	优化提升	1. 提升双城发展能级 2. 培育发展现代化都市圈	《成渝地区双城经济圈建设规划纲要》
山东半岛城市群	双核引领	发展壮大	1. 支持济南、青岛建设国家中心城市 2. 引导不同特征人群向各级城镇有序流动	《山东半岛城市群发展规划（2016—2030 年）》
中原城市群	强化中心	发展壮大	1. 支持郑州建设国家中心城市 2. 积极引导人口加快向重点开发区域集聚	《中原城市群发展规划》
黔中城市群	强化中心	培育发展	1. 做大做强核心城市 2. 积极建设区域性中心城市	《黔中城市群发展规划》
辽中南城市群	双核引领	培育发展	突出沈阳、大连双引擎作用	《辽宁省国民经济和社会发展第十四个五年规划和二〇三五年远景目标纲要》
哈长城市群	双核引领	培育发展	1. 发挥哈尔滨、长春的带动作用 2. 做大做强区域重点城市	《哈长城市群发展规划》

资料来源：作者根据相关文件整理。

下面我们依然采用 RCM 和反事实模拟的方法，以城市群实施相关政策时间为模拟节点，城市群内所有其他城市作为构造反事实模拟的对象，模拟每个城市如不受城市群政策影响其人口分布会经历的发展轨迹，并通过与城市实际人口分布的对比来分析城市群政策的实际实施效果。RCM 的具体理论模型的操作步骤见第五章。

二、中原城市群发展对人口分布影响的政策模拟

中原城市群的人口密度、人口地理集中度和人口规模的政策模拟如图6-2所示。2016年12月，国家发展改革委印发了《中原城市群发展规划》，在规划中明确提出把郑州建设成为国家中心城市，推动郑州与周边毗邻城市融合发展，形成带动周边、辐射全国、联通国际的核心区域，进一步提升洛阳副中心城市地位，同时提升开封、新乡、焦作、许昌集聚产业和人口能力，促进他们与大都市区核心区的联动发展。我们以2016年作为政策实施时间节点，运用RCM方法对中原城市群的人口密度、人口地理集中度和人口规模做反事实模拟，所得结果如图6-2所示。我们首先关注中心城市和副中心城市的变化。可以发现郑州市和洛阳市的人口密度、人口地理集中度和人口规模均较反事实模拟值有所上升，表明城市群政策的实施进一步促进了人口向中心城市和副中心城市集中，但洛阳市的三个人口分布指数均有所震荡，表明主要中心城市对其的人口仍然有一定的虹吸作用，双城的竞争性多于合作性。对于节点城市，则表现具有差异性。开封市和新乡市的人口密度、人口地理集中度和人口规模均超过了反事实模拟值，焦作市、许昌市则呈现出了人口密度、人口地理集中度和人口规模低于反事实模拟值的状态。可见，中原城市群的双中心发展格局正处于人口集聚的过程中，中心城市的发展对周边城市具有较强的虹吸作用，双中心格局有可能会向"核心—边缘"的单中心格局转变。

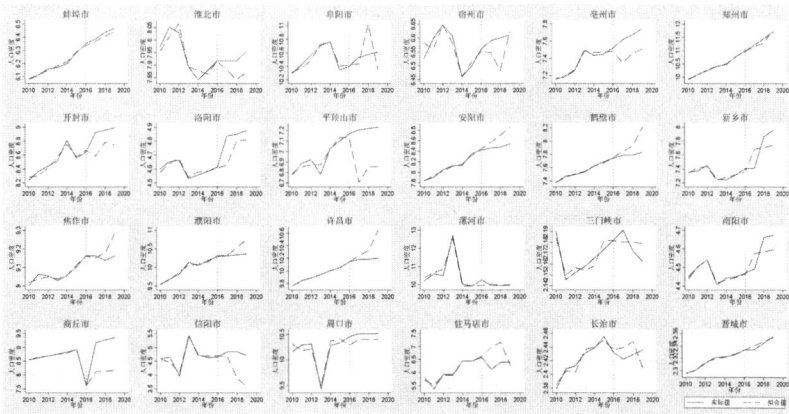

(a) 人口密度政策模拟图

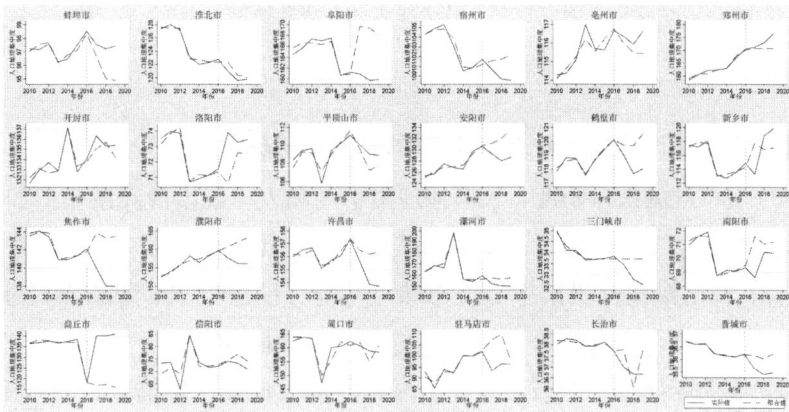

(b) 人口地理集中度政策模拟图

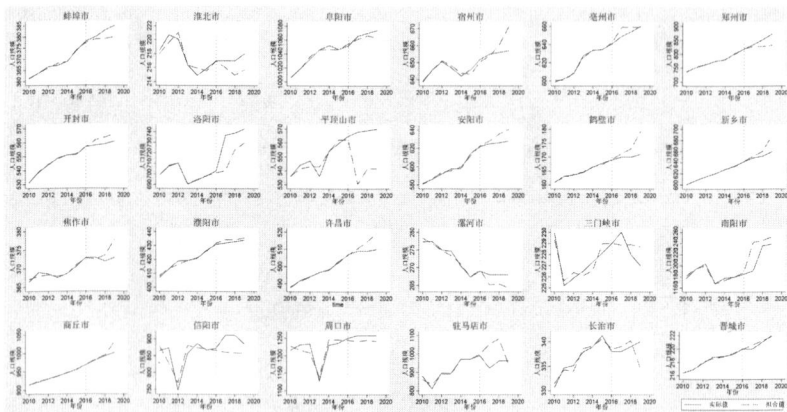

（c）人口规模政策模拟图

图6-2　中原城市群人口分布模拟图

数据来源：作者根据计算结果整理。

三、黔中城市群发展对人口分布影响的政策模拟

黔中城市群的人口密度、人口地理集中度和人口规模的政策模拟如图6-3所示。2017年3月，贵州省发展和改革委员会印发实施了《黔中城市群发展规划》，提出要提升贵阳中心城市核心功能，推进贵阳和贵安新区联动发展，形成协同整合、有机分工的核心载体，加快培育遵义、安顺、毕节、凯里和都匀5个区域性中心城市，完善城市功能，提升区域辐射带动作用，加快产业和人口集聚。我们以2017年作为政策实施节点，模拟了黔中城市群的人口密度、人口地理集中度和人口规模的反事实值变化，结果如图6-3所示。根据模拟结果，可以发现政策实施后贵阳市、遵义市、安顺市和毕节市的人口密度均有所提升，贵阳市的人口地理集中度有所提升，安顺市和毕节市保持稳定，遵义市的人口地理集中度有所下降，同时4个城市的人口规模均有所上升。通过以上结果可以发现黔中城市群仍处于各城市分散发展的阶段，其中贵阳市出现了人口集聚的初步态势，安顺市和毕节市则有人口流失的风险。

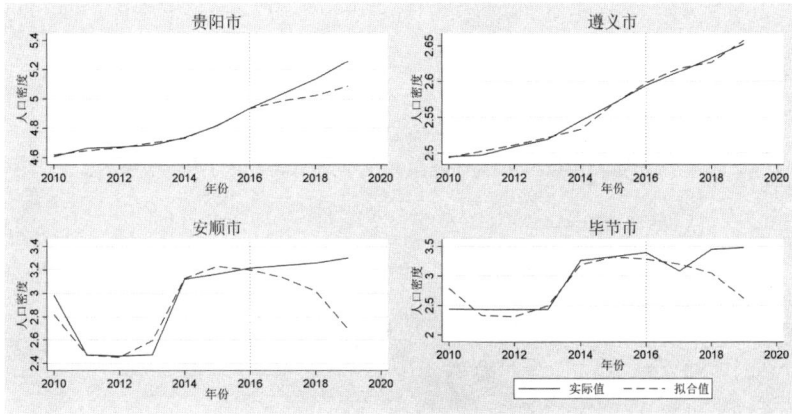

（a）人口密度政策模拟图

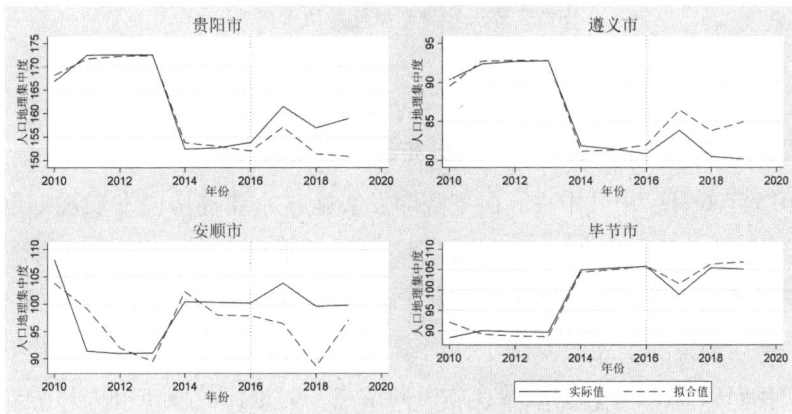

（b）人口地理集中度政策模拟图

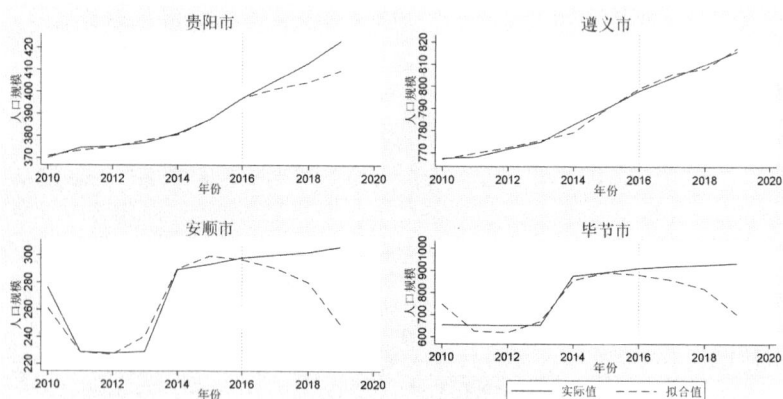

（c）人口规模政策模拟图

图6-3　黔中城市群人口分布模拟图

数据来源：作者根据计算结果整理。

四、京津冀城市群发展对人口分布影响的政策模拟

2015年6月，中共中央、国务院印发实施《京津冀协同发展规划纲要》，《纲要》的核心是有序疏解北京非首都功能，降低北京人口密度，实现城市发展与资源环境相适应。通过疏解北京非首都功能，调整经济结构和空间结构，走出一条内涵集约发展的新路子，探索出一种人口经济密集地区优化开发的模式。我们以2015年作为政策实施时间节点，对京津冀城市群人口分布相关指标做反事实模拟，所得结果如图6-4所示。根据图6-4，北京市、天津市的人口密度有所上升但均低于反事实模拟值，石家庄市、唐山市的人口密度出现了明显下降，秦皇岛市、邯郸市、邢台市、保定市、张家口市、承德市、沧州市、廊坊市、衡水市的人口密度实际值均低于反事实模拟值。在人口地理集中度上，北京市、天津市的人口地理集中度实际值均呈现先上升后下降的趋势，但都比反事实拟合值高；石家庄市、唐山市的人口地理集中度下降且低于反事实模拟值；邯郸市、邢台市、廊坊市等人口地理集中度较反事实模拟值有所上升。在人口规模分布方面，除张家口市外，京津冀城市群所有城市人口规模均有所上升，与反事实模拟值相比，北京市、石家庄市、唐山市、邢台市、保定市、张家口市、承德市的人口规模低于反事实模拟值，天

津市、秦皇岛市、邯郸市、廊坊市和衡水市的人口规模高于反事实模拟值。综合看，北京市城市功能疏解起到了一定效果，且在一定程度上推动了天津市、廊坊市等城市的人口集聚，但是石家庄和唐山市呈现人口规模下降的态势。

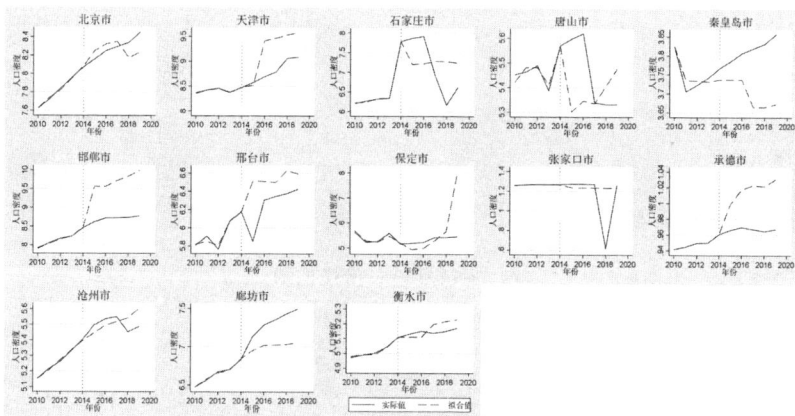

（a）人口密度政策模拟图

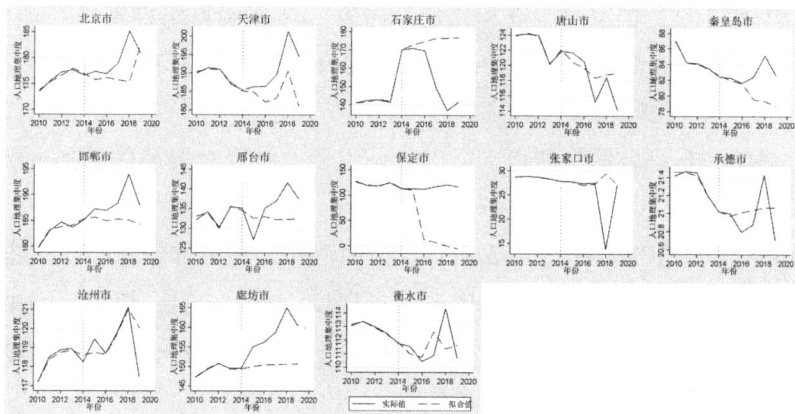

（b）人口地理集中度政策模拟图

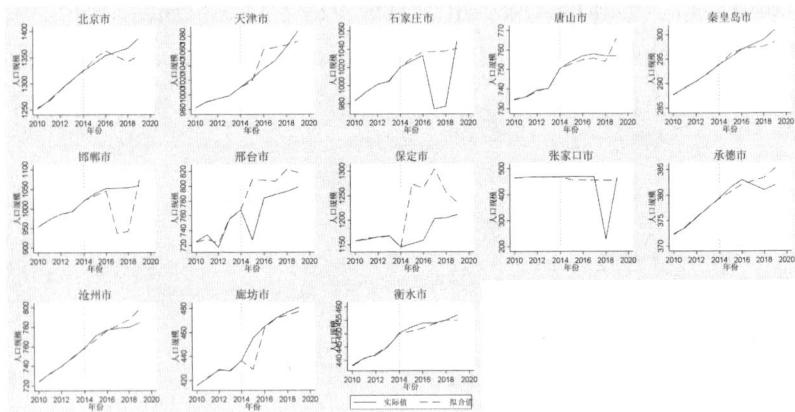

（c）人口规模政策模拟图

图6-4 京津冀城市群人口分布模拟图

数据来源：作者根据计算结果整理。

五、成渝城市群发展对人口分布影响的政策模拟

2016年4月，国家发改委和住建部印发了《成渝城市群发展规划》，提出要发挥重庆和成都双核带动功能，重点建设成渝发展主轴。2021年10月，中共中央、国务院印发了《成渝地区双城经济圈建设规划纲要》，提出成渝城市群发展要提升双城发展能级，突出双城引领，培育发展现代化都市圈，强化双圈互动。我们以2016年为政策实施节点对成渝城市群的人口分布指数做反事实模拟，所得结果如图6-5所示。由图可知，2016年以来，重庆市和成都市的人口密度、人口地理集中度和人口规模均有所上升，但成渝城市群内其他大部分城市的人口分布各项指标均出现下降趋势，这表明在成渝城市群出现了双核集聚的现象，周边地区有人口流出的风险。

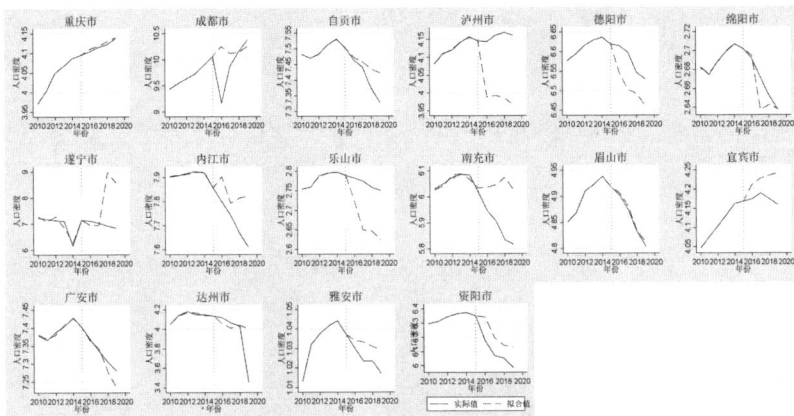

（a）人口密度分布模拟图

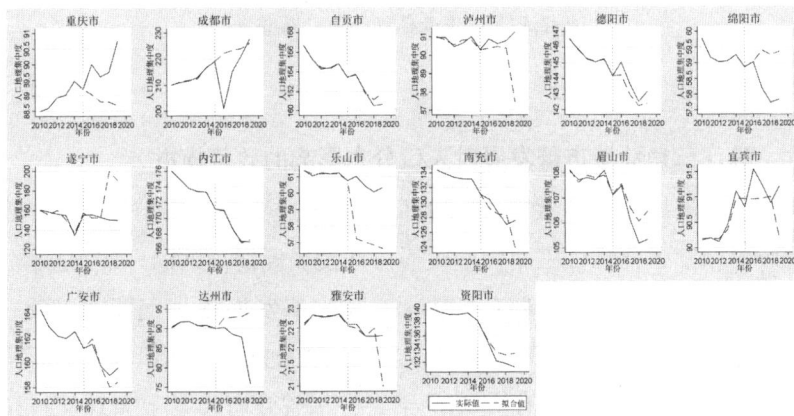

（b）人口地理集中度分布模拟图

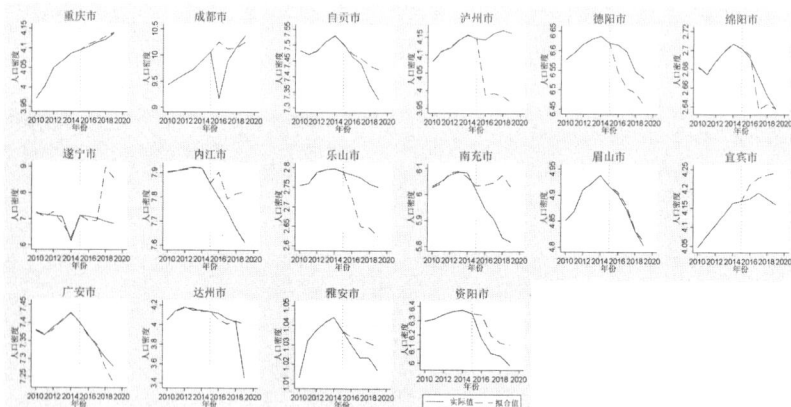

（c）人口规模政策模拟图

图 6-5 成渝城市群人口分布模拟图

数据来源：作者根据计算结果整理。

六、珠江三角洲城市群发展对人口分布影响的政策模拟

珠江三角洲城市群是我国发展最早，最为成熟的城市群之一。2004 年，广东省政府印发了《珠江三角洲城镇群协调发展规划（2004—2020）》。2008 年，国家发改委印发了《珠江三角洲地区改革发展规划纲要（2008—2020 年）》，提出了要以广州、深圳为中心，以珠江口东岸、西岸为重点，推进珠江三角洲地区区域经济一体化。2009 年，广东省政府印发了《珠江三角洲城乡规划一体化规划（2009—2020 年》，提出至 2020 年规划期末，将广州、深圳建设成为世界城市，引领区域一体化；三大都市区多元化发展，广佛肇都市区形成多中心梯度分布的空间发展格局，广佛同城化发展，整体辐射能力加强；深莞惠都市区形成以深圳为核心，东莞、惠州为次中心，重要发展廊道为依托的多中心点轴发展格局；珠中江都市区形成多中心均衡分布的空间格局。2017 年 7 月 1 日《深化粤港澳合作，推进大湾区建设框架协议》正式签署。2019 年 2 月，中共中央，国务院印发《粤港澳大湾区发展规划纲要》，提出要发挥香港—深圳、广州—佛山、澳门—珠海强强联合的引领带动作用，深化港深、澳珠合作，加快广佛同城化建设，到 2022 年分工合理、功能互补、错位发展的城市群发展格局基本确立。在此我们以 2017 年《深化粤港澳

合作，推进大湾区建设框架协议》的签署为政策实施节点，构建反事实模型分析珠江三角洲城市群发展对人口分布的影响，所得结果如图 6-6 所示。

由图可知珠江三角洲城市群的中心城市发展对周边城市出现了较好的辐射带动作用，广州市、深圳市的人口密度、人口规模同反事实拟合基本保持一致，珠海市、佛山市、江门市、肇庆市、惠州市、东莞市、中山市等节点城市的人口密度、人口规模均有较为明显的上升。但各个城市人口地理集中度表现不一，深圳市、东莞市、中山市同反事实模拟值相比有所上升，广州市、江门市、肇庆市、惠州市则有所下降，表明人口在城市群内部集中的相对份额变化不一。

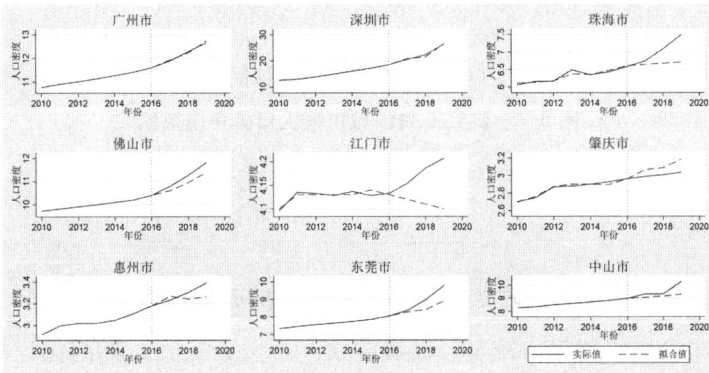

（a）人口密度政策模拟图

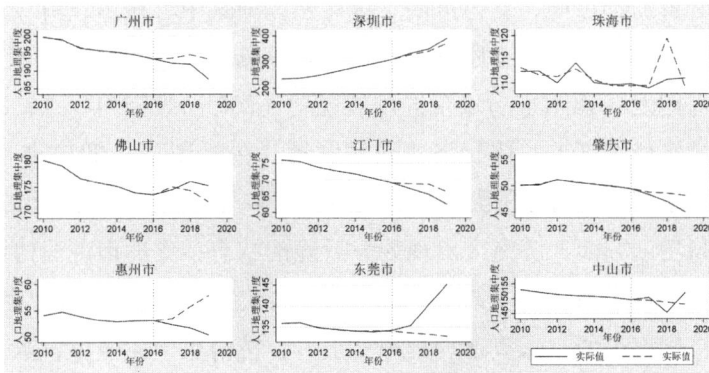

（b）人口地理集中度政策模拟图

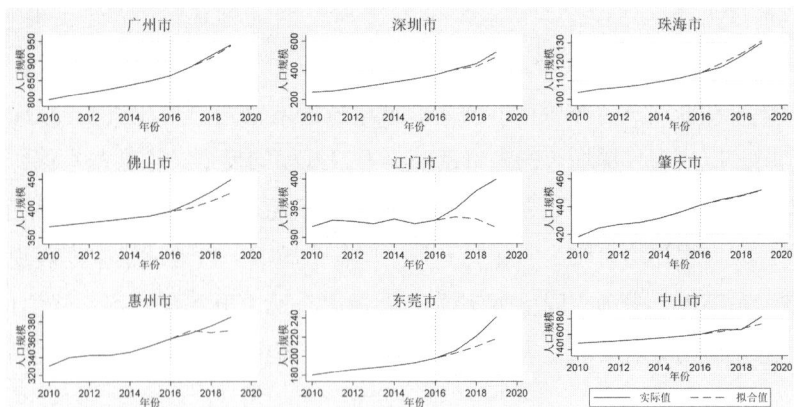

（c）人口规模政策模拟图

图6-6 珠江三角洲城市群人口分布模拟图

数据来源：作者根据计算结果整理。

七、山东半岛城市群发展对人口分布影响的政策模拟

山东半岛城市群起步较早、发展较快，是"十三五"期间国家重点建设的城市群之一，也是山东省实施新型城镇化的主体形态。2016年，山东省政府印发《山东半岛城市群发展规划（2016—2030年）》，提出要做优做强济南都市圈和青岛都市圈，支持济南、青岛建设国家中心城市；引导烟威、东滨、济枣菏、临日都市区有序发展，积极培育新生中小城市。2022年1月，山东省政府印发《山东半岛城市群发展规划（2021—2035年）》，提出要推进济南、青岛能级跃升，强化济青双城联动。在此我们以2016年为时间节点，构建反事实模拟值分析山东半岛城市群人口分布情况。结果如图6-7所示。在人口密度方面，济南市出现先升后降的状态，青岛市、淄博市、枣庄市、东营市、济宁市等均呈现人口密度上升的态势。在人口地理集中度上，枣庄市、济宁市等城市人口地理集中度上升，济南市、淄博市、东营市、烟台市人口地理集中度下降，青岛市人口地理集中度指数略微上升。在人口规模方面，烟台市、潍坊市出现下降，其他城市均有所上升，但青岛市人口规模上升实际值比反事实模拟值低。以上结果表明山东半岛城市群发展开始呈现中心城市对周边的辐射带动作用。

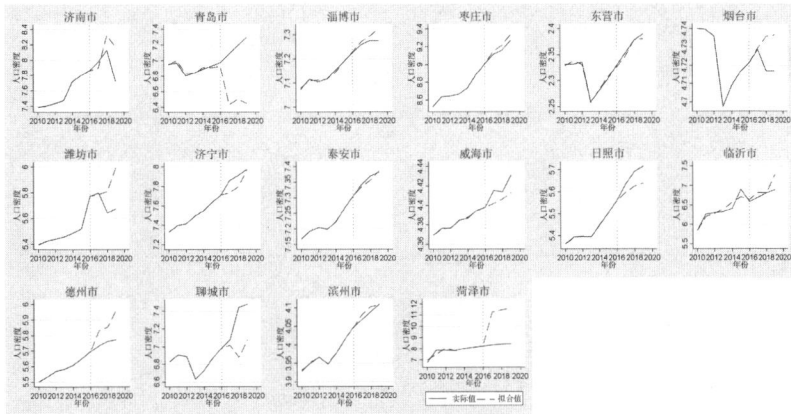

（a）人口密度政策模拟图

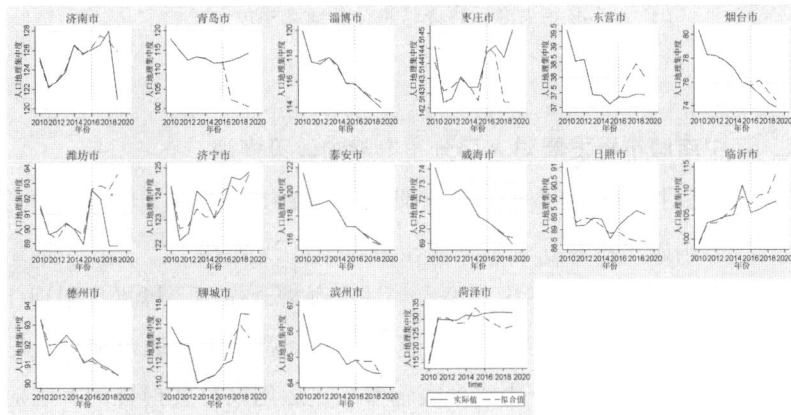

（b）人口地理集中度政策模拟图

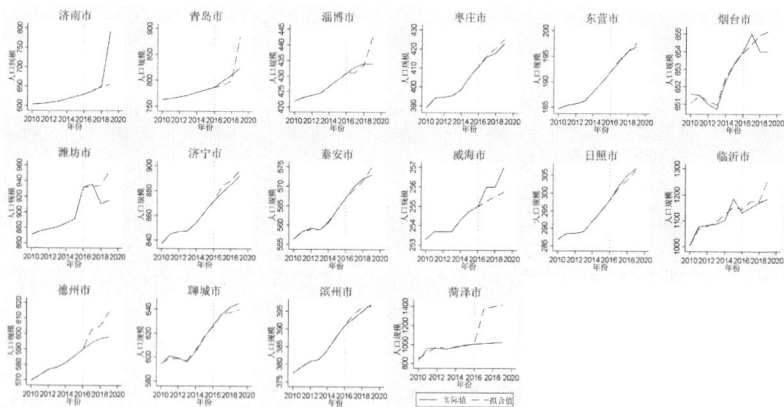

（c）人口规模政策模拟图

图 6-7 山东半岛城市群人口分布模拟图

数据来源：作者根据计算结果整理。

八、辽中南城市群发展对人口分布影响的政策模拟

2017 年 12 月，《辽中南城市群发展规划（2017—2030 年）》通过评审。根据《辽宁省国民经济和社会发展第十四个五年规划和二〇三五年远景目标纲要》，辽中南城市群要发挥中心城市和城市群带动作用，推进沈阳现代化都市圈建设，提升重点城市能级，推动建设用地资源向中心城市和重点城市群倾斜。此处我们以 2017 年作为政策实施节点，运用反事实模拟的方法对辽中南城市群发展对人口分布的影响做出评估，结果如图 6-8 所示。由结果可以发现，除沈阳市人口密度、人口地理集中度和人口规模有所上升外，大连市人口规模略有增长，其他城市的人口密度、人口地理集中度和人口规模均有明显的下滑趋势。辽中南城市群有双中心城市向单中心城市转变的趋势。结合近年来东北地区人口变动整体环境，在人口净流出和减少的情况下，中心城市的地位会更加突出，而副中心和其他节点城市则需要做好调整政策以应对人口规模收缩。

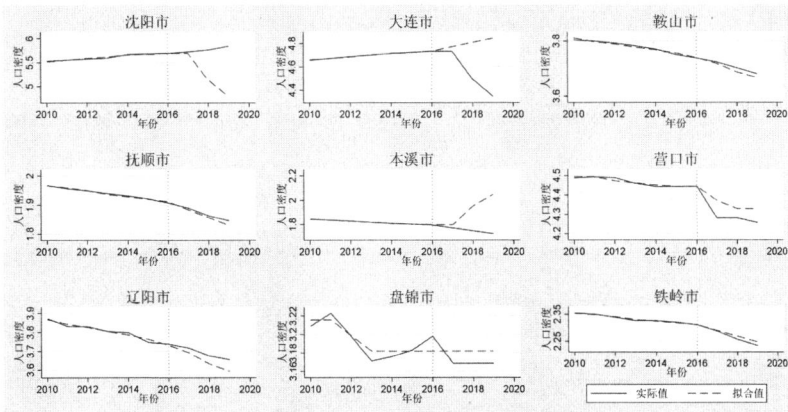

（a）人口密度政策模拟图

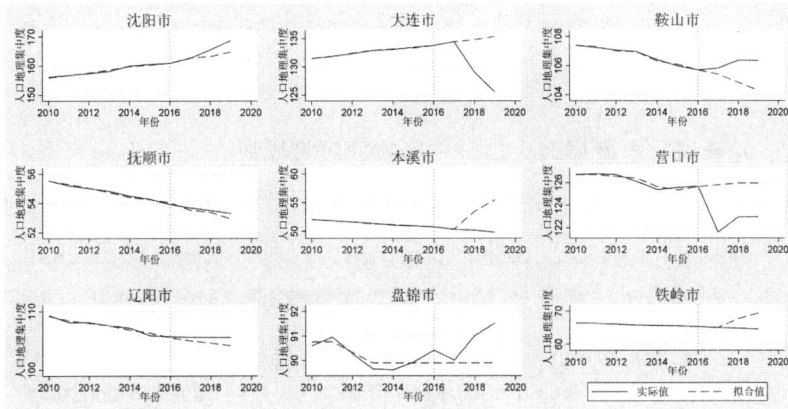

（b）人口地理集中度政策模拟图

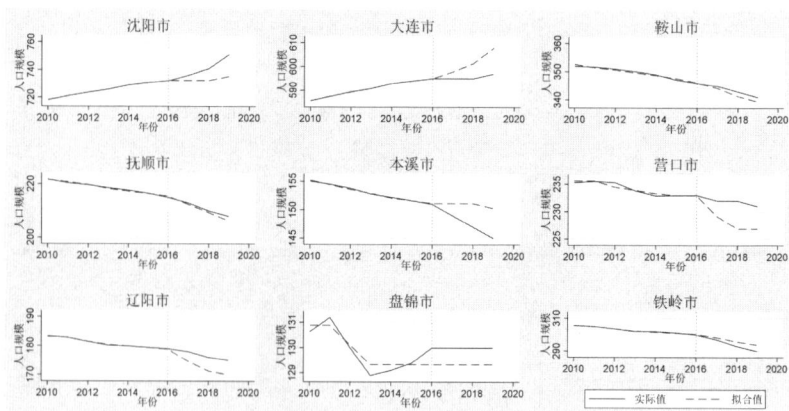

（c）人口规模政策模拟图

图 6-8　辽中南城市群人口分布模拟图

数据来源：作者根据计算结果整理。

九、哈长城市群发展对人口分布影响的政策模拟

2016 年，国务院批复同意了《哈长城市群发展规划》，根据规划内容，哈长城市群要强化哈尔滨、长春的带动作用，打造引领城市群发展的都市圈，提升大庆、吉林等区域重点城市的支撑功能和区域辐射带动作用，引导要素在城市群空间集聚，形成更合理的人口、城市与经济布局体系。我们以 2016 年作为政策实施节点，构建了哈长城市群发展的人口分布反事实模型，与城市群人口分布实际情况作对比来分析城市群发展对人口分布的影响，结果如图 6-9 所示。由图可知，就中心城市来看，长春市和哈尔滨市的人口密度和人口规模均呈现出下降的趋势，在人口地理集中度方面，长春市和哈尔滨市有所上升。其他城市的人口密度、人口规模和人口地理集中度均出现下降。在东北地区人口净流出的大环境下，中心城市对人口的集聚能力正在下降，且有城市收缩的风险，其他城市已呈现人口流出、城市收缩的状态。

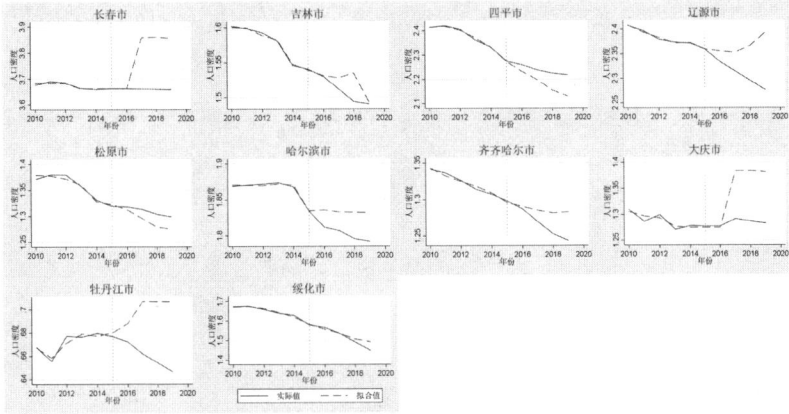

（a）人口密度政策模拟图

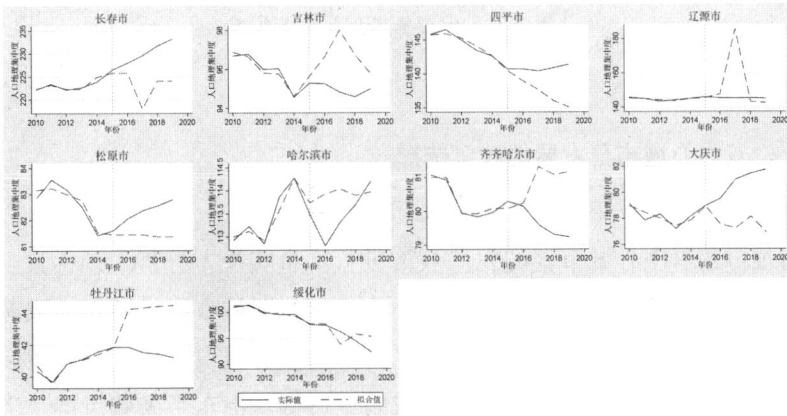

（b）人口地理集中度政策模拟图

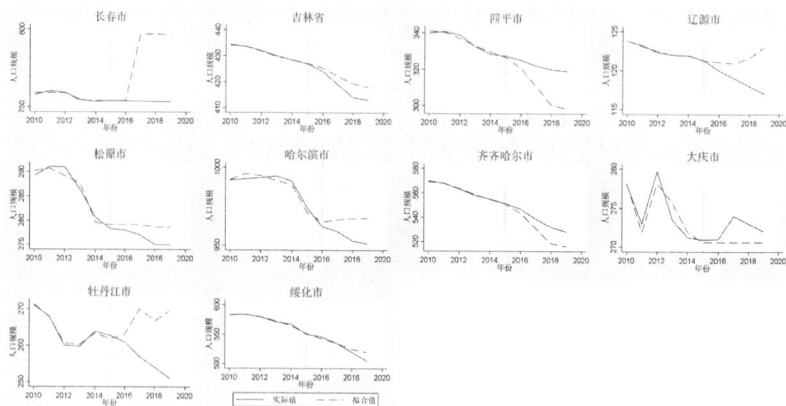

（c）人口规模政策模拟图

图6-9　哈长城市群人口分布模拟图

数据来源：作者根据计算结果整理。

十、双中心城市群发展的政策选择

（一）双中心城市群发展的主要问题总结

通过对各双中心城市群的发展政策进行反事实模拟分析发现，我国双中心城市群发展具有明显的异质性特征。珠江三角洲城市群发展最为成熟且城市群各城市规模结构较为合理；京津冀城市群中心城市人口疏解政策起到一定效果，但个别周边城市规模缩减；成渝城市群、山东半岛城市群呈现双核集聚的发展态势；中原城市群处于单中心集聚的状态；黔中城市群的中心城市集聚功能尚需进一步培育；辽中南和哈长城市群则面临城市收缩、人口流失的风险。具体到每一个城市，由于发展阶段、特征和具体条件不同，呈现的问题也不尽相同。我们根据各个城市群的相关政策文件整理了不同城市群发展中面临的问题，如表6-9所示。

表 6-9　双中心城市群发展面临的主要问题

城市群	问题	主要文献
珠江三角洲城市群	生产要素高效便捷流动的良好局面尚未形成，部分地区和领域还存在同质化竞争和资源错配现象，城市群和都市圈的经济资源集聚程度与城镇化空间不相匹配，珠江三角洲核心区经济资源集聚"过密"	《粤港澳大湾区发展规划纲要》《广东省新型城镇化规划（2021—2035 年）》
成渝城市群	城镇规模结构不尽合理	《成渝地区双城经济圈建设规划纲要》
山东半岛城市群	核心城市竞争力不够强、辐射带动能力不强，城市间协作机制不够健全，行政区划束缚和地方政策差异依然存在，发展统筹不够，阻碍了劳动力、资金、土地、产权、人才等要素统一市场的形成	《山东半岛城市群发展规划（2016—2030 年）》
中原城市群	中心城市国际化程度低，国际门户枢纽功能和高端要素服务功能不足；城区人口百万以上的大城市数量不多，中小城市现代化水平不高	《中原城市群发展规划》
黔中城市群	核心城市带动力弱；贵阳与其他地州中心城市之间的联系较弱，与周边小城市和小城镇的合作层次不高	《黔中城市群发展规划》
哈长城市群	中心城市辐射带动作用有待增强，城市低水平同质化竞争严重，行政壁垒阻碍要素有序自由流动	《哈长城市群发展规划》

数据来源：作者根据相关文件整理。

（二）双中心城市群发展的政策选择建议

根据理论和实证分析结果，我们对优化双中心城市群发展、促进人口合理分布提出如下政策选择建议。

第一，对于中心城市功能疏解、城市群内差异竞争的城市群，如珠江三角洲城市群、京津冀城市群，要重视各城市的差异化发展，同时注重节点城市的产业分工和产业规模问题，避免同质化竞争，造成节点城市人口集中度下降、人口规模收缩。对于中心城市，要进一步发挥辐射带动作用，加强同周边城市的联系和基础设施建设，加快实现基本公共服务共建共享和同城化发展，带动周边城市尽快融入都市圈，避免出现一城独大的状态。对于周边城市，要发挥小城优势，通过差异化发展，壮大自身城市规模，适当提升工资水平，在公共服务和基础设施建设方面要融入中心城市，甚至优于中心城市，以增强对人口的吸引力。

第二，对于中心城市集聚的城市群，如成渝城市群、山东半岛城市群、中原城市群和黔中城市群，双核城市群需要注意双中心均衡发展和差异竞争的问题，加强双中心的联系，实现双中心的相向发展，避免同质化竞争造成的人口失衡格局。着重单中心发展的城市群，如中原城市群和黔中城市群，在提升中心城市能级、加强中心城市发展的同时也要注意副中心城市和节点城市培育，推动人口就近城镇化，避免出现一城独大的失衡分布格局。

第三，对于人口面临流失风险的城市群，如辽中南城市群和哈长城市群，需要进一步加强中心城市的集聚能力，促进人口向中心城市流动，其他节点城市则需要注重实现精明增长，建设紧凑城市，适度收缩城市建设规模，注重提升城市的公共服务水平和市民的福利水平，增加城市宜居性，实现城市的可持续发展。

第七章

多中心城市群发展对人口分布的
影响机制与政策选择

多中心城市群是城市群发展到高级阶段的结果。结合城市群的规划和前文计算结果，目前我国共有 4 个多中心城市群，分别是长江三角洲城市群、海峡西岸城市群、长江中游城市群以及呼包鄂榆城市群。在 4 个城市群中，除长江三角洲城市群外，其他城市群均处于城市群发展阶段，城市之间联系普遍不强，城市竞争大于合作，城市群多中心、网络化发展特征尚不明显。理论上而言，城市群的多中心发展模式是一种资源在城市群内重新配置的结果，多个中心的崛起有助于缓解中心城市的拥挤，同时通过产业分工和关联效应、技术溢出效应、市场一体化效应和拥挤缓解效应等，会提升次中心的工资水平①，因此多中心城市群发展模式成为不少城市群的规划目标。我国"十四五"规划明确提出，走中国特色新型城镇化道路要"以城市群、都市圈为依托促进大中小城市和小城镇协调联动、特色化发展"，将"优化城市群内部空间结构，构筑生态和安全屏障，形成多中心、多层级、多节点的网络型城市群"作为"完善城镇化空间布局"这一任务的重要措施之一。但这种城市群发展模式是建立在有一个发达的中心城市对周边城市存在外溢效应的基础之上的，而海峡西岸城市群、呼包鄂榆城市群目前均尚缺少一个足够强大的中心城市，中心城市的外溢效果并不明显，不适用于中心城市功能疏解或外溢等的理论模式。在本书的理论分析部分我们给出了一个基于城市竞争角度的人口流动模型来说明起初条件完全相同的多中心城市群发展对人口分布的影响，此处我们进一步从实证的角度验证这种想法。

目前关于多中心城市群的相关研究主要围绕长江三角洲城市群和长江中

---

① 李培鑫，张学良. 城市群集聚空间外部性与劳动力工资溢价 [J]. 管理世界，2021，37（11）：121—136，183.

游城市群展开。相关研究的视角主要聚焦于多中心城市群的空间格局与空间结构①、人口与城镇化的空间格局②、区域一体化的相关效应③以及城市群多中心空间结构与经济效率④等方面，还有少部分研究分析了呼包鄂榆城市群的空间结构⑤，但是多中心城市群发展对人口分布影响相关研究不多见。本章将在第三章理论推导的基础上，进一步梳理多中心城市群发展对人口分布影响的理论机制，并进行实证检验。

① 王磊，高倩. 长江中游城市群空间结构的经济绩效影响研究 [J]. 人文地理，2018，33（6）：96—102；张明斗，曲峻熙. 长江中游城市群城市收缩的空间格局与结构特征 [J]. 财经问题研究，2019（8）：113—121；李国平. 着力打造长江三角洲多中心网络化空间结构 [J]. 人民论坛·学术前沿，2019（4）：20—26；李博雅. 长江三角洲城市群空间结构演化与溢出效应研究 [J]. 宏观经济研究，2020（5）：68—81；钟业喜，邵海雁，徐晨璐. 长江中游城市群空间结构效益比较与优化研究 [J]. 区域经济评论，2020（3）：70—78.

② 刘乃全，邓敏. 多中心结构模式与长江三角洲城市群人口空间分布优化 [J]. 产业经济评论，2018（4）：91—103；朱奕衡，杨山，尹上岗，蔡安宁. 长江三角洲地区人口城镇化的空间极化过程及其演变格局研究 [J]. 地理科学进展，2022，41（12）：2218—2230；盛亦男，杨旭宇. 中国三大城市群流动人口集聚的空间格局与机制 [J]. 人口与经济，2021（6）：88—107；程瑶，张松林，刘志迎，黄性芳. 长江三角洲城市人口收缩的特征、经济效应与政策回应 [J]. 华东经济管理，2021，35（8）：21—28；曹广忠，陈思创，刘涛. 中国五大城市群人口流入的空间模式及变动趋势 [J]. 地理学报，2021，76（6）：1334—1349.

③ 李培鑫，张学良. 城市群集聚空间外部性与劳动力工资溢价 [J]. 管理世界，2021，37（11）：121—136，183；夏帅，谭黎阳，杨航英. 长江三角洲一体化、区域房价差异与产业集聚：基于长江三角洲地级市面板的实证分析 [J]. 经济问题探索，2021（12）：46—61；马筱倩，孙伟，闫东升. 区域一体化的人口增长与集散效应：以长江三角洲地区为例 [J]. 人文地理，2022，37（4）：141—148，191.

④ 郭琳，吴玉鸣，吴青山，等. 多中心空间结构对小城市经济效率的影响及作用机制：基于长江三角洲城市群的经验分析 [J]. 城市问题，2021（1）：28—37；张可云，张江. 城市群多中心性与绿色发展效率：基于异质性的城镇化空间布局分析 [J]. 中国人口·资源与环境，2022，32（2）：107—117.

⑤ 张秋亮，白永平，李建豹，等. 呼包鄂榆综合城市化水平的时空变化及差异 [J]. 城市问题，2013（2）：37—43；郝海钊，陈晓键. 西北地区城市群空间演变模式研究：以呼包鄂榆城市群为例 [J]. 现代城市研究，2021（4）：56—63.

第一节　多中心城市群发展模式对人口分布
影响的空间机理

多中心城市群对人口分布的影响同双中心城市群类似，人口流动的动力依然是区域间的福利差距。在多中心城市群中，由于不同的城市之间的运输成本不同，故而其相对工资水平、相对工业品价格等均会受到影响。下面主要从地区相对工资、地区相对税收、相对工业品价格指数三个方面说明多中心城市群对人口分布影响的理论机制（图7-1）。

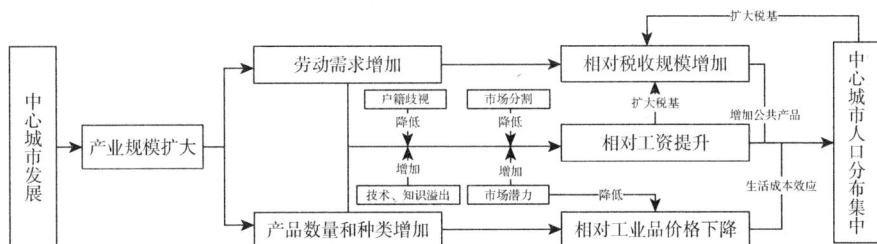

图7-1　多中心城市群发展对人口分布影响的理论机制

数据来源：作者自绘。

一、相对工资、户籍歧视、市场潜力与市场分割的影响机制

相较于双中心城市群发展模式，在多中心城市群发展模式中，城市之间存在多个距离，受此影响会存在多个运输成本，并会进一步影响中心城市之间的要素流动结构，企业会在综合比较多个运输成本后寻求利润最大化的城市，人口会在综合比较多地的工资之后选择工资最高的城市流入。但随着中心城市的数量不断增加，人口在城市间的流动最终会使各个城市的工资水平大致相当，从而相对工资对人口分布的影响不再显著。而在人口规模、农业生产率、工业品消费偏好、税率等均相同的情况下，一个区域的平均工资水平会受到市场规模以及市场潜力的影响。距离市场规模较大的城市越近，其工资水平越高，其主要原因是市场规模大的城市其需求就越大，因此产业规模就越大，产业分工更加细化，劳动需求增加。此外相对工资还会受到户籍

歧视程度、知识和技术溢出的影响，二者的主要影响机制同第五章类似，即户籍歧视程度对人口集聚有负向作用，知识和技术溢出的共享对人口集聚有正向作用。多中心城市群发展模式同样会受到分散力的影响，除户籍歧视外，常见的分散力包括拥挤导致的竞争以及外生的贸易成本或市场分割的影响。在新经济地理框架下，贸易成本或市场分割程度较低时，多中心城市群要实现均衡发展实际上是较为困难的过程，均衡条件的一些轻微变化可能会导致多中心发展模式向双中心或者单中心发展模式转变。当贸易成本或者市场分割程度较高时，此时多中心发展结构会在一定的门槛内保持稳定。可见，在多中心城市群发展模式下，空间距离具有明显的外部性，相对工资对人口分布的影响会受到多个层面要素的调节。

由以上分析我们可以得出假设1：在多中心城市群发展模式下，中心城市的相对工资对人口分布的影响减弱，但相对工资对人口的吸引受到市场潜力、市场分割、户籍歧视以及知识溢出的调节。

二、相对税收和公共产品差异的影响机制

相对税收对人口分布的影响与距离无关，故而此处的理论分析同第五章相同，影响税收的主要因素包括人口规模和工资水平，以及对公共产品的偏好。当人口的公共产品偏好相同时，此时税收和人口分布具有循环累积的影响，工资增加和人口规模增加会增加税收规模，而税收规模的增加又会进一步吸引人口流入到中心城市。

由此我们提出假设2：在多中心城市群中，规模较大的城市的相对税收规模会较大，从而该城市的人口分布会更加集中。

三、相对工业品价格指数与市场潜力的影响机制

在多中心城市群中，消费者面对的产品价格应是两部分价格的加权平均，一部分是本地生产的产品价格，另外一部分是来自其他城市的产品价格，由于其他城市与本城市的距离不同，因此距离的外部性对于相对工业品价格指数的影响依然存在。由于运输成本是距离的增函数，因此，在靠近市场的地区就能享有比较低的产品价格，此时生活成本也较低，人口分布也会相对集中。

由此我们提出假设 3：在多中心城市群中，相对工业品价格对人口分布的影响受到距离的负向调节，且对人口集中具有负作用。

第二节　多中心城市群发展模式对人口分布影响的实证分析

一、实证分析框架设计

（一）实证模型设定

多中心城市群发展对人口影响的空间机制同双中心城市群类似，同样通过提升相对工资水平、增加相对税收规模和降低相对产品价格三个途径进行。同双中心城市群相比，多中心城市群还额外受到市场分割和距离外部性的影响。基于上文的理论分析，此处我们还是通过建立一个调节效应模型来进一步展开实证分析（公式 7-1）。

$$ln\ y_{it} = \beta_0 + \beta_1 \mathrm{lnwage}_{it} + \beta_2 \mathrm{lnpublic}_{it} + \beta_3 \mathrm{lnprice}_{it} + \beta_4\ \gamma_{it} + \beta_5 ln\ Re_{it}$$
$$+ \beta_6 ln\ M_{it} + \beta_7\ devide_{it} + \beta_8\ \gamma_{it} \times \mathrm{lnwage}_{it} + \beta_9\ lnRe_{it} \times \mathrm{lnwage}_{it}$$
$$+ \beta_{10}\ lnM_{it} \times \mathrm{lnwage}_{it} + \beta_{11}\ devide_{it} \times \mathrm{lnwage}_{it} + \beta_{12}\ D_i \times \mathrm{lnwage}_{it}$$
$$+ \beta_{13}\ D_i \times \mathrm{lnpublic}_{it} + \beta_{14}\ D_i \times \mathrm{lnprice}_{it} + V'\theta + X'\delta + \varepsilon_{it} \qquad (7\text{-}1)$$

式中，$ln\ y_{it}$ 表示城市的人口分布指数的对数值，$ln\ wage_{it}$ 为城市相对工资的对数值，$ln\ public_{it}$ 为政府相对税收规模的对数值，$\mathrm{lnprice}_{it}$ 为城市相对工业品价格的对数值，γ_{it} 表示相对户籍歧视程度，$ln\ Re_{it}$ 表示区域知识储备对数值，$ln\ M_{it}$ 表示市场潜力的对数值；$devide_{it}$ 表示市场分割程度，D_i 为是否中心城市的哑变量，值为 1 的时候表示为中心城市，$\gamma_{it} \times \mathrm{lnwage}_{it}$ 表示相对户籍歧视与相对工资的交叉项，$lnRe_{it} \times \mathrm{lnwage}_{it}$ 表示知识储备与相对工资的交叉项，$lnM_{it} \times \mathrm{lnwage}_{it}$ 表示市场潜力与相对工资的交叉项，$\mathrm{lndevide}_{it} \times \mathrm{lnwage}_{it}$ 表示市场分割程度同相对工资的交叉项；$D_i \times \mathrm{lnwage}_{it}$、$D_i \times \mathrm{lnpublic}_{it}$、$D_i \times \mathrm{lnprice}_{it}$ 分别表示中心城市哑变量同相对工资水平、相对政府税收规模、相对工业品价格指数的交叉项，$V'\theta$ 为城市群发展的特征变量，包括城市群的能级、发育程度和平均引力大小，$X'\delta$ 为一系列可能影响人口分布指数的控制变量，μ_i 和 v_t 分别代表城市的个体固定效应和时间固定效应，β_1—β_{14} 为系数。我们预期 β_{12} 和 β_{13}

为正，β_{14} 为负，说明中心城市的相对工资水平和价格水平能够促进城市人口集中；β_{10} 大于 0，说明市场潜力对相对工资对人口的集中作用起到正向调节效果，β_{11} 小于 0，说明市场分割的存在对相对工资对人口的集中作用起到正向的调节作用。

（二）数据和样本

本书的数据来源于 2011 年到 2020 年《中国城市统计年鉴》，选取了 2010 到 2019 年共 10 年的数据来实证检验城市群发展对人口分布的影响。选取的数据时间节点的原因见第五章。我们共选取了长江三角洲城市群、海峡西岸城市群、长江中游城市群以及呼包鄂榆城市群共 4 个城市群 78 个城市作为研究样本。

（三）变量构造和说明

1. 被解释变量

被解释变量主要是人口分布指数，我们分别采用人口密度（$lnden$）、人口地理集中度指数（$lncon$）和人口规模（$lnscale$）来衡量。三者的计算方法见第四章。

2. 核心解释变量

核心解释变量包括城市的相对工资（$lnwage$）、相对税收规模（$lnpublic$）以及相对工业品价格指数 $lnprice_{it}$。相对工资（$lnwage$）用本城市和城市群内其他城市市辖区在岗职工平均工资之比的均值表示；相对税收规模（$lnpublic$）用本城市和其他城市市辖区地方财政一般预算内支出之比的均值表示；相对工业品价格数据用市辖区规模以上工业企业数之比的倒数的平均值来表示，理由见第五章。相互户籍歧视程度（γ）用本城市同城市群内其他城市的户籍歧视程度之比的均值表示。公式（7-1）还涉及两个调节变量，即市场潜力（lnM_{it}）和市场分割程度（$devide_{it}$）。在此我们按照 Harris 的方法来估计市场潜能，计算公式如公式（7-2）所示。

$$M_{it} = \sum \frac{Y_{it}}{d_{it}} \tag{7-2}$$

其中 Y_{it} 为城市的市辖区区域生产总值，单位为亿元；d_{it} 为两城市之间的距离。对于市场分割（$devide_{it}$）已有较为成熟的讨论，在此我们借鉴陆铭和陈钊[1]的方法，采用相对价格法来构建市场分割指数。赵奇伟和熊性美[2]将该方法拓展到劳动力市场领域。由于本书关注的是劳动力流动问题，参考赵奇伟和熊性美的做法，我们构建了劳动力市场分割指数。具体测算过程见公式（7-3）：

$$|\Delta Q_{ijt}| = |\ln(W_{it}/W_{it-1}) - \ln(W_{jt}/W_{jt-1})|$$

$$q_{it} = |\Delta Q_{ijt}| - |\overline{\Delta Q_t}|$$

$$devide_{it} = var(q_{it}) \tag{7-3}$$

其中，i 和 j 为城市群的不同城市，W_{it} 为市辖区在职职工平均工资，$\overline{\Delta Q_t}$ 为 ΔQ_{ijt} 的均值，$var(q_{it})$ 表示 q_{it} 的方差，由于我们使用的是职工工资的均值，因此不再对 $var(q_{it})$ 求均值汇总。

3. 城市群特征变量与控制变量

与第四章相同，此处分别加入城市的能级、发育程度和与其他城市的平均引力大小作为城市群的特征变量，三者的计算方法见第四章。加入城市经济规模、产业结构、城市的基础设施和公共服务设施作为控制变量。其中，城市经济规模用全市地区生产总值代表，城市产业结构用全市第二、三产业占 GDP 比重代表，城市的基础设施和公共服务设施用市辖区中小学数量之和、市辖区医院、市辖区年末实有城市道路面积代表。所有变量的描述性统计见表7-1。

表 7-1　数据描述性统计

变量	含义	样本量	均值	标准差	最小值	最大值
lnden	人口密度对数	710	1.5498	0.6070	0.1633	3.2704
lncon	人口地理集中度对数	710	4.6744	0.5806	3.4411	6.6448
lnscale	人口规模对数	710	6.0190	0.5712	4.3012	7.2903
lncwage	相对工资对数	710	0.0136	0.1678	-0.5788	0.6282

[1] 陆铭，陈钊. 分割市场的经济增长：为什么经济开放可能加剧地方保护？［J］. 经济研究，2009，44（3）：42—52.

[2] 赵奇伟，熊性美. 中国三大市场分割程度的比较分析：时间走势与区域差异［J］. 世界经济，2009（6）：41—53.

续表

变量	含义	样本量	均值	标准差	最小值	最大值
lncpublic	相对税收规模对数	710	0.1897	0.6616	−1.2287	2.9351
lncprice	相对工资对数	710	−3.1833	53.9721	−1043.5007	418.0731
D	是否为中心城市	710	0.1268	0.3329	0.0000	1.0000
gama	户籍歧视程度	710	1.9092	8.2249	0.0704	150.4035
lnM	市场潜能对数	710	11.7088	0.9671	9.4635	14.5693
lndevide	市场分割对数	639	−0.8751	1.6128	−3.8600	2.5347
lnfunlevel	城市能级对数	710	−0.5685	1.0115	−2.5763	2.1811
lnic	城市发育度对数	710	6.2498	0.6123	4.7658	7.3372
lngravitation	城市平均引力对数	710	2.0333	1.4990	−1.8571	5.7235
lnroad	道路面积对数	710	7.3337	0.8853	4.9416	9.6998
lnfirm	规上工业企业数量对数	710	7.3354	0.8417	5.1591	9.7222
lnArea	行政面积对数	710	4.6837	0.8056	2.9444	7.1213
lnschool	中小学数量对数	710	5.1076	0.7378	2.9957	7.3518
lnhospital	医院数量对数	710	3.8292	0.8089	1.7918	6.4862

数据来源：作者计算。

二、对相对工资、税收和公共产品以及相对工业品价格差异影响的检验

(一) 基准回归

为了清楚地分析各因素对城市群人口分布的影响效应，首先采用基准模型分析相对工资、相对税收规模以及相对工业品价格对人口密度、人口地理集中度和人口规模的影响，结果如表7-2的（1）—（6）列所示，其中（1）—（3）列中未加入控制变量，（4）—（6）列中加入了控制变量。根据基准回归结果，相对工资、相对税收规模以及相对价格指数对中心城市和城市群的人口分布有显著的影响，但具体在人口密度、人口地理集中度和人口规模上的具体影响方向略有不同。就人口密度而言，相对工资水平同人口密度有负向关系，从多中心城市的发展趋势看，依然是少数中心城市的崛起伴随着多数周边城市人口流出的过程，因而平均意义上的人口密度是下降的，在工资刚性的影响下和大部分城市人口竞争减少的情况下，相对工资水平会

不断增加，从而就平均意义上而言，相对工资水平同人口密度呈现了负相关的关系；相对税收规模对平均意义上的人口密度具有负向作用，说明在多中心城市群中，增加税收规模会降低本城市对人口的吸引力，降低人口密度；工业品价格指数同平均意义上的人口密度具有正向关系，一般而言，工业品价格指数较高的地区，经济规模和人口规模也愈大，从而人口密度会增加。对于中心城市而言，多中心城市群的中心城市工资水平对人口密度的影响不显著，表明工资已经不是吸引人口流入的主要因素。这和本章假设 1 是相符的。同时，中心城市的税收规模同人口密度有正向关系，工业品价格指数同人口密度有负向关系，说明中心城市的税收规模增加，其提供的公共产品数量和质量有所提升，能够促进本区域人口密度的增加，中心区域的工业品种类和数量增加，使工业品相对价格下降，人们的生活成本下降，促进本区域人口密度的增加，这与假设 2 和假设 3 是相符的。人口地理集中度和人口规模中大部分的解释变量的系数同人口密度相同，说明相对工资水平、相对税收水平、相对价格水平同人口地理集中度和人口规模的关系与同人口密度的关系是相同的。值得注意的是，中心城市的相对工资水平对人口地理集中度有显著的正向影响，表明相对工资较高的中心城市其人口相对份额也是较大的。城市群相对税收规模和人口规模的关系为正，中心城市的相对税收规模和人口规模的关系为负，说明中心城市大部分已处于城市圈建设阶段，中心城市通过基础设施建设和区域福利政策一体化，加快了与周边城市的融合，加之部分多中心城市群的中心城市采取了严格限制人口规模的政策，所以中心城市的税收规模与人口规模关系为负，但城市圈内城市人口规模增加，就平均意义而言，相对税收规模同人口规模之间的关系为正。

表 7-2 基准回归估计结果

VARIABLES	(1) lnden	(2) lncon	(3) lnscale	(4) lnden	(5) lncon	(6) lnscale
lncwage	−0.3327***	−0.2204***	−0.1548***	−0.0070	−0.0109	−0.0692***
	(−7.6004)	(−5.7414)	(−5.0262)	(−0.6557)	(−0.8389)	(−2.7601)
lncpublic	−0.4350***	−0.3049***	0.7542***	−0.0256*	−0.0690***	0.5520***
	(−17.7809)	(−17.6261)	(36.9038)	(−1.8409)	(−3.9513)	(20.3872)

续表

	(1)	(2)	(3)	(4)	(5)	(6)
lncprice	0.4039***	0.3082***	0.1413***	0.0167*	0.0243**	0.1329***
	(21.8037)	(28.4023)	(9.2803)	(1.7360)	(2.1771)	(8.0982)
lncwage_D	0.2198	0.2926*	0.1824***	0.0479	0.0300	0.0979***
	(0.9231)	(1.8808)	(5.1499)	(1.3160)	(0.7441)	(3.2318）
lncpublic_D	1.2797***	0.9926***	−0.3856***	0.4820***	0.4523***	−0.3310***
	(17.7227)	(20.3055)	(−13.3836)	(14.4686)	(11.7021)	(−10.0556)
lncprice_D	−0.6558***	−0.6890***	−0.0533*	−0.2200***	−0.2625***	−0.0278
	(−8.6270)	(−18.7150)	(−1.9476)	(−8.4698)	(−8.7882)	(−0.9664)
lnfunlevel	—	—	—	0.1725***	0.1995***	−0.0735***
				(15.7522)	(17.1205)	(−7.1047)
lnic	—	—	—	0.2732***	−0.1259***	0.0819***
	—	—	—	(25.7612)	(−9.8864)	(10.1664)
lngravitation	—	—	—	0.1116***	0.1711***	−0.1041***
	—	—	—	(12.1452)	(17.1220)	(−10.6630)
lngdp	—	—	—	−0.1880***	−0.2256***	0.1898***
	—	—	—	(−14.2122)	(−15.3065)	(11.8357)
lnschool	—	—	—	−0.0431***	−0.0224**	0.1209***
	—	—	—	(−5.0510)	(−2.1657)	(9.9550)
lnhospital	—	—	—	0.0106***	0.0012	0.0135**
	—	—	—	(3.1322)	(0.2357)	(2.2690)
Constant	1.3300***	4.6185***	6.0443***	2.9858***	9.0691***	1.8229***
	(205.0127)	(1030.6852)	(878.7733)	(12.5727)	(33.0062)	(6.2723)
Observations	750	750	750	750	750	750

数据来源：作者计算。

注：括号中的为 t 值。＊＊＊表示 p<0.01，＊＊表示 p<0.05，＊表示 p<0.1。

（二）内生性检验

前文利用实证研究考察了多中心城市群发展对人口分布的影响，但是这种影响并未考虑多中心城市群发展和人口分布的影响之间可能的内生性问题。从理论分析中可以看出，受地理条件、政策因素、城市历史等多方面因素的影响，中心城市的选择并非随机的。在多中心城市群确定中心城市时，往往也会考虑城市的经济规模、人口规模等因素。这可能会造成样本存在一定的自选择问题，使模型估计结果有偏差。为解决样本自选择的问题，本书采用了 PSM 倾向评分匹配法，使用 logit 回归模型来估计倾向评分，并根据 PSM 匹配后构造的反事实样本进行回归，结果如表 7-3 所示。表 7-3 中（1）—（3）列报告了倾向评分匹配后样本回归的结果，我们发现除个别变量变得不显著外，大部分解释变量的符号和显著性没有发生变化，但系数的绝对值有所减小，说明基准回归的结果基本是可靠的。同时，多中心城市群发展和人口分布之间可能存在互为因果关系，一方面中心城市的发展带来的产业规模扩大，用工需求增加，平均工资水平上涨，吸引人口聚集，而人口集聚又带来了更高的税基和消费需求，这又促进了产业规模进一步扩大，推进了城市群的发展。为此，采用工具变量法进行再检验，以解决互为因果的问题。选取滞后两期的户籍歧视程度和相对工资水平作为工具变量进行检验，Underidentification test 的检验结果分别为 145.1、143.19 和 143.9，拒绝原假设，说明工具变量与解释变量相关，Weak identification test 检验结果值分别为 62.73、92.46 和 92.46，说明拒绝"弱工具变量"的原假设，即方程不存在弱工具变量。过度识别检验结果显示，这两个变量满足外生性。检验后的回归结果见表 7-3 中的（4）—（6）列，与基准回归结果对比可以发现，大部分个变量系数的符号、显著性与基础回归结果基本一致，说明本书结论基本稳健。

表 7-3　内生性检验估计结果

	（1） PSM	（2） PSM	（3） PSM	（4） IV	（5） IV	（6） IV
VARIABLES	lnden	lncon	lnscale	lnden	lncon	lnscale
c_ lncwage	−0.0235	−0.0393	−0.1108***	−0.9773***	−0.6085**	−1.4617***
	（−0.4878）	（−0.8429）	（−2.6484）	（−3.3643）	（−2.1310）	（−7.5128）
c_ lncpublic	−0.0164	−0.0977*	0.4336***	0.0106	−0.0193	0.7189***
	（−0.3023）	（−1.8660）	（9.6633）	（0.1352）	（−0.2600）	（14.2258）

续表

	（1）PSM	（2）PSM	（3）PSM	（4）IV	（5）IV	（6）IV
c_ lncprice	0.1087 ***	0.0996 ***	0.1753 ***	0.2431 ***	0.3372 ***	0.1466 ***
	（3.0845）	（2.9387）	（6.1520）	（4.5216）	（6.5780）	（4.1962）
lncwage_ D	0.0256	0.0419	0.1372 *	0.2488	0.2364	1.4442 ***
	（0.3175）	（0.5370）	（1.9491）	（0.7114）	（0.6995）	（6.2707）
lncpublic_ D	0.2727 ***	0.3153 ***	−0.2598 ***	0.2124 *	0.6310 ***	−0.3557 ***
	（3.1396）	（3.7791）	（−3.7381）	（1.9323）	（7.2777）	（−6.0210）
lncprice_ D	−0.2348 ***	−0.2384 ***	−0.0072	−0.4546 ***	−0.6391 ***	0.0190
	（−2.7258）	（−2.8799）	（−0.1037）	（−4.9118）	（−8.0373）	（0.3508）
Constant	3.8184 ***	9.5491 ***	−0.1960	5.8588 ***	14.2388 ***	3.4567 ***
	（4.8534）	（12.6246）	（−0.3070）	（4.8987）	（13.0988）	（4.6666）
Control	YES	YES	YES	YES	YES	YES
Observations	554	554	554	584	600	600
Underidentification test	—	—	—	145.1	143.9	143.9
Weak identification test	—	—	—	62.73	92.46	92.46
Sargan statistic	—	—	—	0.420	0.061	0.130

数据来源：作者计算。

注：括号中的为 t 值。＊＊＊表示 p<0.01，＊＊表示 p<0.05，＊表示 p<0.1。

（三）稳健性分析

为了保证实证结果稳健和可靠，通过变量替代的方法进行稳健性检验，替换主要解释变量，将相对工资水平替换为相对市辖区在岗职工工资总额，将相对税收规模替换为相对市辖区财政收入，将以上变量带入模型以检验回归结果稳健性。回归结果如表7-4所示，其中第（1）—（3）列为用相对市辖区在岗职工工资总额替代相对工资的结果，第（4）—（6）列为用相对市辖区财政收入替代相对税收规模的结果。由表可以看出，主要核心解释变量的符号和显著性没有发生明显变化，表明本书的研究结果具有一定的稳健性。

表7-4　稳健性分析

	(1)	(2)	(3)	(4)	(5)	(6)
VARIABLES	lnden	lncon	lnscale	lnden	lncon	lnscale
lncwage	−0.0013	−0.0033	−0.0111**	−0.1161*	−0.0999*	−0.0586*
	(−1.0331)	(−0.5695)	(−2.3559)	(−1.8430)	(−1.9331)	(−1.9577)
lncpublic	−0.0388**	−0.0705**	0.8426***	−0.0112***	−0.0098***	0.0055
	(−2.0401)	(−2.1148)	(30.6536)	(−3.4558)	(−3.4407)	(1.6101)
lncprice	0.0187*	0.1078***	0.1344***	0.0894***	0.0339*	0.1595***
	(1.7679)	(5.1113)	(8.2047)	(5.0190)	(1.8632)	(7.2087)
lncwage_ D	0.0018	−0.0189	0.0196*	0.2318*	0.6282***	0.1497**
	(0.5920)	(−1.1592)	(1.7722)	(1.6886)	(4.9973)	(2.2580)
lncpublic_ D	0.1356***	0.4340***	−0.4884***	0.0197*	0.0316***	−0.0212**
	(3.1395)	(8.9946)	(−16.2381)	(1.7201)	(2.8559)	(−2.1338)
lncprice_ D	−0.0444*	−0.4338***	−0.0697**	−0.1205***	−0.1152***	−0.0095
	(−1.8660)	(−9.8377)	(−2.2548)	(−5.2287)	(−4.8728)	(−0.0908)
Constant	0.8649***	10.0673***	2.5360***	4.0888***	9.0474***	4.0463***
	(2.5943)	(21.5212)	(7.8019)	(11.1931)	(23.3741)	(4.0212)
Control	YES	YES	YES	YES	YES	YES
Observations	750	750	750	750	750	750
Number of num	75	75	75	75	75	75

数据来源：作者计算。

注：括号中的为 t 值。＊＊＊表示 p<0.01，＊＊表示 p<0.05，＊表示 p<0.1。

（四）异质性分析

由于我国各城市群发展水平存在较大差异，相对工资、相对工业品价格水平和相对政府税收规模对各城市群人口分布发挥的作用也可能存在差异性。因此，本研究在探究工资和价格水平和相对政府税收规模对人口分布作用效果的基础上，进一步考察其对不同城市群的人口分布的影响，回归结果见表7-5所示。从表7-5中可以看出，相对工业品价格的下降能够显著提升各城市群的人口集中度，与基准回归结果一致。

对于长江三角洲城市群，相对税收规模与人口密度和人口地理集中度为显著的负相关，与人口规模正相关。近年来长江三角洲城市群的中心城市多严格控制人口规模，并通过加快基础设施建设与周边城市尽快互联互通、推进同城化等多种措施疏解城市功能，降低城市人口密度，因此税收规模同人口密度和人口地理集中度呈现负相关关系，但是其城市总体人口规模还是在不断上涨过程中，因此相对税收规模与人口规模呈正相关关系。长江三角洲城市群的相对工业品价格水平与人口密度和人口地理集中度呈显著负相关，与人口规模正相关，说明工业品价格下降能够促进人口密度和人口地理集中度增加，与我们的假设相符。但是相对工业品价格水平与人口规模正相关，说明人口规模的快速增加可能会导致需求的大量增加，从而使价格指数上升。对于海峡西岸城市群，相对工资水平与全市年平均人口呈显著负相关，相对税收规模与全市年平均人口呈显著正相关，其余系数均不显著。对于长江中游城市群，相对政府税收规模与人口密度、人口地理集中度呈显著负相关，相对工资水平与全市年平均人口呈负相关，相对工业品价格水平系数不显著。

随着政府要求严格控制特大城市人口规模，一些超大城市和特大城市在具体的政策导向上也有不少新变化。例如，一些城市采取了加快城市功能疏解、强化群租房管理、加速清理违章建筑等举措，加上高房价的挤出效应，不少人选择离开大城市。

表7-5　异质性分析回归结果

变量	lnden			lncon			lnscale		
	长江三角洲	海峡西岸	长江中游	长江三角洲	海峡西岸	长江中游	长江三角洲	海峡西岸	长江中游
lnwage	0.0750	-0.2288	-0.0579	0.0781	-0.3062	-0.0645	-1.1969***	-0.8556***	-0.1720***
	(1.0825)	(-0.6748)	(-1.0420)	(1.1144)	(-0.8885)	(-1.1019)	(-4.6393)	(-6.5602)	(-3.1306)
lncpublic	-0.1074***	0.1033	-0.1480***	-0.0978***	0.1134	-0.1228***	0.7648***	0.7100***	1.2210***
	(-3.4767)	(0.8125)	(-6.3525)	(-2.9836)	(0.8774)	(-4.9672)	(12.1843)	(24.1053)	(32.2970)
lncprice	-0.0003***	-0.0014	-0.0002	-0.0003***	-0.0015	-0.0002	0.0002***	-0.0002	-0.0003
	(-13.7562)	(-1.5837)	(-0.5685)	(-13.7558)	(-1.5935)	(-0.5446)	(8.4841)	(-1.2081)	(-1.1547)
lnwage_D	-0.6209	-0.0607	0.6855***	-0.6513	0.0174	0.6865***	1.7739***	-0.3068	0.4045***
	(-1.6128)	(-0.2120)	(3.2286)	(-1.6813)	(0.0590)	(3.1630)	(3.9988)	(-0.7230)	(4.1496)
lncpublic_D	1.0548***	-0.2780	1.4916***	1.0566***	-0.3165	1.4821***	-0.5030***	-1.7357***	-0.3853***
	(12.2589)	(-0.8447)	(5.7677)	(12.0370)	(-0.9558)	(5.7228)	(-5.1624)	(-7.8561)	(-4.7523)
lncprice_D	-0.5156***	-0.2856***	-0.4778***	-0.5151***	-0.2752***	-0.4679***	0.0037	0.6364***	-0.0483
	(-13.4000)	(-5.6081)	(-4.5736)	(-13.2495)	(-5.5807)	(-4.4995)	(0.1659)	(7.3441)	(-1.2869)
Constant	4.0869***	18.3365***	4.6382***	7.0114***	22.8946***	8.6396***	-5.2595***	5.6909***	8.7532***
	(3.9781)	(6.4298)	(11.3194)	(6.7560)	(8.2084)	(22.2302)	(-3.3562)	(19.1805)	(4.6402)
Control	YES	YES	YES	YES	YES	YES	YES	YES	YES
R-squared	0.8457	0.7729	0.6076	0.8453	0.7682	0.6083	0.9011	0.8667	0.9089

数据来源：作者计算。
注：括号中的为t值。***表示p<0.01，**表示p<0.05，*表示p<0.1。

三、对户籍歧视、知识共享、市场分割和市场潜力影响的检验

（一）户籍歧视的调节效应

表7-6的（1）—（3）列为引入相对户籍歧视（cgama）的实证结果和相对户籍歧视与相对工资交叉项（lncwage_ gama）的结果。从实证结果看，相对工资水平和户籍歧视交叉项对于人口密度、人口地理集中度和人口规模的系数显著为负。这说明户籍歧视在工资对人口分布的正向影响中有负向调节效应。户籍歧视是形成劳动力市场分割的重要原因，它不但通过阻碍劳动力流动造成城乡收入差异，也会促成农民工和城镇工人之间劳动力报酬的差异。

（二）市场分割的调节效应

表7-6的（4）—（6）列为引入市场分割指数（lndevide）以及中心城市相对工资水平和市场分割指数交叉项（lncwage_ devide）后的实证结果。从实证结果看，相对工资水平和市场分割指数交叉项的估计系数显著为负，说明市场分割指数对中心城市相对工资水平同人口分布集中的正向效果具有负向调节作用。市场分割会通过有形的或无形的要素流动壁垒阻碍人口流动，使得某些地区的经济发展远远领先于其他地区，造成区域差距，人口分布也呈现不均衡状态。

表7-6　户籍歧视和市场分割的调节效应回归结果

	（1）	（2）	（3）	（4）	（5）	（6）
VARIABLES	lnden	lncon	lnscale	lnden	lncon	lnscale
lncwage	-1.0110^{***}	-0.9644^{***}	-1.4808^{***}	-1.0926^{***}	-1.0471^{***}	-1.6707^{***}
	(-3.4941)	(-3.3642)	(-7.8373)	(-3.4461)	(-3.3253)	(-8.0407)
lncpublic	-0.0164	-0.0950	0.7558^{***}	-0.0258	-0.1027	0.7445^{***}
	(-0.2070)	(-1.2133)	(15.1428)	(-0.3267)	(-1.3115)	(14.4033)
lncprice	0.2696^{***}	0.3293^{***}	0.0805^{**}	0.2664^{***}	0.3302^{***}	0.0818^{**}
	(4.8692)	(6.0032)	(2.2759)	(4.8176)	(6.0134)	(2.2567)
lncwage_ D	0.2106	0.3161	1.3872^{***}	0.1562	0.3275	1.4388^{***}
	(0.6077)	(0.9207)	(6.2487)	(0.4524)	(0.9552)	(6.3587)

续表

	（1）	（2）	（3）	（4）	（5）	（6）
lncpublic_ D	0. 2087 *	0. 4035 ***	−0. 4302 ***	0. 2304 **	0. 4190 ***	−0. 4693 ***
	（1. 8808）	（3. 6707）	（−7. 3271）	（2. 0823）	（3. 8135）	（−6. 4724）
lncprice_ D	−0. 4278 ***	−0. 5065 ***	0. 0392	−0. 4300 ***	−0. 5084 ***	0. 0655
	（−4. 6225）	（−5. 5227）	（0. 7421）	（−4. 6490）	（−5. 5350）	（1. 0801）
cgama	0. 0030 *	0. 0034 **	0. 0020 *	—	—	—
	（1. 7940）	（2. 0377）	（1. 7827）	—	—	—
lncwage_gama	−0. 0389 *	−0. 0405 *	−0. 0280 **	—	—	—
	（−1. 8593）	（−1. 9527）	（−2. 0385）	—	—	—
lndevide	—	—	—	0. 0120	0. 0032	0. 0040
	—	—	—	（1. 1681）	（0. 3121）	（0. 5902）
lncwage_devide	—	—	—	−0. 1870 **	−0. 1597 **	−0. 2027 ***
	—	—	—	（−2. 5010）	（−2. 1513）	（−4. 1364）
Constant	6. 6936 ***	13. 6312 ***	1. 8341 **	6. 6150 ***	13. 6668 ***	1. 7737 **
	（5. 3753）	（11. 0485）	（2. 4013）	（5. 2884）	（11. 0018）	（2. 1638）
Control	YES	YES	YES	YES	YES	YES
Observations	584	584	600	584	584	584
R-squared	0. 7146	0. 5266	0. 8347	0. 7151	0. 5252	0. 7292

数据来源：作者计算。

注：括号中的为 t 值。＊＊＊表示 p<0.01，＊＊表示 p<0.05，＊表示 p<0.1。

（三）知识共享的调节效应

表 7-7 的（1）—（3）列为引入知识储备（$lnRD$）以及知识储备和相对工资水平交叉项（$lncwage$）的结果。从实证结果看，知识资本与人口分布指数的系数呈正相关，说明知识资本对相对工资水平同人口集中分布之间的正相关关系具有正向的调节作用。当一个地区拥有更多的高校和科研院所，从而企业在技术创造、资本积累等方面更具效率时，本地区产业增长会加快，对人口的集聚力也会增强。对于个体而言，接受更多的知识和技术有助于提升劳动技能，并提升其工资水平。

表7-7 知识共享的以及市场潜力对工资和价格的调节效应回归结果

VARIABLES	(1) lnden	(2) lncon	(3) lnscale	(4) lnden	(5) lncon	(6) lnscale	(7) lnden	(8) lncon	(9) lnscale
lncwage	-6.0992***	-5.5116***	-5.2160***	-24.0967***	-25.4224***	-12.2467**	-1.1910***	-1.1286***	-1.3667***
	(-2.8031)	(-2.6024)	(-3.5953)	(-2.6200)	(-2.7440)	(-2.1951)	(-3.8448)	(-3.6604)	(-7.0343)
lncpublic	-0.0010	-0.0817	0.7602***	-0.1019	-0.1786*	0.7070***	-0.0441	-0.1141	0.7700***
	(-0.0120)	(-0.9581)	(13.0169)	(-1.0857)	(-1.8889)	(12.4176)	(-0.5580)	(-1.4505)	(15.5376)
lncprice	0.2721***	0.3355***	0.0873**	0.2088***	0.2543***	0.0337	0.3049***	0.3463***	0.0480
	(4.4642)	(5.6547)	(2.1483)	(2.9926)	(3.6169)	(0.7950)	(5.3064)	(6.0551)	(1.3328)
lncwage_D	-0.3463	-0.1396	0.9585***	-3.1547***	-3.0708***	-0.4186	0.5190	0.5906	1.2489***
	(-1.2610)	(-0.5220)	(5.2343)	(-2.9409)	(-2.8417)	(-0.6432)	(1.3883)	(1.5874)	(5.3267)
lncpublic_D	0.1330	0.3352***	-0.5312***	0.2256*	0.3755***	-0.5100***	0.2875**	0.4309***	-0.5808***
	(1.0226)	(2.6471)	(-6.1240)	(1.6865)	(2.7865)	(-6.2844)	(2.4735)	(3.7250)	(-7.9671)
lncprice_D	-0.3614***	-0.4466***	0.1114	-0.4180***	-0.4794***	0.0891	-0.7144***	-0.7087***	0.3219***
	(-3.4159)	(-4.3376)	(1.5791)	(-3.8534)	(-4.3871)	(1.3546)	(-6.0294)	(-6.0093)	(4.3316)
lnRD	-0.0635**	-0.0523*	-0.0453**	—	—	—	—	—	—
	(-2.1875)	(-1.8506)	(-2.3398)						
lncwage_RD	0.7207***	0.6396**	0.5302***	—	—	—	—	—	—
	(2.6737)	(2.4378)	(2.9502)						

续表

	(1)	(2)	(3)	(4)	(5)	(6)	(7)	(8)	(9)
lnM	—	—	—	0.0668	0.2037	0.2601***	0.0785	0.1858	0.1173
				(0.4109)	(1.2429)	(2.6355)	(0.5562)	(1.3224)	(1.3245)
lncwage_M	—	—	—	2.0357***	2.1425***	0.9676**	—	—	—
				(2.5924)	(2.7084)	(2.0312)			
lncprice_M	—	—	—	—	—	—	-0.1441***	-0.1078***	-0.1260***
							(-3.7599)	(-2.8275)	(-5.2427)
Constant	7.3704***	14.2895***	2.2573**	6.2129***	13.2971***	1.7478**	7.1091***	14.1019***	1.6788**
	(5.2790)	(10.5152)	(2.4249)	(4.2816)	(9.0966)	(1.9855)	(5.6440)	(11.2483)	(2.1250)
control	YES	YES	YES	YES	YES	YES	YES	YES	YES
Observations	584	584	584	584	584	584	584	584	584
R-squared	0.6558	0.4490	0.6614	0.6219	0.3515	0.6920	0.7147	0.5224	0.7516

数据来源：作者计算。

注：括号中的为 t 值。 ***表示 p<0.01，** 表示 p<0.05，* 表示 p<0.1。

（四）市场潜力对工资的调节

表7-7的（4）—（6）列为引入市场潜力（lnM）以及市场潜力和相对工资水平的交叉项（$lncwage$）的结果。从实证结果看，相对工资水平和市场潜力交叉项的估计系数显著为正，说明市场潜力对相对工资同人口集中分布的正向关系具有正向的调节作用。市场潜力越大，越靠近规模大的城市，其需求就越大，因此产业规模就越大，产业分工更加细化，劳动需求增加，人口流入会增加。

（五）市场潜力对价格的调节

表7-7的（7）—（9）列为引入市场潜力（lnM）以及市场潜力和相对工业品价格水平的交叉项（$lncprice$）的结果。从实证结果看，相对工业品价格水平和市场潜力交叉项对人口密度、人口地理集中度和人口规模的估计系数为负，表明市场潜力对相对工业品价格对人口密度、人口地理集中度和人口规模的负向影响具有负向的调节作用。市场潜力越大，距离经济规模大的地区越近，接收到该地区的低价优势的溢出就越多，本地的工业品价格也会越低，居民生活成本下降，对人口的吸引力就越大。

第三节 多中心城市群发展模式对人口分布 影响的政策模拟与选择

由前文分析，多中心城市群发展主要通过中心城市之间的工资差异、公共产品差异和产品价格差异吸引人口流动来影响人口的分布格局，户籍歧视和市场分割在城市群发展影响人口分布中起到负向调节作用，知识共享和市场潜力起到正向调节作用。延续前章思路，本节将在对多中心城市群发展政策梳理总结的基础上，运用反事实分析的方法进一步模拟分析多中心城市群政策实施效果，并在此基础上提出优化多中心城市群人口布局的政策建议。

一、多中心城市群发展的主要政策分析

我们收集整理了4个多中心城市群发展的相关政策，并进一步对其发展路径做出梳理。根据我国"十四五"规划纲要，长江三角洲城市群和长江中

游城市群"十四五"期间的发展方向是优化提升，海峡西岸城市群的发展方向是发展壮大，呼包鄂榆城市群的发展方向是培育发展。表7-10 总结了我国多中心城市群发展的主要政策。可以发现不同城市群的政策具有显著的差异性，长江中游城市群和海峡西岸城市群发展政策的主要特征是多核发展，长江三角洲城市群的主要政策特征是核心辐射，呼包鄂榆城市群发展尚处于单个城市分散发展阶段，主要特征是强化中心。在核心辐射、多核发展和强化中心三种政策中，强化中心政策和多核发展政策同单中心城市群和双中心城市群发展相关政策差异不大，核心辐射政策的主要特征主要表现为严控中心城市人口规模，同时通过同城化发展城市圈，实现城市功能疏解和人口分布优化；做优做强节点城市，促进人口向重点区域集聚。

表7-10 多中心城市群发展主要政策

城市群名称	人口战略特征	"十四五"规划纲要方向	路径要点	主要文献
长江中游城市群	多核发展	优化提升	1. 强化三省省会城市引领功能 2. 促进都市圈同城化发展	《长江中游城市群发展"十四五"实施方案》
长江三角洲城市群	核心辐射	优化提升	1. 严格控制上海中心城区人口规模 2. 适度控制其他优化开发区域人口过快增长 3. 引导人口加快向重点开发区域集聚	《长江三角洲城市群发展规划》
海峡西岸城市群	多核发展	发展壮大	1. 持续做大福州、厦门、泉州等中心城市 2. 强化福州都市圈和厦漳泉都市圈引擎带动作用	《福建省国民经济和社会发展第十四个五年规划和二〇三五年远景目标纲要》
呼包鄂榆城市群	强化中心	培育发展	突出呼和浩特区域中心城市作用，强化包头、鄂尔多斯、榆林区域重要节点城市地位	《呼包鄂榆城市群发展规划》

资料来源：作者根据相关文件整理。

同前面章节，此处采用 RCM 和反事实模拟的方法，以城市群实施相关政策时间为模拟节点，城市群内所有其他城市作为构造反事实模拟的对象，模拟每个城市如不受城市群政策发展其人口分布会经历的发展轨迹，并通过与城市实际人口分布的对比来分析城市群政策的实际实施效果。RCM 的具体理论模型的操作步骤见第五章。

二、长江中游城市群发展对人口分布影响的政策模拟

2015 年 5 月，国务院批复了《长江中游城市群发展规划》，规划提出要强化武汉、长沙、南昌的中心城市地位，合理控制人口规模和城镇建设用地面积，进一步增强要素集聚、科技创新和服务功能，在城市群内部建设武汉城市圈、环长株潭城市群和环鄱阳湖城市群 3 个城市圈或城市群，促进各类城市协调发展。2022 年 2 月，国务院批复同意了《长江中游城市群发展"十四五"实施方案》，在方案中提出要强化都市圈带动作用，全面提升武汉、长沙、南昌在先进制造研发、科技创新驱动、全球贸易服务、文化和商业品牌塑造等方面的功能，推动武汉、长沙合理有序疏解一般性制造业，引导优质公共服务资源优化布局并向周边辐射延伸，逐步降低武汉市江汉区等人口密度过高城区的人口密度；发挥省会城市辐射带动作用，与周边城市实现同城化发展，增强节点城市发展动能，增强襄阳、宜昌、岳阳、衡阳的人口吸引力，打造省域副中心城市。我们以 2015 年为时间节点，对长江中游城市群政策实施做反事实模拟比较分析，所得结果如图 7-2 所示。由图，武汉市、长沙市、南昌市 3 个中心城市人口密度、人口地理集中度和人口规模较反事实拟合值均有较快增长，说明长江中游城市群的 3 个中心都处于中心城市快速集聚人口的发展阶段。副中心城市和节点城市则表现不一，武汉城市圈的黄石市、黄冈市、鄂州市人口密度和人口规模较反事实拟合值有较大提升，但人口地理集中度则表现出较大差异。副中心城市宜昌市和襄阳市的人口密度、人口规模和人口地理集中度相较于反事实拟合值均有较大降幅，说明湖北省副中心城市对人口的吸引力下降，人口分布出现一定失衡。长株潭都市圈的株洲市的人口密度和人口规模较反事实分析值有较大的提升，湘潭市的人口密度和人口规模较反事实分析值有所下降，湘潭市和株洲市的人口地理集中度较反事实分析值均有所下降。对于环鄱阳湖城市群，虽然大部分城市人口规模较反事实模拟值有所上升，但只有景德镇市和鹰潭市的人口密度较反事实模拟值有所上升，景德镇市的人口地理集中度有所上升，其他城市均呈下

降或者波动趋势。通过分析可以发现，长江中游城市群内部，武汉城市圈、长株潭都市圈和环鄱阳湖城市群发展较为独立，且城市群副中心城市和节点城市发展不足。

（a）人口密度政策模拟图

（b）人口地理集中度政策模拟图

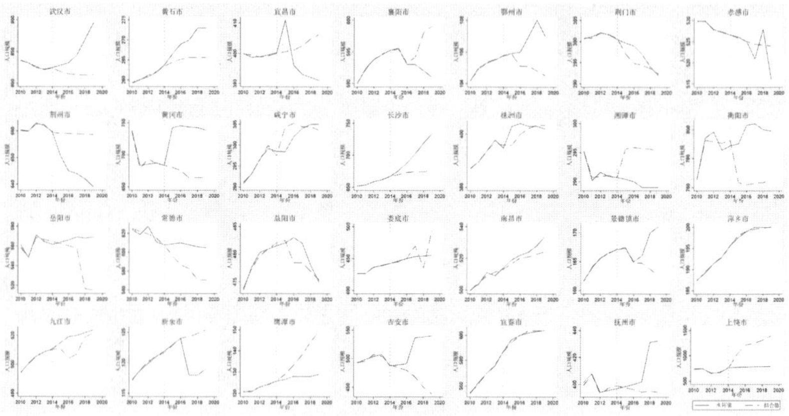

（c）长江中人口规模政策模拟图

图7-2 长江中游城市群人口分布模拟图

数据来源：作者根据计算结果整理。

三、海峡西岸城市群发展对人口分布影响的政策模拟

2008年，住建部批准福建省印发《海峡西岸城市群发展规划》，2012年浙江省印发《浙江省贯彻落实海峡西岸经济区发展规划实施方案》，在我国《中华人民共和国国民经济和社会发展第十四个五年规划和2035年远景目标纲要》中，用粤闽浙城市群代替了海峡西岸城市群。根据2021年印发的《福建省国民经济和社会发展第十四个五年规划和二〇三五年远景目标纲要》，海峡西岸城市群发展的主要方向是持续做大福州、厦门、泉州等中心城市，强化福州都市圈和厦漳泉都市圈引擎带动作用。由于本书成稿时粤闽浙城市群发展规划尚未印发，我们以2012年为政策实施时间节点，对海峡西岸城市群政策实施做反事实模拟比较分析，所得结果如图7-3所示。由图，海峡西岸城市群在人口密度和人口规模方面较反事实模拟值均有较大提升，福州市和厦门市的人口地理集中度指数较反事实模拟值明显增加。以上结果表明中心城市发展速度较快，且对周边城市形成了较好的辐射带动作用。

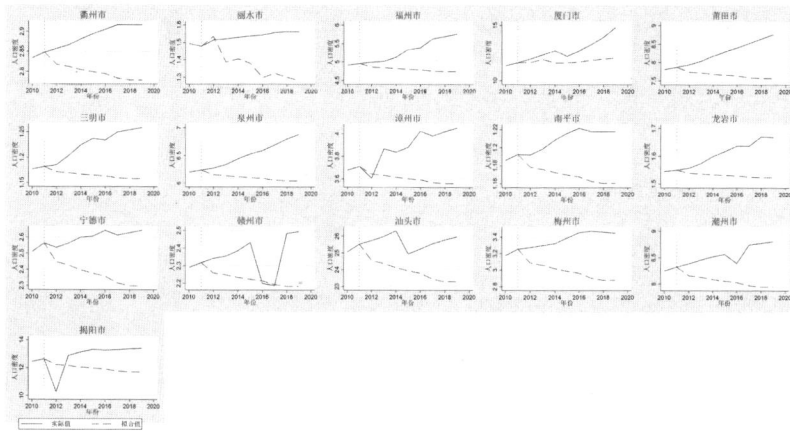

（a）人口密度政策模拟图

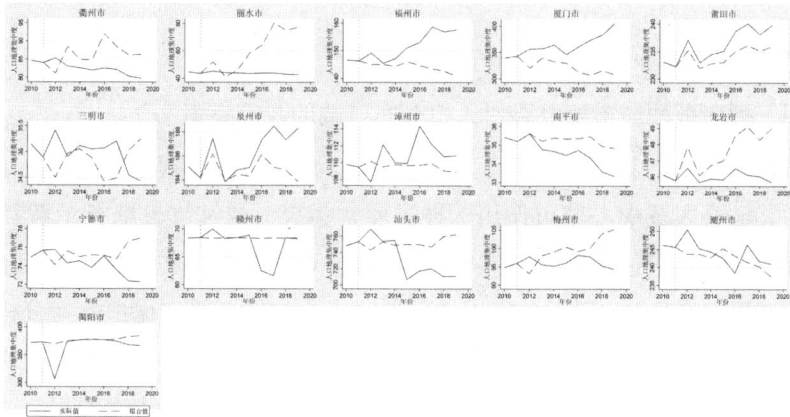

（b）人口地理集中度政策模拟图

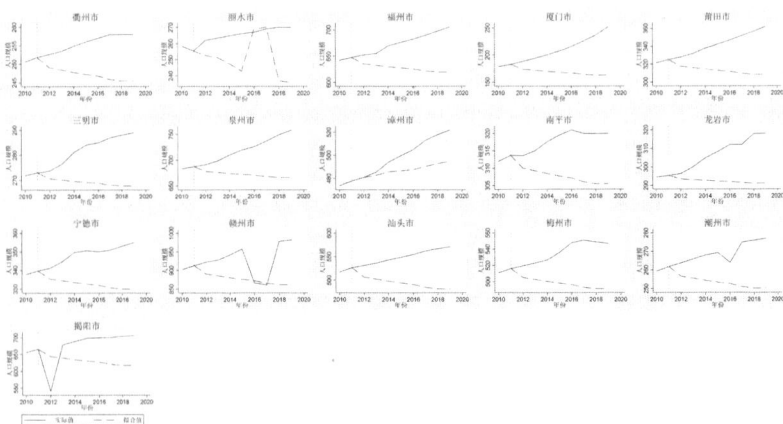

（c）人口规模政策模拟图

图7-3　海峡西岸城市群人口分布模拟图

数据来源：作者根据计算结果整理。

四、呼包鄂榆城市群发展对人口分布影响的政策模拟

2018年2月，国务院批复了《呼包鄂榆城市群发展规划》，规划提出要发挥呼和浩特区域中心城市作用，推进要素集聚，持续提升综合承载和辐射带动能力，并壮大包头市、鄂尔多斯市和榆林市等重要节点城市。我们以2018年作为政策实施节点，对呼包鄂榆城市群政策实施做反事实模拟比较分析，所得结果如图7-4所示。由图，呼和浩特市的人口密度、人口地理集中度和人口规模较反事实模拟值增长明显，包头市、榆林市和鄂尔多斯市表现不一。呼包鄂榆城市群尚处于各中心分散发展阶段向不同中心城市扩散发展组团阶段跃迁的过程中，城市之间联系尚不紧密，部分城市存在人口流失的风险。

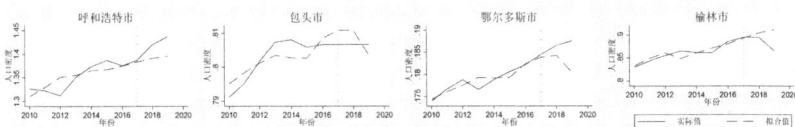

（a）人口密度政策模拟图

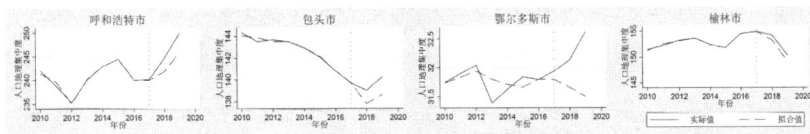

（b）人口地理集中度政策模拟图

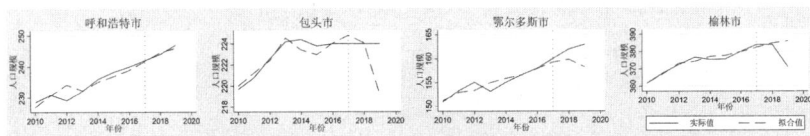

（c）人口规模政策模拟图

图 7-4　呼包鄂榆城市群人口分布模拟图

数据来源：作者根据计算结果整理。

五、长江三角洲城市群发展对人口分布影响的政策模拟

长江三角洲城市群是我国经济最具活力、开放程度最高、创新能力最强、吸纳外来人口最多的区域之一，也是我国发展最为成熟的城市群之一。2016年，国务院批复印发了《长江三角洲城市群发展规划》，规划提出要推动长江三角洲城市群实现人口区域平衡发展，严格控制上海中心城区人口规模，坚持政府引导与市场机制相结合，推动以产业升级调整人口存量、以功能疏解调控人口增量。优化公共服务资源配置，引导人口向郊区、重点小城镇和临沪城市合理分布；适度控制其他优化开发区域人口增长速度。特大城市中心城区等其他优化开发区域，采取完善卫星城配套功能、强化与周边中小城市联动发展等措施，推动人口合理分布；通过产业升级和功能疏解等方式，有效控制人口过快集聚；同时引导人口加快向合肥、南通、扬州、泰州、宁波、绍兴、台州、芜湖、马鞍山、滁州、宣城等重点开发区集聚。我们以 2016 年为政策实施时间节点，对长江三角洲城市群政策实施做反事实模拟比较分析，所得结果如图 7-5 所示。由图，上海市的城市功能疏解效果较好，人口密度和人口规模虽较反事实模拟值有所增长，但是人口地理集中度开始逐步下降；南京、无锡、常州、苏州、杭州、宁波、嘉兴、合肥的人口密度和人口规模均增长明显，南京、苏州、杭州、宁波、合肥的人口地理集中度超过了反事

实模拟值，表明近年来人口正向这些地区集聚。同时，盐城、扬州、镇江、泰州等地的人口密度、人口规模和人口地理集中度有所下降。

（a）人口密度政策模拟图

（b）人口地理集中度政策模拟图

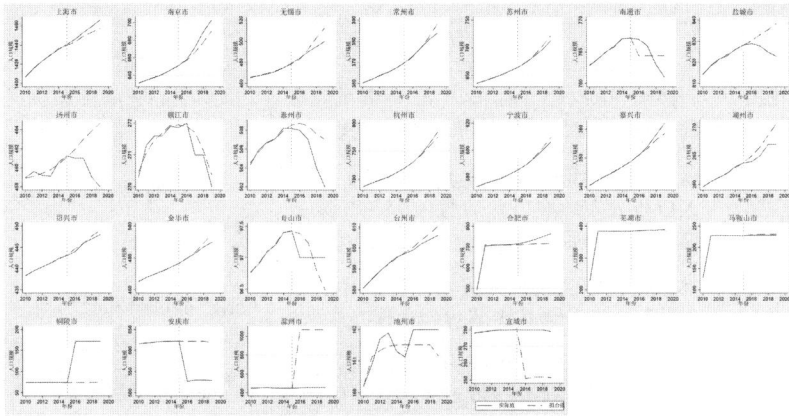

(c) 人口规模政策模拟图

图 7-5 长江三角城市群人口分布模拟图

数据来源：作者根据计算结果整理。

六、多中心城市群发展的政策选择

(一) 多中心城市群发展的主要问题总结

多中心城市群是城市群发展的高级阶段和目标。通过对多中心城市群的发展政策进行反事实模拟分析发现，我国的多中心城市群发展具有明显的差异特征，长江三角洲城市群和海峡西岸城市群发展较为成熟，长江中游城市群发展呈现各个中心城市独立发展的状态，呼包鄂榆城市群尚处于各中心城市分散发展的阶段。对于所有的多中心城市群，都有部分节点城市的人口呈现流出状态，虽然中心城市的人口集中受限，但是在工资差异、公共产品差异等造成的福利差异的引导下，人口依然会在不同的节点城市之间做出流动选择。具体到每一个城市，由于发展阶段、特征和具体条件不同，呈现的问题也不尽相同。我们根据各个城市群的相关政策文件整理了不同城市群发展中面临的问题，如表 7-11 所示。

表 7-11 多中心城市群发展面临的主要问题

城市群	问题	主要文献
长江中游城市群	一体化发展水平偏低，中心城市对周边辐射带动不足，次级城市发展相对缓慢	《长江中游城市群发展"十四五"实施方案》
长江三角洲城市群	上海全球城市功能相对较弱，中心城区人口压力大，城市包容性不足，外来人口市民化滞后	《长江三角洲城市群发展规划》
粤闽浙沿海城市群	都市圈发展尚未进入成熟阶段，中心城市辐射带动能力还需要进一步增强	《福州都市圈发展规划》
呼包鄂榆城市群	群中心城市辐射带动能力不强，城市间协同发展体制机制建设尚处于起步阶段	《呼包鄂榆城市群发展规划》

数据来源：作者根据相关文件整理。

(二) 多中心城市群发展的政策选择建议

根据理论和实证分析结果，我们对优化多中心城市群发展、促进人口合理分布提出如下政策建议。

第一，对于中心城市功能疏解、人口约束较紧的城市群。受市场潜力调节，中心城市周边的中小城市对人口具有较大的吸引力，但人口依然会受到城市群内其他大城市的吸引，人口的具体流向取决于不同城市给消费者带来的福利差异。此时如果中心城市能够与周边中心城市较好实现同城化发展，则周边中小城市人口分布会趋于集中，否则人口将流向其他城市。因此，城市群内部城市之间的竞争仍然存在。对于中心城市周边的中小城市而言，需要做好与中心城市的对接，尽快实现与中心城市的同城化发展。对于城市群内的其他副中心城市和节点城市，要注重与中心城市的差异化竞争，不断扩大自身市场规模，增强对人口的吸引力，避免人口流出。

第二，对于中心城市集聚要素的城市群，以长江中游城市群为代表，其中心城市周边中小城市有人口流失的风险。中心城市在发展的同时要注重与周边城市的一体化发展，周边中小城市在市场规模无法做大的情况下，要充分利用市场潜能优势，尽快提升城市公共产品供给水平，提升对人口的吸引力。对于城市群内副中心城市和其他重要节点城市，依然面临其他城市的人口竞争，需要通过差异化发展的形式尽快做大城市规模，增加城市公共产品供给，提升城市公共产品供给质量，从而保持现有人口规模，实现区域人口的均衡发展。

　　第三，对于处于各中心城市分散发展阶段的城市群，如呼包鄂榆城市群，首先需要做大中心城市的市场规模，提升城市能级，提高消费者福利水平，增加中心城市对人口和其他要素的吸引力和集聚力，尽快实现城市群发展的阶段跃迁。副中心城市和节点城市要注重和中心城市差异化竞争，建立人口流失风险意识，避免人口规模下降。

第八章

研究结论、建议和展望

本书在梳理我国城市群发展和人口分布现状的基础上对我国城市群发展对人口分布的影响进行了探讨，分单中心发展模式、双中心发展模式和多中心发展模式三种情况进行了理论机理分析和实证检验，并结合各个城市群政策实施的现状进行了反事实模拟，最终给出了每个类型城市群的发展的政策选择建议。

第一节　研究结论

城市群是指某个特定区域内的城市群体，将1个以上的大城市作为群体中心，再由若干的城市组成群体单元，各个城市通过便捷的交通、发达的通信技术等基础设施在空间上形成紧凑的布局，经济上形成紧密的联系，从而达到城市群体的高度同城化及一体化，这种空间组织形式的实现是城市发展到成熟阶段的重要标志。城市群通过扩大经济规模、细化产业分工、引领科技创新、提供公共产品等多种途径吸引人口流入，重塑人口分布格局，同时还通过城市群内部一体化发展、中心城市经济辐射和功能疏解等多种方式改变着城市群内部的人口分布格局。本书在梳理我国城市群的主要发展模式、城市群人口分布的结构特征的基础上，研究了我国城市群发展对人口分布的影响，并进一步进行了政策模拟。本书的主要结论如下。

一、关于城市群的发展对人口分布影响的空间机理

城市群发展模式可归纳为单中心、双中心和多中心三种。在此基础上构

建城市群发展对人口分布影响的新经济地理学模型，分析发现：单中心城市群对人口分布的影响是城市群发展过程中集聚力和分散力共同作用的结果，其中集聚力包括了中心城市工业品价格优势、产品多样化对人口的吸引，分散力包括了人口流入到中心城市后的竞争和中心城市的税收转移，当集聚力大于分散力的时候，人口向中心城市流入；集聚力小于分散力时，人口从中心城市流出。中心城市对人口分布影响可以通过三个因素进行，一是中心城市和周边地区的工资差异，二是中心地区和周边地区的公共服务差异，三是中心地区和周边地区的运输成本。双中心城市群对人口的吸引力主要来自两地的福利差距，这种福利差距又可以分解为中心城市与本地周边地区的福利差距、中心城市与外地周边地区的福利差距、中心城市与外地中心城市的福利差距三个方面。当中心城市的福利水平最高时，中心城市与周边地区、中心城市与外地周边地区、中心城市与外地中心城市的福利差距均为正，人口会统一向中心城市集聚，最终双中心城市群会演化为单中心城市群，从而形成了以中心城市为核心的梯度人口分布格局。当两个中心城市福利水平相同时，此时由于两地相对工资水平、相对税收水平、相对工业品价格指数等影响因素的不同会导致人口在区域之间流动，从而形成不同的人口分布格局。多中心城市群对人口分布的影响同双中心城市群类似，人口流动的动力依然是区域间的福利差距。在多中心城市群中，由于不同城市之间的运输成本不同，故而其相对工资水平、相对工业品价格等均会受到影响。

二、关于城市群和人口分布的现状

通过对我国城市群发展和人口分布的现状总结，发现：从城市发展规划、城市发展能级、空间联系强度等看，单中心、双中心和多中心的发展模式在我国城市群中都有所体现。其中，单中心城市群包括北部湾城市群、山西中部城市群、宁夏沿黄城市群、兰西城市群、滇中城市群、关中城市群和天山北坡城市群，双中心城市群包括珠江三角洲城市群、山东半岛城市群、京津冀城市群、中原城市群、成渝城市群、黔中城市群、辽中南城市群和哈长城市群，多中心城市群包括长江三角洲城市群、海峡西岸城市群、长江中游城市群以及呼包鄂榆城市群。各个类型的城市群发展同人口分布显示出不同的经验关系。对于单中心城市群，中心城市在城市群经济发展中起到主导作用，但城市群内部各个城市联系较弱，人口密度分布呈现不规律的特征。对于双中心城市群，中心城市的常住人口密度与城市能级、引力和隶属度同向变动特征明显。双中心城市群的中心城市的引力增强是城市各功能增强和完善的表现，反映城市集聚—扩散能力的强化，城市空间拓展能力优化，所属城市群资源倾向两个中心城市，对周边城市产生虹吸效应，从而吸引常住人口和建成区人口的集聚，最后使常住人口密度和建成区人口密度提升。对于多中心城市群，不论是在全市范围还是市辖区范围，多中心城市群的核心城市之间，人口密度与引力强度的趋势表现出较强的非均衡性，会存在人口密度较大的城市与其余城市的相关性较弱，说明多中心城市群的整体发展水平比较不均衡，多中心城市群更应该注重分工协作、互动发展。

三、关于单中心城市群发展对人口分布的影响

通过对我国单中心城市群发展对人口分布影响的机理检验发现：单中心城市群的发展对中心城市人口集中度的增加具有显著的促进作用。具体表现为：（1）单中心城市群的中心城市发展会相对增加其工资水平，吸引人口流入，从而增大中心城市的人口密度和人口集中度；（2）单中心城市群的中心城市的基础设施水平和公共服务数量及质量提升对中心城市人口集中的增加具有显著的促进作用；（3）户籍歧视对单中心城市吸引人口集中具有负向的调节作用，运输成本对单中心城市吸引人口集中有正向的调节作用。通过对单中心城市群发展对人口分布影响的 RCM 反事实模拟发现：我国单中心城市群发展仍处于中心城市分散发展阶段，要素主要向区域中心城市流动，中心城市与周边城市的联系还不是很强，对周边城市的辐射带动能力也有限。要素向中心城市流动是以工资差异、基础设施和公共服务差异为主导的市场引领过程，单纯靠疏解中心城市人口和功能对这一过程的影响有限。次中心和节点城市发育不足的问题在单中心城市群发展中普遍存在，不少周边城市出现了人口收缩的现象。

四、关于双中心城市群发展对人口分布的影响

通过对我国双中心城市群发展对人口分布影响的机理检验发现：双中心城市群的中心城市发展也能够增加其人口集中度。具体表现为：（1）中心城

市的相对工资的提升、相对税收规模的扩大和相对产品价格降低能够显著吸引人口流入本地，引起人口密度的增大，相对工资较高、相对税收规模较大的城市较城市群内其他城市有着更大的人口份额。（2）户籍歧视作为调节变量对平均工资水平与人口分布指数之间的关系发挥着显著负向调节作用。（3）知识共享作为调节变量对相对工资水平与人口聚集之间的关系发挥着显著的促进作用，具有正向调节作用。通过对双中心城市群发展对人口分布影响的RCM反事实模拟发现：我国双中心城市群发展具有明显的异质性特征。珠江三角洲城市群发展最为成熟且城市群各城市规模结构较为合理；京津冀城市群中心城市人口疏解政策起到一定效果，但个别周边城市规模缩减；成渝城市群、山东半岛城市群呈现双核集聚的发展态势；中原城市群处于单中心集聚的状态；黔中城市群的中心城城市集聚功能尚需进一步培育；辽中南和哈长城市群则面临城市收缩、人口流失的风险。

五、关于多中心城市群发展对人口分布的影响

通过对我国多中心城市群发展对人口分布影响的机理检验发现：（1）多中心城市群中心城市的相对工资对人口集中分布的影响效果不显著，但是相对税收规模以及相对工业品价格指数对人口集中分布依然有着显著的影响。相对税收规模的增加能够显著提升人口集中度，相对工业品价格指数下降能够显著提升人口集中度。（2）户籍歧视在人口地理集中度提高的过程中存在显著负向调节效应。户籍歧视是形成劳动力市场分割的重要原因，它不但通过阻碍劳动力流动造成城乡收入差异，也会促成农民工和城镇工人之间劳动力报酬的差异。（3）市场分割指数对中心城市集聚人口具有负向调节作用。（4）市场潜力能够引发经济聚集，从而提升生产效率，提高工资水平，降低价格水平，在中心城市集聚人口中起到正向调节作用。通过对多中心城市群发展对人口分布影响的RCM反事实模拟发现：我国的多中心城市群发展具有明显的差异，长江三角洲城市群和海峡西岸城市群发展较为成熟，长江中游城市群发展呈现各个中心城市独立发展的状态，呼包鄂榆城市群尚处于各中心城市分散发展的阶段。对于所有的多中心城市群，都有部分节点城市的人口呈现流出状态，虽然中心城市的人口集中受限，但是在工资差异、公共产品差异等造成的福利差异的引导下，人口依然会在不同的节点城市之间做出流动选择。

第二节 政策建议

结合本书的理论分析和实证研究结果，我国城市群发展出现了不同的问题，需要根据城市群所处的发展阶段和所面临的具体情况分类施策，因地制宜，以促进其形成合理的城市规模体系。为此我们分别对单中心、双中心和多中心城市群的发展提出以下政策建议。

一、对单中心城市群发展的建议

目前我国单中心城市群仍处于中心城市分散发展阶段，中心城市的能级普遍不高，集聚力普遍不强，对周边城市的辐射带动能力也有限。人口向中心城市流动是以工资差异、基础设施和公共服务差异为主导的市场引领过程，单纯靠疏解中心城市人口和功能对这一过程的影响有限。次中心和节点城市发育不足的问题在单中心城市群发展中普遍存在，不少周边城市出现了人口收缩的现象。为此，需要尽快建设中心城市，提升其能级和辐射带动能力，全面放开阻碍人口自由流动的体制机制障碍，发挥市场的集聚效应，提高城市经济效率。

第一，加快中心城市发展，提高中心城市的辐射和带动能力。相较于发展较为成熟的城市群，目前大部分单中城市群中心城市对人口的集聚能力尚有提升的空间。在目前我国人口向东部沿海、沿江集中分布的大趋势下，单中心城市群的中心城市群需要进一步扩大经济规模，培育壮大市场主体，做好东部产业转移的承接，同时发展自己的特色产业，实现城市经济发展的弯道超车。通过集聚经济的匹配、共享和学习的集聚效应，提高劳动者的实际工资水平，增加城市公共产品数量，提升城市公共产品质量，打造宜居城市，进一步消除各种阻碍劳动力自由流动的制度障碍，吸引更多的人口流入。尽快在我国中西部形成支撑区域经济发展的增长极。

第二，着重城市群次中心城市和节点城市的建设。单中心城市群的次中心城市和节点城市对人口的集聚能力普遍不足，部分节点城市还面临着人口流出和城市收缩的风险，长此以往不利于构建大中小城市协调发展的城市规模体系。在人口进一步向大城市集中的宏观背景下，要加强对次级中心城市的发展、建设和保护，提升其基础设施和公共服务水平，提升城市的宜居度和城市居民的幸福感、获得感，增强其对人口的吸引力。需要充分发挥宏观政策在城市规划、产业配套发展和城市差异竞争方面的指引作用，促进中心城市和次中心城市相向发展、差异竞争，增强中心城市对次中心城市的辐射带动和次中心城市接受中心城市技术、知识、设施和产业外溢的能力。同时加快促进就近城镇化，进一步提升节点城市的城镇化水平，提高农业生产力，促进人口实现就近城镇化，增加节点城市的城市服务能力。

二、对双中心城市群发展的建议

目前我国双中心城市群的发展具有较大的差异性，既有发展较为成熟的珠江三角洲、京津冀城市群，也有尚处于发展阶段的中原城市群、黔中城市群。不同的城市群由于其地理区位、宏观政策、发展现状等多方面存在差异，所面临的问题也具有较大的差别。如京津冀城市群，其主要发展目标是通过疏解北京非首都功能，加强其他城市对北京城市功能的承接实现京津冀协同发展；成渝城市群主要目标是实现成都和重庆的相向发展；对于中原城市群、黔中城市群则是尽快培育中心城市，提升其对人口的集聚能力。为此我们结合不同城市群的发展阶段，进一步对双中心城市群的发展提出如下政策建议。

第一，对于城市群发展扩散阶段的城市群，如珠三角城市群、京津冀城市群，要充分注重中心城市发展对周边地区的辐射带动作用，周边地区也要做好承接中心城市功能和产业外溢的配套和服务。周边城市同时还需要注意差异化发展，避免同质竞争，节点城市要及时扩大自己的产业规模，强化产业分工，以避免与中心城市的福利差异过大而导致的人口集中度下降、人口规模收缩等现象。中心城市周边的城市要发挥小城特色，通过差异化发展，壮大自身城市规模，适当提升工资水平，在公共服务和基础设施建设方面要融入中心城市，甚至优于中心城市，以增强对人口的吸引力。加强中心城市的都市圈建设，加强中心城市同周边城市的联系和基础设施建设，加快实现基本公共服务共建共享和同城化发展，带动周边城市尽快融入都市圈，避免出现一城独大的现象。

第二，对于处于城市群形成阶段的，如成渝城市群、山东半岛城市群、中原城市群和黔中城市群，需要更加注意两个中心城市之间关系的处理。对于双中心均衡发展的，要注重两个中心城市的差异化发展和相向而行，加强双中心的联系，避免同质化竞争造成的人口失衡格局。对于双中心具有明显主次关系的，要在发展主要中心城市的同时注重强化次级中心城市的能级，加强次级中心城市对人口的吸引，注重副中心城市和节点城市培育，推动人口就近城镇化，避免出现一城独大的失衡分布格局。

第三，对于处于人口净流出地区的城市群，如辽中南城市群和哈长城市群，需要进一步加强中心城市的集聚能力，促进人口向中心城市流动，其他节点城市则需要注重实现精明增长，建设紧凑城市，适度收缩城市建设规模，注重提升城市的公共服务水平和市民的福利水平，增加城市宜居性，实现城市的可持续发展。

三、对多中心城市群发展的建议

多中心城市群是城市群发展的高级阶段和目标。目前我国发展较为成熟的多中心城市群包括长江三角洲城市群和海峡西岸城市群，各个中心城市独立发展的是长江中游城市群，呼包鄂榆城市群则是各个城市尚在分散发展的"伪"多中心城市群。对于所有的多中心城市群，都有部分节点城市的人口呈现流出状态，虽然中心城市的人口集中受限，但是在工资差异、公共产品差异等造成的福利差异的引导下，人口依然会在不同的节点城市之间做出流动选择。由于各个城市群所处发展阶段不同，我们依然分类给出对策建议。

第一，对于发展成熟或较为成熟的多中心城市群，在中心城市严控人口规模、降低人口密度的背景下，中心城市周边的大中城市由于具有较大的市场潜力会成为人口密度和人口规模增加的首批受益者。但多个中心城市之间的竞争仍然存在。在相对工资同化的情况下，城市的公共产品和产业规模及其带来的相对低价是吸引人口流入的主要动力。此时大中城市需要抓住机遇，尽快扩大城市经济规模和产业规模，增加公共产品投入，实现由大中城市向特大和超大城市的跃迁。大中城市周边的中小城市也要及时做好与中心城市的对接，尽快实现与中心城市的同城化发展。对于城市群内的其他副中心城市和节点城市，要注重与中心城市的差异化竞争，不断扩大自身市场规模，增强对人口的吸引力，避免人口流出。

第二，对于各个中心城市独立发展的城市群，以长江中游城市群为代表，其中心城市周边中小城市有人口流失的风险。此时需要加快建设城市圈，实现中心城市与周边中小城市的同城化，以充分发挥城市群的经济和人口集聚优势，同时要注意监测中心城市的人口规模和人口密度，避免人口过度集聚。中心城市周边的中小城市要充分利用市场潜能优势，尽快提升城市公共品供给水平，提升对人口的吸引力。对于城市群内副中心城市和其他重要节点城市，依然面临其他城市的人口竞争，需要通过差异化发展尽快做大城市规模，增加城市公共产品供给，提升城市公共产品供给质量，从而保持现有人口规模，实现区域人口的均衡发展。

第三，对于处于各中心城市分散发展阶段的城市群，如呼包鄂榆城市群，需要做大中心城市的市场规模，提升城市能级，提高消费者福利水平，增加中心城市对人口和其他要素的吸引力和集聚力，尽快实现城市群发展的阶段跃迁。副中心城市和节点城市要注重和中心城市差异化竞争，建立人口流失风险意识，避免人口规模下降。

第三节　研究展望

尽管本书从理论上和实证上探讨了我国城市群发展对人口分布的空间机理和政策选择，但由于数据可得性、作者水平等多方面限制，本书还存在一些不足之处，希望后续研究能够继续在此方面有所加强。

一是本书研究数据存在一定的局限性。本书在实证中主要是从城市宏观人口分布的角度探讨了城市群发展对人口分布的影响，流动人口个体微观视角方面的探讨还没有涉及。人口分布最终是由多个微观个体流动形成的宏观结果，从微观视角对此展开探讨，能够更加清晰地认识由于中心城市和周边城市发展的福利差异对人口流动产生的推力和拉力机制。但我们暂时还没有获得相关的统计数据，所以还没有涉及此方面的讨论。

二是本书研究视角主要聚焦于城市群内部人口的空间分布问题，没有从我国全部城市群发展上研究其对我国人口整体分布的影响，宏观视角有所欠缺。幸运的是目前国内围绕此方面已有大量研究，可以为我们的分析和政府相关政策的制定提供足够的理论支撑和数据支撑。

三是本书的理论主要是依托于新经济地理学理论展开的。该理论尽管能较好地从运输成本的视角阐述城市群发展对人口集聚的空间机理，并分析其中的集聚力和分散力，但由于在该理论框架下，城市或者区域是没有实体的抽象概念，因此其对各种城市群发展形成的人口分布格局的多样性解释不足。尽管我们在现状发展和政策模拟的相关内容上对此进行了分析，但如何从理论上认识和加以探讨，还值得进一步摸索。

综上，尽管本书从城市层面探讨了城市群发展对人口分布影响的空间机理和政策选择，但在理论上和实证上还具有较大的探索空间。

参考文献

一、中文文献

（一）专著

[1]［英］霍华德.明日的田园城市［M］.金经元，译.北京：商务印书馆，2000.

[2]［英］格迪斯.进化中的城市：城市规划与城市研究导论［M］.李浩，等译.北京：中国建筑工业出版社，2012.

[3]于洪俊.城市地理概论［M］.合肥：安徽科学技术出版社，1983.

[4]宋家泰，崔功豪，张同海.城市总体规划［M］.北京：商务印书馆，1985.

[5]倪鹏飞.中国城市竞争力报告：No.6［M］.北京：社会科学文献出版社，2008.

[6]许学强，周一星，宁越敏.城市地理学［M］.北京：高等教育出版社，1997.

[7]［美］舒尔茨.人力资本投资：教育和研究的作用［M］.蒋斌，张蘅，译.北京：商务印书馆，1990.

[8]张善余.人口地理学概论［M］.上海：华中师范大学出版社，2004.

[9]邬沧萍.人口学学科体系研究［M］.北京：中国人民大学出版社，2006.

[10]［德］杜能.孤立国同农业和国民经济的关系［M］.吴衡康，译.北京：商务印书馆，2017.

[11]［德］韦伯.工业区位论［M］.李刚剑，陈志人，张英保，译.北京：商务印书馆，2017.

[12]［德］克里斯塔勒. 德国南部中心地原理［M］. 常正文，王兴中，等译. 北京：商务印书馆，2010.

（二）期刊

[1] 曹广忠，陈思创，刘涛. 中国五大城市群人口流入的空间模式及变动趋势［J］. 地理学报，2021，76（6）：1334—1349.

[2] 陈浩光，林道善. 广东省人口分布的分析［J］. 中山大学学报：社会科学版，1984（1）：96—102.

[3] 陈皓峰，刘志红. 区域城镇体系发展阶段及其应用初探［J］. 经济地理，1990（1）：66—70，60.

[4] 陈立人，王海斌. 长江三角洲地区准都市连绵区刍议［J］. 城市规划汇刊，1997（3）：31—36，64—65.

[5] 陈良文，杨开忠，吴姣. 中国城市体系演化的实证研究［J］. 江苏社会科学，2007（1）：81—88.

[6] 陈良文，杨开忠. 集聚与分散：新经济地理学模型与城市内部空间结构、外部规模经济效应的整合研究［J］. 经济学（季刊），2007，7（1）：54—71.

[7] 陈林心，何宜庆，徐夕湘. 长江中游城市群人口—空间—产业城镇化的时空耦合特征分析［J］. 统计与决策，2017（12）：129—133.

[8] 陈明星，李扬，龚颖华，等. 胡焕庸线两侧的人口分布与城镇化格局趋势：尝试回答李克强总理之问［J］. 地理学报，2016（2）：179—193.

[9] 陈朋亲，毛艳华，荣健欣. 城市群"双城"联动的理论逻辑与实践策略：以粤港澳大湾区广州、深圳为例［J］. 城市发展研究，2021，28（12）：110—117.

[10] 陈汝国. 新疆人口分布的变化及其发展趋势［J］. 西北人口，1984（2）：12—17.

[11] 陈钊，熊瑞祥. 比较优势与产业政策效果：来自出口加工区准实验的证据［J］. 管理世界，2015（8）：67—80.

[12] 程瑶，张松林，刘志迎，等. 长江三角洲城市人口收缩的特征、经济效应与政策回应［J］. 华东经济管理，2021，35（8）：21—28.

[13] 崔功豪. 都市区规划：地域空间规划的新趋势［J］. 国外城市规

划，2001（5）：1.

[14] 杜国明，张树文，张有全. 城市人口分布的空间自相关分析 [J].
地理研究，2007，26（2）：383—390.

[15] 方创琳. 城市群空间范围识别标准的研究进展与基本判断 [J]. 城
市规划学刊，2009（4）：1—6.

[16] 方创琳. 中国城市群形成发育的政策影响过程与实施效果评价
[J]. 地理科学，2012，32（3）：257—264.

[17] 方创琳. 中国城市群研究取得的重要进展与未来发展方向 [J]. 地
理学报，2014，69（8）：1130—1144.

[18] 封志明，唐焰，杨艳昭，等. 中国地形起伏度及其与人口分布的相
关性 [J]. 地理学报，2007，62（10）：1073—1082.

[19] 高志强，刘纪远，庄大方. 基于遥感和 GIS 的中国土地利用/土地
覆盖的现状研究 [J]. 遥感学报，1999，3（2）：134—138.

[20] 葛美玲，封志明. 基于 GIS 的中国 2000 年人口之分布格局研究：
兼与胡焕庸1935 年之研究对比 [J]. 人口研究，2008（1）：51—57.

[21] 龚锋，陶鹏，潘星宇. 城市群对地方税收竞争的影响：来自两区制
面板空间杜宾模型的证据 [J]. 财政研究，2021（4）：17—33.

[22] 龚勤林，王舒鹤. 西部地区生产性服务业集聚对区域经济发展的影
响：机制与实证 [J]. 经济体制改革，2021（5）：48—54.

[23] 顾朝林，张敏，张成，等. 长江三角洲城市群发展展望 [J]. 地理
科学，2007（1）：1—8.

[24] 顾朝林，张敏. 长江三角洲城市连绵区发展战略研究 [J]. 现代城
市研究，2000（1）：7—11，62.

[25] 顾朝林. 城市群研究进展与展望 [J]. 地理研究，2011，30（5）：
771—784.

[26] 顾朝林. 论黄河三角洲城镇体系布局基础 [J]. 经济地理，1992
（2）：82—86.

[27] 顾朝林. 新时期中国城市化与城市发展政策的思考 [J]. 城市发展
研究，1999（5）：6—13，61.

[28] 官卫华，姚士谋. 城市群空间发展演化态势研究：以福厦城市群为

例 [J]. 现代城市研究，2003（2）：82—86.

[29] 郭琳，吴玉鸣，吴青山，等. 多中心空间结构对小城市经济效率的影响及作用机制：基于长江三角洲城市群的经验分析 [J]. 城市问题，2021（1）：28—37.

[30] 郭荣朝，苗长虹. 城市群生态空间结构研究 [J]. 经济地理，2007（1）：104—107，92.

[31] 韩惠，刘勇，刘瑞雯. 中国人口分布的空间格局及其成因探讨 [J]. 兰州大学学报，2000（4）：16—21.

[32] 郝海钊，陈晓键. 西北地区城市群空间演变模式研究：以呼包鄂榆城市群为例 [J]. 现代城市研究，2021（4）：56—63.

[33] 何伟. 城乡一体化发展视角下的区域空间结构构建：以淮安市为例 [J]. 长江流域资源与环境，2011，20（7）：825—829.

[34] 侯杰，张梅青. 城市群功能分工对区域协调发展的影响研究：以京津冀城市群为例 [J]. 经济学家，2020（6）：77—86.

[35] 侯韵，孙铁山. 中国城市群空间结构的经济绩效：基于面板数据的实证分析 [J]. 经济问题探索，2016（2）：80—88.

[36] 胡焕庸. 句容县之人口分布 [J]. 地理学报，1936，3：621—627.

[37] 胡焕庸. 中国人口之分布：附统计表与密度图 [J]. 地理学报，1935，2（2）：33—74.

[38] 胡序威. 对城市化研究中某些城市与区域概念的探讨 [J]. 城市规划，2003（4）：28—32.

[39] 黄亚平，冯艳，张毅，等. 武汉都市发展区簇群式空间成长过程、机理及规律研究 [J]. 城市规划学刊，2011（5）：1—10.

[40] 黄妍妮，高波，魏守华. 中国城市群空间结构分布与演变特征 [J]. 经济学家，2016（9）：50—58.

[41] 荆锐，陈江龙，袁丰. 上海浦东新区空间生产过程与机理 [J]. 中国科学院大学学报，2016，33（6）：783—791.

[42] 李博雅. 长江三角洲城市群空间结构演化与溢出效应研究 [J]. 宏观经济研究，2020（5）：68—81.

[43] 李国平. 着力打造长江三角洲多中心网络化空间结构 [J]. 人民论

坛·学术前沿，2019（4）：20—26.

[44] 李洪涛，王丽丽. 城市群发展规划对要素流动与高效集聚的影响研究 [J]. 经济学家，2020（12）：52—61.

[45] 李磊，张贵祥. 京津冀城市群发展质量评价与空间分析 [J]. 地域研究与开发，2017，36（5）：39—43，56.

[46] 李玲燕，陶进. 多维联系视角下关中平原城市群城市网络结构分析 [J]. 资源开发与市场，2021，37（11）：1339—1344，1353.

[47] 李明开. 人口发展战略中的城乡分布问题 [J]. 江汉论坛，1987（8）：20—23.

[48] 李培鑫，张学良. 城市群集聚空间外部性与劳动力工资溢价 [J]. 管理世界，2021，37（11）：121—136，183.

[49] 李泽众，沈开艳. 城市群空间结构对经济高质量发展的影响 [J]. 广东社会科学，2020（2）：26—36.

[50] 廖传清，郑林. 长江中游城市群人口分布与城镇化格局及其演化特征 [J]. 长江流域资源与环境，2017，26（7）：963—972.

[51] 廖顺宝，李泽辉. 基于 GIS 的定位观测数据空间化 [J]. 地理科学进展，2003（1）：87—93.

[52] 林琳，马飞. 广州市人口老龄化的空间分布及趋势 [J]. 地理研究，2007（5）：1043—1054.

[53] 刘传江，吕力. 长江三角洲地区产业结构趋同、制造业空间扩散与区域经济发展 [J]. 管理世界，2005（4）：35—39.

[54] 刘峰，马金辉，宋艳华，等. 基于空间统计分析与 GIS 的人口空间分布模式研究：以甘肃省天水市为例 [J]. 地理与地理信息科学，2004，20（6）：18—21.

[55] 刘静玉，王发曾. 城市群形成发展的动力机制研究 [J]. 开发研究，2004（6）：66—69.

[56] 刘君德，马祖琦. 上海城市精神的立体解读 [J]. 上海城市管理职业技术学院学报，2003（3）：29—33.

[57] 刘明，梁中华，吴嘉璐. 我国人口迁移流动特点及未来展望 [J]. 经济研究参考，2020（14）：5—17.

[58] 刘乃全，邓敏．多中心结构模式与长江三角洲城市群人口空间分布优化 [J]．产业经济评论，2018 (4)：91—103.

[59] 刘乃全，吴伟平，刘莎．长江三角洲城市群人口空间分布的时空演变及影响因素研究 [J]．城市观察，2017 (5)：5—18.

[60] 刘宁宁．城市群空间功能分工对经济活力的影响 [J]．技术经济与管理研究，2022 (9)：15—19.

[61] 刘修岩，李松林．房价、迁移摩擦与中国城市的规模分布：理论模型与结构式估计 [J]．经济研究，2017，52 (7)：65—78.

[62] 刘运伟．成渝经济区经济发展时空变化特征 [J]．中国科学院大学学报，2015，32 (2)：229—234.

[63] 刘志峰，王斌，马颖忆，等．长江经济带人口与经济耦合的区域差异研究 [J]．宏观经济管理，2018 (6)：50—57.

[64] 陆大道．关于"点-轴"空间结构系统的形成机理分析 [J]．地理科学，2002 (1)：1—6.

[65] 陆大道．论区域的最佳结构与最佳发展：提出"点-轴系统"和"T"型结构以来的回顾与再分析 [J]．地理学报，2001 (2)：127—135.

[66] 陆大道．我国跨世纪持续发展的若干重大问题 [J]．中国软科学，1995 (7)：38—44.

[67] 陆铭，陈钊．分割市场的经济增长：为什么经济开放可能加剧地方保护？[J]．经济研究，2009，44 (3)：42—52.

[68] 陆铭，向宽虎．地理与服务业：内需是否会使城市体系分散化？[J]．经济学（季刊），2012，11 (3)：1079—1096.

[69] 陆玉麒．区域双核结构模式的形成机理 [J]．地理学报，2002 (1)：85—95.

[70] 吕安民，李成名，林宗坚，等．人口统计数据的空间分布化研究 [J]．武汉大学学报（信息科学版），2002 (3)：301—305.

[71] 吕韬，姚士谋，曹有挥，等．中国城市群区域城际轨道交通布局模式 [J]．地理科学进展，2010，29 (2)：249—256.

[72] 栾贵勤，齐浩良．京津"双核"增长极空间经济联系研究 [J]．开发研究，2008 (6)：5—8.

[73] 马清裕. 京津唐地区人口分布浅析 [J]. 人口研究, 1985 (6): 31—33.

[74] 马筱倩, 孙伟, 闫东升. 区域一体化的人口增长与集散效应: 以长江三角洲地区为例 [J]. 人文地理, 2022, 37 (4): 141—148, 191.

[75] 马璇, 张振广. 基于人口流动的长江三角洲区域空间演化特征及态势研究 [J]. 城市规划学刊, 2020 (5): 47—54.

[76] 满颖之, 隋干城. 关于人口地理分布规律性的探讨 [J]. 人口研究, 1983 (4): 30—34.

[77] 孟凡强, 邓保国. 劳动力市场户籍歧视与城乡工资差异: 基于分位数回归与分解的分析 [J]. 中国农村经济, 2014 (6): 56—65.

[78] 孟晓倩, 吴传清. 城市群空间结构对城市规模偏差影响的实证测度 [J]. 统计与决策, 2023, 39 (1): 66—71.

[79] 苗长虹, 胡志强. 城市群空间性质的透视与中原城市群的构建 [J]. 地理科学进展, 2015, 34 (3): 271—279.

[80] 年福华, 姚士谋, 陈振光. 试论城市群区域内的网络化组织 [J]. 地理科学, 2002 (5): 568—573.

[81] 宁越敏. 国外大都市区规划体系评述 [J]. 世界地理研究, 2003 (1): 36—43.

[82] 彭秋志, 马少华, 邓启辉, 等. 山地城市建设用地增长的坡度梯度效应: 以贵阳市为例 [J]. 自然资源学报, 2022, 37 (7): 1865—1875.

[83] 盛广耀. 城市群区域人口变动的时空演化模式: 来自京津冀地区的证据 [J]. 城市与环境研究, 2018 (2): 33—47.

[84] 盛科荣, 孙威. 规模经济、对外贸易与区域双核结构模式探讨: 以山东半岛济南—青岛双核结构为例 [J]. 地理科学进展, 2012, 31 (12): 1636—1644.

[85] 盛亦男, 杨旭宇. 中国三大城市群流动人口集聚的空间格局与机制 [J]. 人口与经济, 2021 (6): 88—107.

[86] 史育龙, 潘昭宇. 成渝地区双城经济圈空间结构特征与空间格局优化 [J]. 宏观经济管理, 2021 (7): 21—27.

[87] 苏飞, 张平宇. 辽中南城市群人口分布的时空演变特征 [J]. 地理

科学进展，2010（1）：96—102.

　　[88] 孙斌栋，华杰媛，李琬，等. 中国城市群空间结构的演化与影响因素：基于人口分布的形态单中心—多中心视角 [J]. 地理科学进展，2017，36（10）：1294—1303.

　　[89] 孙平军，罗宁. 西南经济核心区中心城市城镇化结构质量比较分析：以成都、重庆为例 [J]. 地理科学，2021，41（6）：1019—1029.

　　[90] 孙阳，姚士谋，陆大道，等. 中国城市群人口流动问题探析：以沿海三大城市群为例 [J]. 地理科学，2016，36（12）：1777—1783.

　　[91] 孙阳，姚士谋，张落成. 长江三角洲城市群"空间流"层级功能结构：基于高铁客运数据的分析 [J]. 地理科学进展，2016，35（11）：1381—1387.

　　[92] 涂建军，毛凯，况人瑞，等. 长江经济带三大城市群城际客运联系网络结构对比分析 [J]. 世界地理研究，2021，30（1）：69—79.

　　[93] 王桂新. 中国人口的地域分布及其变动 [J]. 人口研究，1998（6）：41—46.

　　[94] 王家庭，姜铭烽. 国家级城市群规划对要素跨省流动的影响研究 [J]. 当代经济科学，2023，45（1）：119—129.

　　[95] 王金哲，温雪. 单中心还是多中心：城市群空间结构与创新能力研究 [J]. 宏观经济研究，2022（9）：87—96.

　　[96] 王磊，高倩. 长江中游城市群空间结构的经济绩效影响研究 [J]. 人文地理，2018，33（6）：96—102.

　　[97] 王伟. 中国三大城市群经济空间重心轨迹特征比较 [J]. 城市规划学刊，2009（3）：20—28.

　　[98] 王兴平. 都市区化：中国城市化的新阶段 [J]. 城市规划汇刊，2002（4）：56—59，80.

　　[99] 王垚，朱美琳，王勇，等. 长江三角洲城市群碳中和潜力评价与实现策略研究 [J]. 规划师，2022，38（3）：61—67.

　　[100] 王振波，徐建刚，朱传耿，等. 中国县域可达性区域划分及其与人口分布的关系 [J]. 地理学报，2010，65（4）：416—426.

　　[101] 王振坡，姜智越，郑丹，王丽艳. 京津冀城市群人口空间结构演

变及优化路径研究［J］. 西北人口，2016，37（5）：31—39.

［102］韦亚平，赵民. 都市区空间结构与绩效：多中心网络结构的解释与应用分析［J］. 城市规划，2006（4）：9—16.

［103］吴传清，李浩. 关于中国城市群发展问题的探讨［J］. 经济前沿，2003（Z1）：29—31.

［104］吴开亚，张力. 发展主义政府与城市落户门槛：关于户籍制度改革的反思［J］. 社会学研究，2010，25（6）：58—85，243.

［105］吴启焰. 城市密集区空间结构特征及演变机制：从城市群到大都市带［J］. 人文地理，1999（1）：15—20.

［106］夏帅，谭黎阳，杨航英. 长江三角洲一体化、区域房价差异与产业集聚：基于长江三角洲地级市面板的实证分析［J］. 经济问题探索，2021（12）：46—61.

［107］向云波，赵严. 长江中游城市群人口与经济空间分布关系研究［J］. 云南师范大学学报（哲学社会科学版），2015，47（4）：88—94.

［108］肖金成，洪晗. 城市群人口空间分布与城镇化演变态势及发展趋势预测［J］. 经济纵横，2021（1）：19—30，2.

［109］薛东前，孙建平. 城市群体结构及其演进［J］. 人文地理，2003（4）：64—68.

［110］闫东升，孙伟，孙晓露. 长江三角洲人口时空格局演变及驱动因素研究［J］. 地理科学，2020，40（8）：1285—1292.

［111］闫东升，孙伟，王玥，等. 长江三角洲人口分布演变、偏移增长及影响因素［J］. 地理科学进展，2020，39（12）：2068—2082.

［112］颜银根，文洋. 城市群规划能否促进地区产业发展？——基于新地理经济学的研究［J］. 经济经纬，2017，34（2）：1—6.

［113］燕中州，朱鹏，王泽敏，穆瑞章. 欧洲主要城市群发展概况及经验借鉴［J］. 天津经济，2013（12）：13—15.

［114］杨孟禹，胡冰璇. 城市群发展对城市差距的影响：基于城市集群的视角［J］. 城市与环境研究，2021（4）：76—93.

［115］杨强，李丽，王运动，王心源，等. 1935—2010年中国人口分布空间格局及其演变特征［J］. 地理研究，2016，35（8）：1547—1560.

[116] 杨青山，张郁，李雅军．基于DEA的东北地区城市群环境效率评价 [J]．经济地理，2012，32（9）：51—55，60．

[117] 杨志才，谢妞．城市群一体化对绿色经济效率的影响 [J]．开发研究，2022（6）：60—72．

[118] 姚士谋，王书国，陈爽，等．区域发展中"城市群现象"的空间系统探索 [J]．经济地理，2006（5）：726—730．

[119] 姚士谋．我国城市群的特征、类型与空间布局 [J]．城市问题，1992（1）：10—15，66．

[120] 叶东安．我国人口分布的现状和特点：人口分布问题研究综述 [J]．人口研究，1988（5）：57—59．

[121] 尹德挺，史毅．人口分布、增长极与世界级城市群孵化：基于美国东北部城市群和京津冀城市群的比较 [J]．人口研究，2016，40（6）：87—98．

[122] 游珍，雷涯邻，封志明，等．京津冀、长江三角洲、珠江三角洲人口分布的社会经济协调性及区域差异对比研究 [J]．现代城市研究，2017（3）：78—84，89．

[123] 郁鸿胜．城市化发展文明教育是关键 [J]．教育发展研究，2005（15）：10．

[124] 袁长丰，刘德钦，崔先国，等．基于人口GIS的北京市人口密度空间分布分析 [J]．测绘科学，2004，29（4）：40—42．

[125] 袁志刚，绍挺．土地制度与中国城市结构、产业结构选择 [J]．经济学动态，2010（12）：28—35．

[126] 原倩．城市群是否能够促进城市发展 [J]．世界经济，2016，39（9）：99—123．

[127] 岳书敬，高鹏．城市群空间网络结构对绿色发展绩效的影响研究：基于长江经济带城市群的分析 [J]．学术论坛，2022，45（4）：31—41．

[128] 张国俊，黄婉玲，周春山，等．城市群视角下中国人口分布演变特征 [J]．地理学报，2018，73（8）：1513—1525．

[129] 张京祥，邹军，吴启焰，等．论都市圈地域空间的组织 [J]．城市规划，2001（5）：19—23．

［130］张京祥．城市与区域管治及其在中国的研究和应用［J］．城市问题，2000（6）：40—44.

［131］张可云，张江．城市群多中心性与绿色发展效率：基于异质性的城镇化空间布局分析［J］．中国人口·资源与环境，2022，32（2）：107—117.

［132］张明斗，曲峻熙．长江中游城市群城市收缩的空间格局与结构特征［J］．财经问题研究，2019（8）：113—121.

［133］张秋亮，白永平，李建豹，等．呼包鄂榆综合城市化水平的时空变化及差异［J］．城市问题，2013（2）：37—43.

［134］张亚斌，黄吉林，曾铮．城市群、"圈层"经济与产业结构升级：基于经济地理学理论视角的分析［J］．中国工业经济，2006（12）：45—52.

［135］张耀军，王小玺．城市群视角下中国人口空间分布研究［J］．人口与经济，2020（3）：1—13.

［136］章莉，李实，DARITY W A，等．中国劳动力市场上工资收入的户籍歧视［J］．管理世界，2014（11）：35—46.

［137］赵璟，党兴华，王修来．城市群空间结构的演变：来自中国西部地区的经验证据［J］．经济评论，2009（4）：27—34.

［138］赵奇伟，熊性美．中国三大市场分割程度的比较分析：时间走势与区域差异［J］．世界经济，2009（6）：41—53.

［139］赵瑞霞，胡黎明，刘友金．基于 Logistic 模型的城市群空间结构模式研究［J］．统计与决策，2011（3）：55—57.

［140］赵永革．论中国都市连绵区的形成、发展及意义［J］．地理学与国土研究，1995（1）：15—22.

［141］赵正，王佳昊，冯骥．京津冀城市群核心城市的空间联系及影响测度［J］．经济地理，2017，37（6）：60—66，75.

［142］郑霖．四川人口的地理分布［J］．地理研究，1983，2（4）：23—31.

［143］钟海燕，郑长德，殷锋，等．新区域主义与和谐城市空间构建［J］．城市规划，2006（6）：32—35.

［144］钟业喜，邵海雁，徐晨璐．长江中游城市群空间结构效益比较与

优化研究 [J]. 区域经济评论, 2020 (3): 70—78.

[145] 周克瑜."都市圈"建设模式与中国空间经济组织创新 [J]. 战略与管理, 2000 (2): 11—15.

[146] 周一星. 中国的城市地理学: 评价和展望 [J]. 人文地理, 1991 (2): 54—58.

[147] 朱传耿, 马荣华, 甄峰, 等. 中国城市流动人口的空间结构 [J]. 人文地理, 2002, 17 (1): 65—68.

[148] 朱鹏程, 曹卫东, 张宇, 等. 人口流动视角下长江三角洲城市空间网络测度及其腹地划分 [J]. 经济地理, 2019, 39 (11): 41—48, 133.

[149] 朱奕衡, 杨山, 尹上岗, 等. 长江三角洲地区人口城镇化的空间极化过程及其演变格局研究 [J]. 地理科学进展, 2022, 41 (12): 2218—2230.

[150] 朱英明. 中国城市规模演化及其关键问题研究: 基于产品质量阶梯模型的视角 [J]. 城市, 2008 (10): 8—12.

[151] 宗会明, 黄言, 季欣. 2000 年以来中国铁路货物运输格局演化特征与影响因素 [J]. 经济地理, 2021, 41 (7): 128—137.

（三）其他

[1] 陈乙文. 台州城市群发展模式初探 [D]. 杭州: 浙江大学, 2012.

[2] 景哲. 关中城市群发展模式研究 [D]. 西安: 西安理工大学, 2005.

[3] 李美琦. 中国三大城市群空间结构演变研究 [D]. 长春: 吉林大学, 2018.

[4] 李哲. 基于城市群发展模式的个体城市轨道交通线网规划研究 [D]. 重庆: 重庆交通大学, 2012.

[5] 徐昊. 我国中部地区城市化进程中城市群空间形态研究 [D]. 武汉: 华中科技大学, 2004.

[6] 姚士谋. 城市群发育机制及其创新系统: 中国城市群第三版出版有感 [C] //中国地理学会, 兰州大学, 中国科学院寒区旱区环境与工程研究所, 等. 中国地理学会 2006 年学术年会论文摘要集, 2006: 1.

[7] 张建军. 城市空间结构发展模式及策略选择研究 [D]. 上海: 同济大学, 2007.

［8］张新帅. 成渝城市群产业—人口—空间耦合协调发展研究［D］. 成都：成都理工大学, 2019.

二、英文文献

（一）专著

［1］BERTAUD A, MALPEZZI S. The Spatial Distribution of Population in 48 World Cities：Implications for Economies in Transition［M］. Madison：Center for Urban Land Economics Research, 2003.

［2］CASTELLS M. The Informational City：Information Technology, Economic Restructuring, and the Urban－Regional Process［M］. Oxford：Blackwell, 2005.

［3］CANNAN E. Elementary Political Economy［M］. London：Henry Frowde, 1888.

［4］DAVANZO J. Microeconomic Approaches to Studying Migration Decisions［M］. Santa Monica：RAND Corporation, 1957.

［5］FRIEDMANN J, ALONSO W. Regional Development and Planning：A Reader［M］. Cambridge：MII Press, 1964.

［6］FRIEDMANN J, WEAVER C. Territory and Function：The Evolution of Regional Planning［M］. Oakland：University of California Press, 1979.

［7］FRIEDMANN J. A General Theory of Polarized Development［M］. New York：The Free Press, 1972.

［8］FRIEDMANN J. Regional Development Policy［M］. Cambridge：MIT Press, 1966.

［9］GINSBURG N. Extended Metropolitan Regions in Asia：A New Spatial Paradigm［M］//GINSBURG N, KOPPEL B. The Extended Metropolis：Settlement Transition in Asia. Honolulu：University of Hawaii Press, 1991.

［10］HAGGETT P, CIFF A. Locational Models［M］. London：Edward Amold, 1977.

［11］HOYT H. The Structure and Growth of Residential Neighborhoods in American Cities［M］. Washington D. C.：US Government Publishing Office, 1939.

［12］INGRAM G K, KAIN J F, GINN J R. The Detroit Prototype of the NBER Urban Simulation Model ［M］. Cambridge：NBER Books，1972.

［13］JAMIESON N. The Dispersed Metropolis in Asia：Attitudes and Trends in Java ［M］//GINSBURG N，KOPPEL B. The Extended Metropolis：Settlement Transition in Asia. Honolulu：University of Hawaii Press，1991.

［14］JOHANSSON B，QUIGLEY J M. Agglomeration and Networks in Spatial Economies ［M］. Berlin：Springer Berlin Heidelberg，2004.

［15］LYNCH K. What Makes a Good City？ General Theory of Good City Form：A New Try at an Old Subject ［M］. Eindhoven：Technische Hogeschool Eindhoven，1980.

［16］MUTH R. Cities and Housing：The Spatial Patterns of Urban Residential Land Use ［M］. Chicago：Unversity of Chargo Press，1969.

［17］RAVENSTEIN E G. London，England，Schottland und Irland ［M］. Mannheim：Bibliographisches Institut，1880.

［18］ROSSI P H. Why Families Move：A Study in the Social Psychology of Urban Residential Mobility ［M］. New York：Free Press，1955.

［19］TANNER J C. Factors Affecting the Amount of Travel ［M］. London：H. M. Stationery Off，1961.

［20］WHITE M J. American Neighborhoods and Residential Differentation ［M］. New York：Russell Sage Foundation，1987.

［21］YEATES M. The North American City ［M］. New York ：Harper Collins Publishers，1989.

［22］ZIPF G K. Human Behavior and the Principle of Least Effort：An Introduction to Human Ecology ［M］. Cambridge：Addison-Wesley Press，1949.

（二）期刊

［1］ALONSO W. The Historic and the Structural Theories of Urban Form：Their Implications for Urban Renewal ［J］. Land Economics，1964，40（2）：227—231.

［2］AOKI M，YOSHIKAWA H. Demand Saturation-Creation and Economic Growth ［J］. Journal of Economic Behavior and Organization，2002，48（2）：

127—154.

[3] ARIMOTO Y, NAKAJIMA K, OKAZAKI T. Sources of Productivity Improvement in Industrial Clusters: The Case of the Prewar Japanese Silk-Reeling Industry [J]. Regional Science and Urban Economics, 2014, 46 (1): 27—41.

[4] BAILEY N, TUROK I. Central Scotland as a Polycentric Urban Region: Useful Planning Concept or Chimera?　[J]. Urban Studies, 2001, 38 (4): 697—715.

[5] BERRY B J L, SIMMONS J W, TENNANT R J. Urban Population Densities: Structure and Change [J]. Geographical Review, 1963, 53 (3): 389—405.

[6] BURGESS E. The Growth of the City: An Introduction to a Research Project [J]. Urban Ecology, 1024: 71—78.

[7] CERVERO R. Efficient Urbanisation: Economic Performance and the Shape of the Metropolis [J]. Urban Studies, 2001, 38 (10): 1651—1671.

[8] CLARK C. Urban Population Densities [J]. Journal of the Royal Statistical Society Series A (General), 1951, 114 (4): 490—496.

[9] EECKHOUT J. Gibrat's Law for (all) Cities [J]. The American Economic Review, 2004, 94 (5): 1429—1451.

[10] FRIEDMANN J. The World City Hypothesis [J]. Development and Change, 1986 (1): 68—83.

[11] FUJITA M, MORI T, HENDERSON J V, et al. Spatial Distribution ofEconomic Activities in Japan and China [J]. Handbook of Regional and Urban Economics , 2004, 4: 2911—2977.

[12] FUJITA M, MORI T. Structural Stability and Evolution of Urban Systems [J]. Regional Science and Urban Economics, 1997, 27 (4—5): 399—442.

[13] FUJITA M, OGAWA H. Multiple Equilibria and Structural Transition of Non-Monocentric Urban Configurations [J]. Regional Science and Urban Economics, 1982, 12 (2): 161—196.

[14] GIESEN K, ZIMMERMANN A, SUEDEKUM J. The Size Distribution across all Cities – Double Pareto Lognormal Strikes [J]. Journal of Urban Econom-

ics，2010，68（2）：129—137.

［15］ GILLES D. Micro-Foundations of Urban Agglomeration Economies ［J］. Handbook of Regional and Urban Economics，2004，4：2063—2117.

［16］ GLAESER E L. RESSEGER M G. The Complementarity between Cities and Skills ［J］. Journal of Regional Science，2010，50（1）：221—244.

［17］ GOTTMANN J. Megalopolis or the Urbanization of the Northeastern Seaboard ［J］. Economic Geography，1957，33（3）：189—200.

［18］ HALL C. Urban Entrepreneurship，Corporate Interests and Sports Mega-Events：the Thin Policies of Competitiveness within the Hard Outcomes of Neoliberalism ［J］. The Sociological Review，2006，54（2）：59—70.

［19］ HEBERLE R. The Causes of Rural-Urban Migration a Survey of German Theories ［J］. American Journal of Sociology，1938，43（6）：932—950.

［20］ HENDERSON J V. The Sizes and Types of Cities ［J］. The American Economic Review，1974，64（4）：640—656.

［21］ HENDERSON J V. Urbanization in a Developing Country：City Size and Population Composition ［J］. Journal of Development Economics，1986，22（2）：269—293.

［22］ HOYT H. Development of Economic Base Concept ［J］. Land Economics，1939（1）：182—187.

［23］ JEFFERSON M. Why Geography? The Law of the Primate City ［J］. Geographical Review，1989，79（2）：226—232.

［24］ KRUGMAN P. Increasing Returns and Economic Geography ［J］. Journal of political economy，1991，99（3）：483—499.

［25］ LEE E S. A Theory of Migration ［J］. Demography，1966，3（1）：47—57.

［26］ LEWIS W A. Economic Development with Unlimited Supplies of Labour ［J］. Manchester School. 1954，22（2）：139—191.

［27］ LIAO B，WONG D W. Changing Urban Residential Patterns of Chinese Migrants：Shanghai，2000—2010 ［J］. Urban Geography，2015，36（1）：109—126.

［28］ MABOGUNJE A. Systems Approach to a Theory of Rural – Urban Migration ［J］. Geographical Analysis, 1970, 2 (1): 1—18.

［29］ MALIK I B I, DEWANCKER B J. Identification of Population Growth and Distribution, Based on Urban Zone Functions ［J］. Sustainability, 2018, 10 (4): 930.

［30］ MARTON A M, WU W. Spaces of Globalisation: Institutional Reforms and Spatial Economic Development in the Pudong New Area, Shanghai ［J］. Habitat International, 2006, 30 (2): 213—229.

［31］ MCDONALD J F, PRATHER P J. Suburban Employment Centres: The Case of Chicago ［J］. Urban Studies, 1994, 31 (2): 201—218.

［32］ MCMILLEN D P, SMITH S C. The Number of Subcenters in Large Urban Areas ［J］. Journal of Urban Economics, 2003, 53 (3): 321—338.

［33］ MEIJERS E, HOEKSTRA J, AGUADO R. Strategic Planning for City Networks: The Emergence of a Basque Global City? ［J］. International Planning Studies, 2008, 13 (3): 239—259.

［34］ MEIJERS E J, BURGER M J. Spatial Structure and Productivity in US Metropolitan Areas ［J］. Environment and Planning A, 2010, 42 (6): 1383—1402.

［35］ MILLS E S. An Aggregative Model of Resource Allocation in a Metropolitan Area ［J］. The American Economics Review, 1967, 57 (2): 197—210.

［36］ MILLS E S. Studies in the Structure of the Urban Economy ［J］. The Economic Journal, 1973, 83 (329): 289—291.

［37］ MORENO–MONROY A I, SCHIAVINA M, VENERI P. Metropolitan Areas in the World. Delineation and Population Trends ［J］. Journal of Urban Economics, 2021, 125: 103242.

［38］ MUTH R F. The Spatial Structure of the Housing Market ［J］. Papers of the Regional Science, 1961, 7 (1): 207—220.

［39］ NEWLING B E. The Spatial Variation of Urban Population Densities ［J］. Geographical Review, 1969, 59 (2): 242—252.

［40］ PARR J. Economies of Scope and Economies of Agglomeration: The Goldstein – Gronberg Contribution Revisited [J]. The Annals of Regional Science, 2004, 38: 1—11.

[41] PHELPS N A, OZAWA T. Contrasts in Agglomeration: Proto – Industrial, Industrial and Post – Industrial Forms Compared [J]. Progress in Human Geography, 2003, 27 (5): 583—604.

[42] PORTNOV B A, ERELL E, BIVAND R, et al. Investigating the Effect of Clustering of the Urban Field on Sustainable Population Growth of Centrally Located and Peripheral Towns [J]. International Journal of Population Geography, 2000, 6 (2): 133—154.

[43] PORTNOV B A, SCHWARTZ M. Urban Clusters as Growth Foci [J]. Journal of Regional Science, 2009, 49 (2): 287—310.

[44] QIN Z, ZHANG P. Simulation Analysis on Spatial Pattern of Urban Population in Shenyang City, China in Late 20th Century [J]. Chinese Geographical Science, 2011, 21 (1): 110—118.

[45] RANIS, G, FEI J. A Theory of Economic Development [J]. The American Economic Review, 1961, 51 (4): 533—565.

[46] RIENIETS T. Shrinking Cities: Causes and Effects of Urban Population Losses in the Twentieth Century [J]. Nature and Culture, 2009, 4 (3): 231—254.

[47] SCOTT A. Flexible Production Systems and Regional Development: The Rise of New Industrial Space in North America and Western Europe [J]. International Journal of Urban and Regional Research, 1988, 12 (2): 71—86.

[48] SHAO D, XIONG W. Does High Spatial Density Imply High Population Density? Spatial Mechanism of Population Density Distribution Based on Population – Space Imbalance [J]. Sustainability, 2022, 14 (10): 5776.

[49] SHERRATT G. A Model for General Urban Growth [J]. Management Sciences, 1960, 2 (2): 147—159.

[50] SJASTAD L A. The Costs and Returns of Human Migration [J]. Journal of Political Economy, 1962, 70 (5): 80.

[51] STARK O, BLOOM D E. The New Economics of Labor Migration [J].

The American Economic Review, 1985, 75 (2): 173—178.

［52］ TUCKER C J. City – Suburban Population Redistribution: What Data from the 1970s Reveal ［J］. Urban Affairs Quarterly, 1984, 19 (4): 539—549.

［53］ VENERI P. Urban Spatial Structure in OECD Cities: Is Urban Population Decentralising or Clustering? ［J］. Papers in Regional Science, 2018, 97 (4): 1355—1374.

［54］ WALLIS A D. Evolving Structures and Challenges of Metropolitan Regions ［J］. National Civic Review, 2010, 83 (1): 40—53.

［55］ WILLIAM A. A Theory of the Urban Land Market ［J］. Papers in Regional Science, 1960, 6 (1): 149—157.

［56］ ZHOU P C, YANG Y F. Spatial and Temporal Evolution and Coordination Analysis of Population, Space and Economy in Central Plain City Cluster of China ［J］. Applied Ecology and Environmental Research, 2019, 17 (5): 10685—10702.

（三）其他

［1］ HARRIS C, ULLMAN E. The Nature of Cities ［C］. Annals of the American Academy of Political and Social Science, 1945, 242 (Building the Future City): 7—17.

［2］ OORT F, AALST I, BURGER M, et al. Clusters en Netwerkeconomie in de Noordvleugel van de Randstad ［R］. 2010.